La derecha desnortada

PENÍNSULA

La derecha desnortada

Una reivindicación liberal frente a la tentación autoritaria

Armando Zerolo (coord.)

PENÍNSULA

Primera edición: febrero de 2026

Ediciones Península,
Diagonal 662-664
08034 Barcelona
edicionespeninsula@planeta.es
www.edicionespeninsula.com

REALIZACIÓN PLANETA - fotocomposición
Impresión y encuadernación: Black Print
Depósito legal: B. 237-2026
ISBN: 978-84-1100-459-6

Printed in Spain - Impreso en España

PEFC Certificado
Este libro procede de bosques gestionados de forma sostenible
PEFC
PEFC/14-38-00305
www.pefc.es

Índice

Introducción

por Armando Zerolo

Detectar una tendencia es difícil, sumarse a ella es muy fácil, y resistirse es casi imposible.

En los estertores del Imperio romano se acuñó un término que trataba de explicar por qué caen los imperios. Se hablaba de «épocas estúpidas» para poner nombre al hecho inexplicable del suicidio civilizatorio. El término, no obstante, ha sido vejado por los anarquistas románticos. ¿Por qué se desintegraban los imperios? La connotación original, que apuntaba a un embrutecimiento de unos pocos que eran capaces de hacerse cargo de lo peor de la sociedad para encumbrarlo a puestos de gobierno, ha degenerado en una posición antisistema. Ahora, en lugar de señalar a los demagogos que instrumentalizan el resentimiento para llegar al poder, la estupidez se achaca a las élites de los regímenes políticos dominantes. Según esto, los estúpidos ya no son los demagogos sino los líderes. Así, se acusó al ruso Nicolás II de la caída del Imperio de los zares y la llegada de Lenin, y al alemán Guillermo II de la llegada de Hitler al poder. Y, por extensión, en nuestros días, se justifica el descaro de los aspirantes a tiranos por la estupidez de los líderes demócratas, como si Donald Trump se explicase por Barack Obama y Vladímir Putin por Ursula von der Leyen.

Lo propio de las épocas estúpidas es el advenimiento de líderes que encarnan los peores vicios de las sociedades en vías de transición. Es lo que explica que Lenin llegase al poder y el auge de los movimientos de masas del siglo pasado. Y es lo que hoy explica la autoridad de presidentes como Trump, Viktor Orbán y Giorgia Meloni, así como de partidos como Vox en España, Chega en Portugal, Alternativa para Alemania y el Partido por la Libertad, en los Países Bajos. Es la legitimidad del desencanto, la fuerza del cabreo y el prestigio de la revolución popular. Es la representación de quienes piden dar un golpe en la mesa porque creen que vamos sin remedio hacia el abismo.

Hoy no estamos en una época estúpida ni ante el final de ninguna civilización, pero sí que adolecemos de uno de sus principales vicios, el de invertir la carga de la prueba de la estupidez. En lugar de despreciar el populismo por ser un claro ejemplo de política reactiva, se le escucha con atención y, en caso de que se sospeche que tiene rendimiento electoral, se copia literalmente. El mejor ejemplo, y la muestra más clara de estupidez, se está dando con el cambio de postura respecto a la inmigración y la integración cultural. Los partidos liberales tradicionales se dejan contagiar por las soflamas nacionalistas sin entender ni por qué funcionan electoralmente ni por qué son esencialmente injustas, pero las copian porque presuponen una inteligencia donde no la hay. Nos parece sabio y sofisticado prestar atención a la queja de los populismos porque «algo de razón tendrán», «por algo será», aunque no sepamos exactamente por qué.

Esta forma de pensar entiende que lo razonable es empatizar, por ejemplo, con un yihadista para comprender la supuesta crisis de Occidente, o con Orbán para reformar la Unión Europea. Solo nos faltaría preguntarle a Putin qué haría para mejorar la OTAN. Este patetismo intelectual se da en cualquier ocasión en la que lo humano se enfrenta de bruces con el mal.

La realidad es que lo único que cabe esperar al asomarse a las peores tendencias de nuestro siglo es recibir el reflejo de lo más perverso que reside en cualquier sociedad humana. Lo más razonable, por tanto, es dejar de mirarse en esos charcos populistas y buscar en fuentes propias la respuesta a nuestros problemas. Lo que no se puede permitir es que tratemos de encontrar la solución en nuestro malestar, porque el demagogo nunca será un buen médico para los males que afectan a la democracia.

El título de esta obra, *La derecha desnortada*, obedece a la necesidad de señalar cómo se ha producido una escisión dentro del bloque de derechas, de cuyo seno ha renacido una forma autoritaria, nacionalista y revisionista de la historia, que parece encontrar poca capacidad de respuesta en los partidos liberales tradicionales.

De Portugal a las fronteras con Rusia, y también más allá del Atlántico, el fenómeno es uniformemente identificable. Recibe el nombre de «ola de derechas», «auge de la extrema derecha» o «populismos de derecha», entre otros, y constata la aparición de una pléyade de partidos políticos que no se reconocen en la familia de la democracia liberal y que obtienen un notable rendimiento electoral. Es una tendencia distinguible en Europa y en América que a los autores de esta obra preocupa porque no contemplan en la propuesta de estas formaciones una solución constructiva a los problemas que afrontan nuestras sociedades contemporáneas. Es posible que, de alguna manera, estos partidos se hagan eco de problemas reales, pero es previsible no solo que no sean capaces de solucionarlos, sino que los agraven.

La solución a la nueva configuración de las sociedades globales no será nunca el revisionismo histórico ni el maximalismo cultural del movimiento MAGA (*Make America Great Again*, 'Haz que Estados Unidos vuelva a ser grande') y sus variantes europeas que claman por recuperar la «verdadera Europa de los valores». En este identitarismo cultural, en la «Europa del pesebre» que defiende Giorgia Meloni, no podemos ver otra cosa que el romanticismo político que es la levadura madre de todos los nacionalismos. El hecho cierto es que países emergentes como la India tienen la certeza de estar ofreciendo futuro a sus hijos, mientras que en Occidente cunde la obsesión de que estamos privando de porvenir a las siguientes generaciones. Este cansancio moral es el caldo de cultivo ideal para la aparición de nuevos movimientos políticos que sacarán provecho del desencanto.

Tampoco parece razonable ver que la alternativa a la ralentización de la productividad sea el autoritarismo y la llegada de líderes fuertes. Es frecuente encontrar posturas anarcoliberales emparejadas con personajes autoritarios y carismáticos. Esto obedece a un vicio típico de la extrema derecha tradicional que rinde culto a la eficiencia y lo fía todo al poder de decisión personal y, por ello, desconfía de las instituciones, los procedimientos reglados y la alternancia política.

Y, por último, es poco probable que una regeneración democrática pueda venir de un partido que no se reconoce dentro del sistema, sino que se postula como solución para revertirlo. Esta fórmula, desarrollada por el pensador Vilfredo Pareto hace cien años, es la que adoptó el fascismo italiano para canalizar el resentimiento cultural, el sueño de una Italia más grande y la promesa de un progreso acelerado. Un partido único que representa al «pueblo» contra el sistema, o un partido antisistema, dudosamente será la mejor manera de mejorar la democracia.

En consecuencia, aspiramos a establecer la diferencia dentro de la diferencia, algo que los conceptos habituales no permiten, y analizar cómo una derecha mira a la otra derecha, a veces para buscar explicaciones a su identidad, otras para intentar diferenciarse.

El vocablo *populismo* se nos antoja insuficiente porque engloba en un mismo término demasiadas realidades diferentes. No sirve para explicar lo que ahora nos preguntamos. ¿Hay algo específico en los movimientos de extrema derecha que los diferencie de los de izquierda o son todos populismos y nada más? El título de este libro presupone que el problema no está tan claro como parece y que, cuando nos juzgue la historia con la misma contundencia con la que lo hacemos nosotros hoy con los protagonistas del siglo pasado, se preguntarán por qué no supimos ver el elefante en la cacharrería. ¿Por qué la derecha pensó que podía ser buena idea asociarse con la derecha nacional populista? ¿En qué momento a alguien le pareció que un gobierno PP-Vox funcionaría en Castilla y León, que una alianza de las dos derechas podría llegar a gobernar en España, que Chega lograría gobernar con los liberales en Portugal, o que los Patriotas por Europa podrían convivir políticamente con el Partido Popular Europeo para hacer una Europa más fuerte y más unida? La realidad es que el soberanismo identitario que propone la vuelta de la soberanía nacional es frontalmente incompatible con la propuesta de una Europa más grande. Como también lo es un modelo de integración identitaria frente al modelo de integración europea.

Los autores que aquí comparecemos hemos sido convocados para responder, por tanto, a una pregunta: ¿qué es la derecha desnortada? El objetivo pretende explicar algo mientras está sucediendo, lo que se parecería a hacer historia del presente, si es que tal cosa es posible. Para ello, hemos querido ofrecer un enfoque poliédrico que contenga distintos puntos de vista. El lector no encontrará aquí una interpretación dogmática de lo que debería ser la derecha, sino una obra coral con distintos puntos de vista que comparten la preocupación de ver que su degradación también produce esperpentos.

En el libro hallaremos enfoques más psicológicos, como el de María Blanco, imprescindibles para comprender una época psicologista que pone más el acento en estados anímicos que en los análisis económicos, jurídicos o sociológicos a los que más acostumbrados estábamos. La razón cede ante las emociones y las pasiones vencen a los argumentos.

Autores como José F. Peláez ponen el foco en la esencia de la derecha y sus derivas tradicionales. Es un punto de vista más esencialista que se pregunta qué es la derecha, y si alguna vez hubo alguna derecha que no estuviese desnortada. Esta cuestión es el hilo conductor de toda la obra, el elemento común a todas las contribuciones, la pregunta que recorre el libro como recorre también el mundo: ¿qué le pasa a la derecha, que parece haber perdido el norte?

Para responder a esta pregunta es imprescindible no perder la memoria inmediata, que es la más difícil de recoger en un discurso ordenado que sirva para explicarnos el presente. Este esfuerzo, centrado en la política reciente española, ha correspondido a Juan Fernández-Miranda y a David Jiménez Torres, que han mirado atrás para explicar que lo que nos pasa proviene de los cambios sucedidos a lo largo de las últimas dos décadas y del olvido forzado al que la derecha se ha visto sometida en sus encontronazos con una izquierda española que perdió el rumbo mucho antes que la derecha liberal.

Como no se trata, en ningún caso, de hacer un ejercicio dialéctico en el que queden marcadas las víctimas y los culpables, la aportación de Beatriz Becerra era imprescindible en esta obra colectiva para ofrecer un ejercicio de autocrítica sin el cual ningún análisis tiene valor. La derecha no es solo la víctima de una izquierda alocada o radicalizada, dispuesta a crispar para obtener votos desmovilizados. Esa ausencia de crítica interna explica mucho más acerca del desnorte de la derecha que todas las declaraciones que se nos ocurran sobre las traiciones de la izquierda. Los olvidos conscientes de la corriente liberal, su incapacidad para proponer un programa de gobierno que reconstruya la concordia, su torpeza al caer en la batalla cultural y perder pie en el debate público, sus formas bruscas cuando confunden lo que se cuenta con lo que se dice y disuelven en el mensaje el contenido han hecho que la derecha liberal se desfonde y se mimetice con aquello que debería combatir.

Este fenómeno no se entiende como una célula aislada en un laboratorio, sino como un individuo inserto en una red de relaciones internacionales. Jorge Raya Pons señala cómo, en países vecinos que sirven de ejemplo a la derecha desnortada, ya se ha producido un ataque frontal contra las libertades de prensa y de expresión, sexual y religiosa. Hemos creído necesario detenernos en esto y en el peligro que la injerencia de potencias extranjeras está realizando en la órbita de los países de tradición liberal, para aterrizar la cuestión en los efectos reales que las políticas iliberales pueden tener en la calidad de la vida democrática. Estamos en un contexto de guerra híbrida y sufrimos la intervención de Estados extranjeros en nuestra política doméstica porque la inteligencia rusa sabe que hay focos en nuestras sociedades, los quintacolumnistas de la democracia, como decía Eugenio Nasarre, que son especialmente proclives a dejarse incendiar por los pirómanos de la órbita de Putin.

Javier Redondo adopta también una perspectiva internacional para situar en su contexto una derecha populista que tiene mucho de tradición propia, y otro mucho de producto importado. Las deudas que tiene el nacional populismo español con Estados Unidos y Francia son muy grandes. Desde el Tea Party y el movimiento *neocon* estadounidense, al mucho más complejo de comprender, pero también muy influyente neomaurrasianismo de Marine Le Pen, la ideología nacionalista que corroe a la derecha española no se entiende sin estas influencias, a veces tan difíciles de detectar.

También resulta extremadamente complejo detectar la influencia de la religión en las corrientes políticas de fondo que provocan la sacudida de nuestras riberas nacionales. Reparar en ello es necesario, y esa ha sido la tarea de Joseba Louzao. Dado que muchos analistas se sienten tan perdidos al penetrar en el territorio de la fe como lo podría estar cualquiera de nosotros en una noche río arriba por el Amazonas, el hecho religioso es el punto más vulnerable de la ideología liberal y la vía de agua por la que el barco zozobra. Lamentablemente, resulta que es mucho pedir que la izquierda y el liberalismo clásico comprendan el enorme peso que la religión está teniendo en configurar los movimientos tectónicos que se están produciendo en la derecha, pero una respuesta eficaz al nacionalismo exige hacer un esfuerzo de comprensión de esta realidad. Por eso, ofrecemos una categorización de las distintas posiciones que es de gran ayuda para señalar cómo el poder puede instrumentalizar la religión con fines políticos.

En lo que parece que coincidimos todos los autores es en que nunca ha existido una derecha prístina e inmaculada, y en que no todas las derechas son iguales, ni todos los errores y desviaciones tienen los mismos efectos. Hay, sin duda alguna, una forma específica de errar de la derecha, porque, cuando la izquierda se equivoca, también lo hace a su propia manera. No todo es lo mismo ni todos se equivocan igual. La derecha, como la izquierda, no es más que un aglomerado amorfo de muchísimos materiales que difícilmente casan bien. Cuando la derecha acierta es porque es fiel a su compromiso con la libertad y porque ha tenido claro contra qué luchaba: el absolutismo, el fanatismo religioso y la intolerancia moral. Y, cuando yerra, es porque vuelve al autoritarismo, al identitarismo y a la intolerancia para «recuperar el orden».

Llegados a este punto, algunos nos reprocharán que no escribamos también contra la izquierda. La respuesta es sencilla: porque no tenemos por qué justificar nuestra ideología cada vez que hablemos en público. Si ahora sentimos que se habla poco y mal de la atrofia de la derecha es justo respetar nuestro derecho a decirlo. Podemos analizar al Partido Popular, a Vox o a Trump sin tener que utilizar un *disclaimer* del tipo «aunque Sánchez...» o «es que la ideología *woke*...». Es decir, no tenemos por qué justificarnos para criticar lo que ahora nos parece oportuno criticar. Pero es que, además, este esfuerzo tiene otro valor que quizás satisfaga a quienes tienen en el retrovisor a la izquierda. A esa izquierda también dirigimos un mensaje: la democracia no es monopolio de la izquierda, no todas las derechas son fascistas, franquistas, autoritarias o iliberales, y el hecho de que la derecha muestre su peor cara también se debe a una izquierda que la ha acorralado contra un muro insalvable. No se entienden muchas cosas sin el efecto pendular que provoca la supremacía de una izquierda que se arroga la legitimidad democrática, la superioridad cultural y la primacía moral.

Este libro colectivo también es, por tanto, una lección para una izquierda que se piensa en bloque y una invitación a que algunos de ellos también hagan lo mismo y abran un debate público sobre sus deficiencias, las tendencias totalitarias que acogen en su seno y valoren su incapacidad de distinguir en el adversario político a aquel con el que se puede construir de aquel con el que es imposible. Porque si la izquierda no hace ese esfuerzo también, el nuestro será vano.

I

La derecha que nunca tuvo norte

por José F. Peláez

Introducción: brújulas desimantadas y mapas rotos

Hay una tesis reconfortante que se repite diariamente en columnas, tertulias y ensayos. Con mayor o menor claridad, viene a decir que la derecha española ha perdido el norte, que algo se ha torcido en los últimos años. De este modo, el auge de Vox y de la retórica trumpista, la ruptura del vínculo moral, intelectual y sentimental con la moderación conservadora, el colapso ideológico del Partido Popular (PP) y el mimetismo de la derecha con la antipolítica representarían una anomalía contemporánea. Desde luego, parece una forma amable de consolarse. La derecha —parecen querer decirnos— es otra cosa, algo más sensato, más ilustrado y más europeísta. Y lo que sufrimos ahora, así, sería solo un desvío.

El problema es que esta tesis es históricamente falsa. Una parte de la derecha española casi nunca tuvo norte. O, para ser más precisos, solo una pequeña parte de la derecha lo ha tenido y en periodos limitados de tiempo. Así, no es que lo haya perdido, es que la derecha siempre estuvo sacudida por pulsiones contradictorias: conservadoras y revolucionarias, clericales y paganas, filofascistas y monárquicas, autoritarias y liberales. En cualquier caso, lo que parece evidente es que, en un acto de voluntarismo candoroso, hay quien quiere identificar la derecha con la derecha liberal, es decir, tomar la parte por el todo. Visto así, la derecha desnortada sería aquella que ha perdido su carácter liberal. Pero, en realidad, afirmar esto solo denota autoindulgencia, ingenuidad y altas dosis de inocencia. La realidad es que, en España, la derecha liberal ha sido históricamente minoritaria. Siempre ha vivido amenazada y, eventualmente, sometida al resto de las familias de su espacio. La hegemonía la ha tenido casi siempre la derecha antiliberal, reaccionaria, defensora del orden —del que tocara—, hostil al parlamentarismo, al reformismo social y al pluralismo político. No es de extrañar, por lo tanto, que cuando llegan momentos históricos en los que las ataduras institucionales se debilitan, la derecha española vuelva a su estado natural: el desorden ideológico.

Este texto sostiene justamente eso: que la anomalía no es la pulsión populista, reaccionaria e iliberal de la derecha, sino la contraria. Lo normal —lo más frecuente— ha sido un magma incoherente, sin tradición liberal, más próximo al integrismo clerical, al reaccionarismo histórico y a la indefinición económica que a la razón ilustrada. Si se quiere reconstruir una derecha con sentido liberal, el primer paso es admitir que rara vez lo fue.

Origen

La derecha no nace contra la izquierda. Más bien al contrario, es la izquierda la que surge en oposición a esta. La derecha nace tras el absolutismo y, en su rama liberal, contra él. El tradicionalismo reaccionario y nostálgico del Antiguo Régimen es otra cosa, algo que no debe identificarse automáticamente con la derecha. Dicho de otro modo, la ideología preeminente de la derecha política no viene definida históricamente solo por el tradicionalismo sino, sobre todo, por el liberalismo. Posteriormente, esa derecha liberal se desarrolla en forma de conservadurismo, pero lo que pretende conservar no es un modo de vida «tradicional», sino más bien lo ganado en las revoluciones liberales, es decir, soberanía nacional, constitucionalismo, separación de poderes, imperio de la ley, aconfesionalidad del Estado, democracia representativa, etcétera. Lo que se considera tradicionalismo, así, no sería sinónimo de conservadurismo sino de reacción, es decir, exactamente su opuesto. Porque un reaccionario hoy no quiere conservar el pasado; en su lugar, pretende destruir el presente, parar el tiempo y sus consecuencias e ir marcha atrás a toda velocidad para llegar a un estadio anterior y casi siempre mítico y legendario que solo existe en el imaginario.

Porque huelga decir que tradición es a tradicionalismo como progreso a progresismo: apenas trampas semánticas. Y, al igual que el progreso no es patrimonio de los progresistas, la tradición no lo es de los tradicionalistas. Respetar tus tradiciones no implica ser tradicionalista. Y, mucho menos, ser de derechas. La tradición es, por definición, de todos, aunque el que se llama a sí mismo «tradicionalista» se la apropie y la utilice como excusa para poner palos en la rueda del tiempo, es decir, para detener el progreso. Evidentemente, no lo puede conseguir y lo único que logra es una forma alternativa de progreso, pero progreso al fin y al cabo. Y, al intentar proteger la tradición, lo que consigue es ponerla en peligro al convertirla en odiosa. Tensando el argumento hasta casi la provocación, incluso podríamos afirmar que el progreso es en sí mismo una idea conservadora: la historia universal como historia de salvación en la que la escatología judeocristiana sería su premisa oculta.

Sin embargo, el liberalismo tampoco es un dogma y muestra una cara buena y una mala. La buena es la que nace del pesimismo, es decir, la consciente de que la naturaleza humana es imperfecta y la que no ve en la política un camino para alcanzar ese delirio de perfección. Es más, la historia nos enseña que, cuando lo intenta, solo consigue violentarnos hasta el extremo. Esta clave liberal, en el fondo, parece asentarse en la creencia cristiana en el pecado original, mientras que la clave reaccionaria —que es la cara mala—, paradójicamente, no estaría basando su pesimismo en que la naturaleza humana sea imperfecta, sino en que la historia siempre va a peor. En el decadentismo. Un escepticismo de origen frente a un escepticismo de destino. El malo, muy sentido en España, es el jacobino. El bueno sería el ilustrado, el de Carlos III y el de Gaspar de Jovellanos.

El historiador Jaroslav Pelikan decía —el papa Francisco se encargó de popularizarlo— que «la tradición es la fe viva de los muertos mientras que el tradicionalismo es la fe muerta de los vivos». Cuando la derecha se vuelve iliberal, no logra ir a algo anterior a la izquierda —Alexis de Tocqueville decía que ya no hay posible marcha atrás—, sino a algo anterior a la propia derecha, es decir, a una autonegación que, en nombre del tradicionalismo reniega de su tradición para llevarnos a un tipo de progreso erigido en pilares erráticos que suponen, en una nueva dialéctica, la base que da a la izquierda motivos y fuerza.

Podemos decir que la derecha es, en parte, hija del reaccionarismo, de aquellos que defendían el Antiguo Régimen. Pero no es menos cierto que de esa rama también surge el liberalismo: Jovellanos en España o Benjamin Constant en Francia. En mi opinión, el Antiguo Régimen —es decir, el absolutismo— tiene dos hijos dentro de la misma familia —es decir, de la derecha—: los reaccionarios y los liberales. Los reaccionarios entienden que la libertad es la consecuencia del orden impuesto por el poder. Los liberales entienden que la libertad es la condición de posibilidad del orden. Dicen lo mismo, pero invierten la relación causa-efecto. Esa tensión interna está dentro de la esencia histórica y en cada época una de las corrientes lleva la voz cantante. Con matices, podemos decir que llevábamos cuarenta años de dominio del brazo liberal y ahora parece que el brazo reaccionario es el que asoma la cabeza reivindicando su importancia.

En su origen, la derecha se hizo una pregunta: ¿es mejor restaurar la monarquía absoluta o aceptar el constitucionalismo democrático? Hoy la cuestión de origen vuelve a aparecer sin resolver, cambiando el sujeto del absolutismo desde el monarca al pueblo, a la nación histórica. Es decir, la derecha reaccionaria no se ha desnortado: siempre ha estado ideológicamente perdida.

La derecha en España

Como en el resto del mundo, en España no hay una derecha, sino varias. Van al mismo restaurante, pero no se sientan en la misma mesa. A veces se cruzan, comparten enemigos y se citan en titulares, pero no creen lo mismo, no desean lo mismo y, a menudo, se desprecian entre ellas. Y no es una anomalía: es la consecuencia natural de un país donde los grandes consensos no se firmaron desde la derecha, sino con ella y, en ocasiones, en su contra. La diferencia es sutil, pero crucial.

Hay una derecha parlamentaria, una derecha que aspira a gobernar desde el sistema. Esa es la derecha del Partido Popular, aunque dentro de esta formación coexistan, mal avenidas, una derecha tecnocrática, otra liberal, otra conservadora, otra democristiana, otra nostálgica y otra que aún no sabe si se va o viene. Es un partido que ha querido ser de Estado sin serlo siempre, que administra sin enamorar, que gana elecciones cuando los demás se suicidan y que pierde cuando no se atreve a ser nada.

Luego está la derecha reaccionaria, que no es todo Vox, pero que ha encontrado en ese nuevo partido su estandarte. Es una derecha que cree que el sistema es una estafa, que la Transición fue una traición y que el «cambio» no vendrá desde dentro, sino desde el estruendo. Tiene fuerza cultural en las redes y muestra una enorme fragilidad política en el Congreso y en los cauces institucionales. Es más una «empresa» que responde a una necesidad detectada en un segmento del mercado que una corriente política transformadora. Puede agitar, pero no gobernar, porque no ha venido a eso. Y lo sabe, aunque lo niegue. Su gran función es recordarle al PP lo que el PP no quiere ser, aunque le siga necesitando para sumar.

Existe también una derecha social, más amplia y más difusa. Está en muchas familias, en muchas parroquias y en muchas empresas. Se trata de gente que vota con la cartera, pero también con la conciencia. Que no quiere ruido ni tampoco sumisión. Es una derecha que no grita y, aun así, empuja. No se ve en los debates de televisión, pero está en los tanatorios, en las plazas, en los grupos de WhatsApp, en las procesiones y en los clubes de fútbol de provincias. Es la más real y la menos escuchada.

Y hay, por último, una derecha intelectual —sí, existe— que busca pensar el presente sin pedir perdón. No quiere regresar al franquismo ni ceder ante el progresismo líquido. Quiere instituciones fuertes y libertad cultural, pero está dividida, dispersa y, a veces, acomplejada. Algunos autores publican libros, aunque solo los leen entre ellos. Otros aspiran a crear una alternativa cultural, pero tropiezan con un viejo mal español: la tentación del sectarismo.

Por todo ello, no hay una derecha, sino varias. El reto no es unirlas todas sino que, al menos, se reconozcan, se escuchen y se respeten. Que nazca una derecha con forma de conversación, no de inquisición. Que acepte que la pluralidad no es traición, sino la condición para volver a representar a un país entero y no solo a un bando, es decir, esa vocación de centralidad, que poco o nada tiene que ver con el centrismo. Hay algo más triste que una derecha dividida y es una derecha muda. Y hay algo más peligroso que una derecha que no gobierna y es una derecha que no piensa.

No hay una derecha, sino varias

Que las derechas nazcan tras el Antiguo Régimen no implica que nazcan de él. Sus raíces se hunden en la historia, por lo que conviene recordar brevemente de dónde vienen. Como ya hemos mencionado, lo que llamamos derecha es un campo de familias enfrentadas: conservadores, liberales, democristianos, tradicionalistas, nacionalistas, tecnócratas, populistas... La confusión entre ellas ha sido una constante de la historia española y su consecuencia más visible es la imposibilidad de articular un proyecto común. Podemos hacernos aquí una pregunta: ¿qué tienen en común todas esas derechas? En mi opinión, nada. No existe un solo factor compartido entre ellas, excepto el rechazo a la izquierda.

De ahí, la imposibilidad de definir un proyecto común: el rechazo a la izquierda no es un objetivo homogeneizador.

La siguiente pregunta es esta: ¿qué es lo que no nos gusta concretamente de la izquierda? Ante esta cuestión, una parte de la derecha diría que la rechaza por lo económico; otra, que lo hace como modo de defender la tradición frente al progresismo; y la última, como respuesta al ateísmo fundacional de la izquierda marxista. Habría que incluir otra, que rechaza a la izquierda por envidia. En cualquier caso, la derecha sería aquello que se opone a la izquierda, por el motivo que sea, sin ser del todo conscientes de que, así considerado, la izquierda sería lo incumbente y la derecha el retador, cuando, en principio, el camino es el contrario: la derecha ha de ser entendida como el poder establecido —también culturalmente— y la izquierda como aquello que viene a transformar esa realidad porque, en una dialéctica marxista y reduccionista, la perjudica.

El problema es cuando la derecha se convierte en populista y adopta el paradigma revolucionario. El verdadero triunfo de 1789 no fue derrocar a Luis XVI, sino crear un marco en el que las palabras *disrupción*, *ruptura* o *revolución* adquirieran un sesgo positivo. Quizá, por eso, todos los programas electorales incluyen la palabra «cambio». Nadie tiene el valor de decir «conservamos», ya que eso implicaría una mayor o menor satisfacción con el *statu quo*, algo inviable mientras exista una cámara de televisión y una persona que sufra.

En cualquier caso, en otros países, estas diferencias dieron lugar a partidos distintos; en Alemania, el liberalismo económico y la democracia cristiana se separaron; en Francia, la derecha gaullista se distanció del integrismo católico. Pero en España, no. Aquí todas esas familias fueron encapsuladas, primero, en el autoritarismo franquista y, después, en proyectos unitarios como Alianza Popular o el PP. El resultado: una derecha sin proyecto claro, sin base doctrinal común y con un único punto de cohesión: el miedo a la izquierda. Y, cuando el miedo no es suficiente para vertebrar una cultura política, lo que queda es la reacción. Lo vimos con José María Aznar, lo hemos visto con Mariano Rajoy y lo estamos viendo en algunas etapas de Alberto Núñez Feijóo. En cuanto desaparece un liderazgo fuerte —una visión clara y una hoja de ruta—, la derecha se fragmenta en pulsiones identitarias, regresivas o directamente antipolíticas. Por ello, una de las grandes falacias del pensamiento político español es la idea de que la derecha constituye un bloque homogéneo, compacto y disciplinado. Nada más lejos de la realidad. España ha tenido, históricamente, muchas derechas, y buena parte de sus problemas vienen de haberlas confundido o forzado a convivir bajo el mismo techo.

Hay una derecha autoritaria, reaccionaria, antiliberal, que hunde sus raíces en el absolutismo, el tradicionalismo carlista, el nacionalcatolicismo o el falangismo. Esa derecha se siente cómoda con el orden jerárquico, la supresión del disenso y el desprecio al pluralismo. Es la derecha que teme a la libertad porque sabe que puede cuestionar sus privilegios. Junto a ella ha existido, aunque siempre en minoría, una derecha liberal, humanista, abierta al cambio, defensora del Estado de derecho y del principio de legalidad. Esa derecha fue minoritaria en el siglo XIX, arrinconada en la Restauración, liquidada en la Guerra Civil y tildada de sospechosa durante el franquismo. Es la derecha de Antonio Cánovas, de Miguel Maura, de José Ortega y Gasset, de Francisco Cambó, de Gregorio Marañón, de Salvador de Madariaga y de José María Gil-Robles, entre otros. Una derecha ilustrada, europeísta y muchas veces frustrada.

También ha habido una derecha tecnocrática, pragmática, sin demasiados principios, pero con voluntad de gestionar. Fue la del Opus Dei en los años sesenta, la de ciertos ministros reformistas de la Transición, la de los burócratas de Bruselas. Su fuerza reside en su capacidad de adaptación; su debilidad, en la ausencia de alma. Más recientemente, ha emergido una derecha nacional-populista, identitaria, que mezcla anarcocapitalismo económico con autoritarismo político y que bebe de fuentes externas: Donald Trump, Viktor Orbán, Jair Bolsonaro y Marine Le Pen. Es una derecha influida por el protestantismo calvinista y desnortada en el sentido más literal: no solo ha perdido el rumbo, sino que actúa como si no le hiciera falta.

El siglo xix: una derecha incapaz de pactar con la libertad

Absolutismo, liberalismo y la fragmentación original

Para entender la deriva ideológica de la derecha española, hay que remontarse al siglo xix, al momento fundacional en el que se trazó la grieta entre quienes apostaban por la modernidad política —libertad de prensa, Constitución, división de poderes, soberanía nacional, separación Iglesia-Estado— y quienes defendían el orden absoluto del Antiguo Régimen. Esa fractura no se ha cerrado nunca del todo, constituye una brecha fundacional. La guerra de la Independencia no solo fue un conflicto contra el invasor francés, sino también el laboratorio donde surgieron las primeras ideas modernas en torno al Estado y la nación. Las Cortes de Cádiz de 1812 proclamaron una Constitución liberal que, pese a su corta vida, marcó un antes y un después. Aquel texto, que establecía la soberanía nacional, el sufragio indirecto y la libertad de imprenta, fue recibido con entusiasmo por los liberales y con horror por los absolutistas, a pesar de contener una excepción curiosísima: la defensa del catolicismo como religión nacional. Nada en España se entiende sin esa excepcionalidad, que José Jiménez Lozano achaca a «la cultura de gueto del español contrarreformista», seguramente arrastrada como elemento diferencial desde la Reconquista.

En cualquier caso, tras la vuelta de Fernando VII y la restauración del absolutismo en 1814, se desató una feroz represión contra todo lo que oliera a liberalismo. En ese momento, nace una tradición política fundamental en la derecha española: la reacción. Una reacción que no fue simplemente conservadora, sino abiertamente antiliberal: no quería conservar lo existente, sino restaurar lo perdido; no pretendía frenar el cambio, sino revertirlo. Esa lógica reactiva sería la seña de identidad de buena parte de la derecha hasta bien entrado el siglo XX, hasta el punto de que algunos, todavía hoy, confunden reacción con derecha.

Durante todo el siglo XIX se sucedieron las oscilaciones entre aperturas liberales —el Trienio Liberal, el reinado de Isabel II, el Sexenio Democrático— y restauraciones absolutistas o autoritarias. La derecha se dividió entonces entre los moderados —liberales templados, centralistas, defensores de la propiedad privada— y los tradicionalistas, representados por el carlismo —profundamente antiliberales, católicos militantes, defensores del foralismo y del viejo orden estamental—. Esa dualidad fundacional entre una derecha conservadora liberal y otra reaccionaria confesional marca el origen de la situación que hoy seguimos viendo. La insistencia en hablar de «la derecha» como un bloque uniforme es un mito que beneficia solo a los autoritarios. Más aún: cada vez que ha aparecido una derecha liberal, moderada y reformista, ha sido atacada sistemáticamente por las otras derechas. Le pasó a Cánovas, cuyo régimen parlamentario fue dinamitado por el descrédito institucional más que por Michele Angiolillo; le pasó a Maura, que intentó una «revolución desde arriba» para evitar otra desde abajo, y acabó siendo aislado por los suyos, los caciques. La izquierda es revolucionaria, la derecha caciquil. Algo parecido le pasó más tarde a la derecha republicana en los años treinta, barrida por el ascenso de los extremos.

En el fondo, la historia del XIX es la de una derecha incapaz de pactar con la libertad. Salvo excepciones puntuales, el grueso del pensamiento conservador español prefirió el orden a la ley, la autoridad al diálogo y la fe al debate. Frente al liberalismo europeo, que en el Reino Unido, en Francia o en Alemania fue consolidándose como una fuerza capaz de articular una derecha moderna, en España el liberalismo fue visto como una traición: a la Iglesia, a la unidad de la patria y al rey.

Y esto más tarde engarzará con el Movimiento Nacional que después articularía el franquismo y que, como vemos, no surge de la nada. Es la cristalización de esa tradición antiliberal, autoritaria y homogénea que no tolera disidencias internas ni proyectos plurales. La idea actual de que todas las derechas deben ir juntas y bajo un mismo paraguas, es heredera directa de aquella imposición del siglo XIX: «Nosotros o el caos». Por eso es tan importante romper el mito de la unidad. La derecha liberal, democrática, europeísta e ilustrada siempre ha sido minoritaria, marginada y, en muchos casos, perseguida por las otras. Esa es la derecha que tiene hoy la responsabilidad de reconstruirse, pero solo si asume que la unidad artificial no es un valor, sino un problema.

El carlismo y la escisión original

La fractura decisiva dentro de la derecha española se produjo con el surgimiento del carlismo tras la muerte de Fernando VII. Mientras que los liberales apoyaban a Isabel II, los partidarios de su tío Carlos María Isidro de Borbón defendían una concepción radicalmente distinta del país: una monarquía absolutista, hereditaria, ligada estrechamente a la Iglesia y al viejo orden rural. Lo que estaba en juego en aquel momento no era solo la Corona, sino dos concepciones del mundo. Por eso, el carlismo fue el primer gran movimiento de masas de la derecha española. Su fuerza venía del campo, del clero y de las regiones forales, y su discurso era profundamente reaccionario: «Dios, Patria y Rey», no lejano al «Dios y la ley vieja» del Partido Nacionalista Vasco (PNV) o, mirando fuera de nuestras fronteras, al *Dieu et mon droit* ('Dios y mi derecho') de los Windsor. Rechazaban la Constitución, el liberalismo, la centralización del Estado y la secularización de la vida pública. A lo largo del siglo XIX, protagonizaron tres guerras civiles y se convirtieron en un polo alternativo al liberalismo, incluso dentro del campo conservador.

Pero importa más su legado, que es doble. Por un lado, el carlismo mostró que la derecha popular en España no era liberal, sino tradicionalista, confesional y antimoderna, y, por otro, impidió que surgiera una derecha unificada: durante más de un siglo, las tensiones entre tradicionalistas y conservadores impidieron consolidar un proyecto ideológico coherente. Esta fragmentación se ha repetido —con distintos nombres— en cada etapa de nuestra historia.

Cánovas y la Restauración: conservadurismo sin liberalismo

El único intento serio de estabilizar un sistema conservador en España fue el de Antonio Cánovas del Castillo, arquitecto de la Restauración borbónica en 1875. Inspirado por el modelo británico, quiso crear una monarquía parlamentaria, con alternancia entre dos grandes partidos —conservador y liberal—, neutralidad del rey y freno a los extremismos. Para ello necesitaba una derecha ordenada, no revolucionaria, capaz de gobernar sin recurrir a la violencia ni al dogma religioso. Pero el proyecto de Cánovas fracasó por su propia debilidad. El sistema de la Restauración no fue democrático: se basó en el caciquismo, el falseamiento electoral y el turnismo pactado. No hubo una derecha liberal de masas. El Partido Conservador seguía siendo una élite ilustrada, desconectada del pueblo, y los conflictos sociales y regionales fueron creciendo al margen del sistema político, sin la derecha. La Iglesia, lejos de adaptarse, seguía resistiendo cualquier intento de secularización. No fue hasta León XIII, en 1893, cuando se comprendió el problema de la cuestión social: el pueblo encontraba en el socialismo más comprensión a sus problemas que en la Iglesia, anclada todavía en el orden natural y en una salvación moralista.

Cánovas murió asesinado en 1897 y con él se agotó la última posibilidad de construir una derecha conservadora y liberal a la europea. El siglo XX se abrió con regeneracionismo, la crisis de 1898 y la descomposición institucional. La derecha volvía a fragmentarse entre autoritarios, clericales, regionalistas y nostálgicos del pasado. Lo de siempre. *Nihil novum sub sole.*

El siglo XX: reacción y autoritarismo

La derecha en la Segunda República: miedo, reacción y ruptura

La llegada de la Segunda República en 1931 supone un nuevo hito de polarización, pero también un momento revelador de la pluralidad y de las tensiones internas de las derechas españolas. Lejos de actuar como bloque uniforme, lo que se observa es, de nuevo, una profunda dispersión de proyectos, estrategias y valores. Este es el momento en el que la derecha española queda expuesta en toda su fragilidad estructural. De un lado, aparece la derecha republicana, representada por figuras como Niceto Alcalá-Zamora y Miguel Maura. Se trata de una derecha liberal y conservadora, partidaria del orden constitucional, del equilibrio entre Iglesia y Estado, y del respeto al marco parlamentario. Pero esta derecha no logra conectar con las masas ni articular un proyecto atractivo. Es percibida por los sectores más reaccionarios como tibia, claudicante e incluso traidora. El tono suena actual.

Por otro lado, se refuerzan los sectores católicos movilizados por la reacción a las reformas del primer bienio republicano: la secularización, la reforma agraria, la educación pública. Desde la Confederación Española de Derechas Autónomas (CEDA), Gil-Robles intenta crear un bloque confesional democrático al estilo del Zentrum alemán o de los populares italianos, pero sus guiños al fascismo y su ambigüedad táctica en relación con la República terminan dinamitando la vía. La CEDA nunca llega a ser una derecha liberal: es solo una derecha «de orden», autoritaria en sus reflejos, clerical en su programa y profundamente recelosa de las reglas del juego democrático.

Mientras tanto, en los márgenes, se fortalece la extrema derecha falangista, marginal en votos, pero influyente en discurso, cuyas estética, simbología y violencia se inspiran sin disimulo en el fascismo europeo, aunque con peculiaridades. Porque el falangismo tampoco es puramente fascista, sino una rama del socialismo no marxista, de corte sindicalista y católico, algo genuinamente ibérico. En paralelo, persisten los monárquicos tradicionalistas —los carlistas, los alfonsinos, los integristas—, cada uno con su nostalgia, sus mitos fundacionales y todos incompatibles con cualquier pacto de convivencia moderna.

Lo que la Segunda República vuelve a demostrar es la imposibilidad de una derecha unificada en España. Más aún: evidencia que cada vez que se ha intentado construir una derecha plural y liberal, esta ha sido triturada por los extremos de su propio campo. La derecha liberal republicana fue abandonada por la derecha confesional; la CEDA fue sobrepasada por los falangistas y presionada por los sectores integristas; y cuando estalló la Guerra Civil, ninguna de esas derechas fue capaz de mantener su proyecto propio: todas se disolvieron en el conglomerado del bando sublevado. Esa disolución no fue solo una derrota política, sino algo peor: el comienzo de una tradición nefasta, que es la de asumir que la única derecha posible en España es la autoritaria y excluyente. El franquismo impuso esa visión durante cuarenta años, y todavía hoy muchos asumen como natural esa lógica: que o bien hay unidad total o hay caos, que toda disidencia es traición, que el liberalismo es un lujo ajeno a nuestra tradición. Nada más lejos de la verdad. El liberalismo conservador existió en España, pero fue laminado. Y no por la izquierda, sino por su propia familia política. El problema de la derecha española no ha sido solo su dificultad para organizarse:

también ha sido su incapacidad estructural para tolerar el pluralismo interno.

El franquismo: consagración del autoritarismo

El franquismo supuso el triunfo total de la derecha antiliberal y su consolidación no como tendencia, sino como régimen. Durante cuarenta años, el Estado fue confesional, centralista, militarizado y represor. Las distintas familias del franquismo convivieron bajo la autoridad incuestionable de Franco, que las utilizaba para mantener el equilibrio interno, pero ninguna de ellas tenía vocación democrática. La derecha liberal fue purgada, exiliada o silenciada y los intentos de construir una opción moderada —los monárquicos juanistas o algunos sectores católicos ilustrados— no cuajaron. El discurso dominante fue el del nacionalcatolicismo, la negación de la diversidad y el rechazo al pluralismo político. Aquello dejó una huella profunda: no solo destruyó físicamente a la izquierda, sino que atrofió intelectualmente a la derecha, que durante décadas no tuvo que competir ni convencer: bastaba con obedecer. Un hecho curioso es la casi total ausencia de intelectuales franquistas, más allá de algunas honrosas excepciones. Y, cuando llegó la democracia, esa carencia cultural se hizo evidente.

Durante el franquismo, todas las familias de la derecha —salvo contadas excepciones en el exilio o en la resistencia interior— se integran en un mismo aparato ideológico: el Movimiento Nacional. Falangistas, carlistas, católicos, monárquicos, tecnócratas: todos se situaron bajo el paraguas de una supuesta unidad que anulaba cualquier diferencia. En realidad, el Movimiento no fue nunca una síntesis, sino una jerarquización impuesta por la fuerza: quien discrepaba era apartado, relegado o silenciado. Durante cuatro décadas, el Estado asumió que toda legitimidad emanaba del poder vertical, de la religión como principio de organización social, del ejército como garante de la patria y del Caudillo como encarnación de la voluntad nacional. El resultado fue devastador para la cultura política del país. La idea de que todas las derechas debían unirse en torno a un principio de autoridad, sacrificando matices y pluralidad, se convirtió en norma. Y, después, en nostalgia. Incluso tras la muerte de Franco, esa inercia persistió: lo que se llamó «reconciliación nacional» fue, en buena parte, un pacto para no escarbar en las fracturas internas del pasado. Pero esas fracturas no desaparecieron. Aunque las derechas siguieron siendo varias, se las obligó a hablar con una sola voz. Quienes dentro del campo conservador reivindicaban la democracia cristiana, el liberalismo clásico o el reformismo ilustrado eran vistos con desconfianza. A menudo se les consideraba débiles, tibios o incluso infiltrados. La sospecha permanente hacia el disidente es una constante de las derechas españolas, y tiene su origen en ese mito: el del Movimiento como unidad sacrosanta.

Hoy vemos algo similar al Movimiento Nacional en Vox —«No somos un partido, somos un movimiento»—, donde conviven, con mayor o menor fortuna, corrientes contrapuestas e incompatibles, como los anarcocapitalistas *criptobros* y los planteamientos económicos puramente socialistas —vivienda, sindicato, intervencionismo económico, regulación de precios, desprecio hacia las élites—; monárquicos y republicanos —no es raro ver en las manifestaciones de su espectro banderas sin el escudo o gritos contra «Felpudo VI», en la línea de aquel himno falangista que decía: «No queremos reyes idiotas que no sepan gobernar; lo que queremos e implantaremos es el Estado Sindical»—; ultraliberales que no quieren que «nadie les diga lo que tienen que hacer» y ultrarreaccionarios que solo contemplan un modo de vida ligado a la tradición y la raza; los católicos y los influidos por el puritanismo protestante; los constitucionalistas y los que cuestionan el modelo de organización del Estado, la libertad política —piden ilegalizar a partidos comunistas e independentistas—, el precepto de libertad religiosa, el principio de igualdad ante la ley —primacía de españoles de origen frente a los nacionalizados— o incluso contra la libertad sexual. Un extraño revuelto ideológico sin nexo que, por lo tanto, está destinado a la indefinición populista y marginal. Es curioso cómo Vox ha conseguido lo que Ernesto Laclau soñó para la izquierda. El significante vacío sería la bandera.

Ese espejismo del Movimiento Nacional ha resultado mortífero, porque, en lugar de fomentar el debate interno, la pluralidad y la crítica constructiva, ha impuesto el silencio, la obediencia y la sospecha hacia el disidente. El que matizaba era un traidor; el que discrepaba, un rojo infiltrado. Hasta Miguel Delibes —democristiano, liberal moderado, padre de familia numerosa y cazador— fue visto con sospecha. La derecha se convirtió en un bloque emocional más que ideológico, una identidad de resistencia más que un pensamiento activo. Hoy, cuando esa ficción se agrieta, muchos claman por la unidad de la derecha. Pero ¿unidad en torno a qué? ¿A qué proyecto común puede aspirar una derecha que abarca desde los conservadores moderados hasta los nostálgicos del franquismo, desde los católicos sociales hasta los neoliberales antisistema?

La unidad no es deseable si implica el sacrificio del pensamiento. La verdadera fuerza de una derecha democrática está en su pluralismo y en su capacidad de ofrecer alternativas dentro del mismo marco constitucional y europeo.

La Transición: una derecha nueva, sin pasado

La muerte de Franco en 1975 dejó un vacío ideológico enorme en el espacio de la derecha. La izquierda tenía referentes claros —el exilio, la lucha antifranquista, la democracia europea—. Pero la derecha, no. Tenía poder institucional, pero carecía de relato, de legitimidad democrática y de tradición liberal reciente. La pregunta era: ¿cómo construir una derecha moderna sin haber renegado claramente del franquismo y sin haber pasado por una travesía intelectual? La respuesta, en parte, fue Adolfo Suárez. El expresidente del Movimiento supo encarnar una derecha reformista, pragmática y pactista. No era un ideólogo, sino un hábil operador político que entendió el momento. La Unión de Centro Democrático (UCD) que lideró fue una coalición inestable de democristianos, liberales, socialdemócratas moderados y exfranquistas. No tenía doctrina, pero sí voluntad de transición. La UCD representó, por un instante, lo que la derecha española podría haber sido: europeísta, dialogante, plural, institucional. Sin embargo, ese proyecto duró poco. Las tensiones internas, la presión —siempre es lo mismo— del franquismo sociológico, el ascenso del Partido Socialista Obrero Español (PSOE) y la falta de arraigo social llevaron al colapso de la centroderecha en 1982. El «fracaso» de Suárez dejó campo libre a una nueva reconfiguración de la derecha.

Tras la caída de UCD, la Alianza Popular (AP), fundada por Manuel Fraga en 1976, ocupó el espacio de la derecha. Pero su proyecto era muy distinto: no buscaba una ruptura con el pasado franquista, sino su reciclaje democrático. Fraga, ministro con Franco, intentó presentarse como un conservador ilustrado, a la manera gaullista, pero su retórica, sus gestos y muchos de sus cuadros seguían anclados en un autoritarismo castizo. Además, sus choques constantes y su juego sucio contra todos los intelectuales que no fueran estrictamente franquistas —de nuevo, Delibes— le generaron una mala y merecida fama. Como consecuencia, en los años ochenta, AP fue vista como una derecha rancia y sin capacidad de seducir a las nuevas generaciones urbanas. Su oposición al PSOE era bronca y poco moderna. Fue necesaria una refundación, que llegó bajo el liderazgo de José María Aznar, para que la derecha se hiciera competitiva de nuevo. El nacimiento del Partido Popular, en 1989, marcó el paso de una derecha nostálgica a una derecha de gestión.

Siglo XXI: la derecha fragmentada de nuevo

La falta de cultura institucional

Un rasgo esencial de las democracias liberales es el respeto a las instituciones como garantía de la convivencia. La derecha británica ha defendido siempre la monarquía parlamentaria y los *checks and balances*. La derecha alemana, tras 1945, construyó una arquitectura institucional robusta como antídoto contra el totalitarismo.

Si miramos a Europa, el contraste es revelador. En Alemania, Francia o Italia, las derechas tradicionales —conservadoras o democristianas— han sido parte esencial de la arquitectura democrática. Han defendido el estado de bienestar, la integración europea y el respeto institucional. La Unión Demócrata Cristiana (CDU) de Alemania, la Unión por un

Movimiento Popular (UMP) francesa o la Democracia Cristiana (DC) italiana jugaron un papel decisivo en la reconstrucción posbélica. Fueron capaces de enfrentarse al extremismo, integrar a las clases medias, canalizar el catolicismo hacia el pluralismo y mantener una cultura de respeto a la ley y a los derechos. Incluso en momentos de crisis, como durante el ascenso del Frente Nacional o de la Alternativa para Alemania (AfD), esas derechas han marcado líneas rojas. No siempre con éxito, pero, al menos, sí con claridad.

En España, esa cultura democrática de derechas ha sido más débil, más propensa al mimetismo populista, más tímida en la defensa del Estado, más ambigua ante los valores democráticos. El resultado es una mayor volatilidad, una menor resiliencia institucional y un discurso público más enconado. Buena parte de la derecha ha visto las instituciones como instrumentos del poder, no como límites a este. Desde los moderados del siglo XIX hasta los gobiernos de la Restauración, se ha practicado una visión patrimonialista del Estado. Eso explica la incapacidad para aceptar la alternancia política con normalidad, el uso partidista de organismos públicos, la crítica furibunda a la prensa independiente y la tentación de negar la legitimidad del adversario. La derecha liberal ha intentado corregir eso. Pero no ha sido dominante. Y, ahora mismo, vuelve a estar en retirada.

La entrada de España en la Unión Europea y la consolidación del Estado de derecho trajeron consigo una etapa de relativa estabilización. La derecha del Partido Popular —especialmente, en los años de Aznar— intentó mostrarse como un actor europeo, liberal en lo económico, reformista en lo institucional. Fue la etapa de los pactos de Estado, de la ortodoxia presupuestaria, de la tecnocracia eficaz.

Con José María Aznar, el PP condenó explícitamente el franquismo y abrazó el modelo liberal-conservador europeo.

Defendía la economía de mercado, el europeísmo, el Estado de derecho y la unidad de España. En política internacional, fue atlantista y el primero en la derecha en apostar por el europeísmo. Fue eficaz, tecnocrático y profesional. Gobernó de 1996 a 2004 con una agenda de reformas, privatizaciones y apertura exterior. Pero, en muchos casos, su liberalismo era instrumental: no nacía de una reflexión ideológica profunda, sino de la necesidad de modernizarse para gobernar. Aznar logró aglutinar a toda la derecha bajo un solo paraguas, pero, desgraciadamente, no creó escuela y su legado se desdibuja hoy en un injusto cliché de dureza.

Con la llegada del siglo XXI, la derecha española parecía haber encontrado una estabilidad razonable: el PP de Aznar gobernaba con mayoría absoluta, impulsaba reformas económicas y mostraba una imagen internacional homologable. Pero esa estabilidad era superficial. La guerra de Irak, el 11M, la posterior victoria de José Luis Rodríguez Zapatero y la incapacidad del PP para leer el cambio de ciclo desencadenaron una crisis profunda.

Desde el 11M y, sobre todo, con la llegada de Zapatero, el PP emprendió un repliegue identitario. Abandonó el europeísmo ilustrado y abrazó una retórica de confrontación. La derecha volvió a refugiarse en una lógica de resistencia: resistencia cultural, resistencia al pluralismo, resistencia al cambio. El auge de Vox que ya hemos comentado es, en parte, la consecuencia lógica de esa mutación. Vox no ha llegado desde fuera, sino desde dentro del ecosistema de la derecha española. En concreto, desde el sótano de Génova 13, donde habitaban, replegados. Pero cuando salen a la luz lo hacen con su inherente incapacidad para convivir con el disenso. Es un síntoma, no una anomalía.

La «derecha sin norte» reaparece aquí con toda su fuerza: defensora de un pasado idealizado, hostil a la modernidad, enemiga del feminismo, del ecologismo, del liberalismo, del europeísmo, del multilateralismo, en parte de la monarquía, del capitalismo —pese a la retórica de libertad— y de cualquier forma de pluralismo.

En todo este recorrido, la derecha liberal ha sido la gran desaparecida. Apenas ha contado con representación política clara. Unión, Progreso y Democracia (UPyD) y Ciudadanos fueron intentos fallidos de articular un espacio racionalista, reformista, constitucionalista y moderno, pero ambos naufragaron. En el seno del PP, la corriente liberal ha existido, pero casi siempre en minoría, sin la fuerza suficiente como para transformar el partido, ni mucho menos para liderar la derecha española como tal. Hoy, esa tradición se expresa sobre todo en medios de comunicación, en ciertos sectores empresariales y en ámbitos académicos. Tiene ideas, tiene discurso, tiene referentes. Lo que no tiene es masa crítica. El resultado es una paradoja: en un momento en que el mundo necesita más que nunca ideas liberales —frente al populismo, el autoritarismo y la desinformación—, la derecha liberal española sigue sin casa.

En ese vacío, surgieron dos corrientes antagónicas. Por un lado, Ciudadanos, con una estética liberal, moderna, racionalista, que nació como una esperanza de regeneración, pero no supo construir arraigo y acabó cayendo en el oportunismo y desapareciendo casi sin dejar huella. Y, por el otro lado, Vox, como síntesis del resentimiento nacionalista, el populismo de derecha, la nostalgia franquista y el discurso *antiestablishment*. Su crecimiento no es tanto ideológico como emocional y podemos decir que canaliza frustraciones más que propuestas.

Entre uno y otro, el PP ha oscilado sin rumbo fijo: a veces centrista, a veces trumpista, a veces pragmático. El resultado es un proyecto sin referentes claros, donde la derecha liberal española ha perdido la brújula, el vocabulario y el proyecto.

La derecha se fragmentó cuando se limitó a sobrevivir

Aunque ahora, tras el XXI Congreso del Partido Popular, se comienza a atisbar una recuperación de la figura de Aznar y de sus políticas, es justo decir que no dejó una corriente de pensamiento propia, más allá de FAES (Fundación para el Análisis y los Estudios Sociales). Sus éxitos electorales no se tradujeron en hegemonía cultural y, tras los atentados del 11M y la guerra de Irak, el proyecto se fracturó. El regreso de Rajoy, primero como oposición y luego como presidente, devolvió al PP a una lógica de gestión sin relato. Lo más grave fue que, con el tiempo, el partido fue incapaz de dar respuesta al nuevo malestar social. La crisis económica de 2008, la corrupción, los recortes, el desapego institucional, la emergencia de los nacionalismos periféricos... Todo ello exigía una derecha con ideas y con alma. Aunque es justo reconocer a Rajoy el éxito de la recuperación económica de España y el mantenimiento de la dignidad de no ser rescatados, ideológicamente el PP se limitó a sobrevivir.

En ese vacío surgió Vox, que canalizó el malestar de una parte del electorado conservador con una retórica dura, nacionalista, identitaria, revisionista y antieuropeísta, lo que arraiga con la corriente iliberal romántica de autores decadentistas germanófilos. Vox no representa una novedad ideológica: su discurso es una relectura del tradicionalismo español, del nacionalcatolicismo, del autoritarismo franquista, del reaccionarismo carlista junto a ingredientes nuevos importados de marcos extranjeros, como los sesgos trumpistas o las deudas con Hungría, que han pasado a ser parte nuclear del proyecto. Todo ello, por supuesto, unido a un nada desdeñable componente «friki». En cualquier caso, su novedad es la forma: redes sociales, victimismo populista, desprecio por las instituciones y culto al líder. Ha pasado por varias fases, desde una primera pulsión del PP «sin complejos», católico y liberal en lo económico, hacia un nacionalismo xenófobo, iliberal, cercano a las posturas calvinistas y, por lo tanto, integrada en la Internacional nacionalpopulista de la que obtiene órdenes y financiación con un único objetivo: imposibilitar la alternativa, impedir que el PP llegue al poder para poder seguir creciendo y canalizando el descontento.

Vox no ha aportado ideas nuevas, pero sí ha desplazado el eje del debate. Ha obligado al PP a derechizarse, a abandonar posiciones liberales, a mimetizar parte de su retórica. Ha hecho creer a muchos que ellos son la derecha mientras que las ramas liberales son, en realidad, socialdemócratas. La derecha española, de nuevo, se fragmenta: moderados, nostálgicos, neoliberales, tecnócratas e identitarios. Y, en esa pelea interna, la brújula vuelve a girar sin dirección.

Dos focos de desorientación: la religión y la economía

Un factor clave en el carácter desnortado de parte de la derecha española ha sido su dependencia de la Iglesia católica como fuente de legitimidad moral y política. A diferencia de otros países europeos, donde la derecha supo independizarse del poder eclesial —en Francia con Charles de Gaulle y en Alemania con CDU—, en España el vínculo fue absoluto durante siglos. El tradicionalismo español consideraba inseparables la religión y la patria. La «unidad católica» fue el gran mito político desde los visigodos o la Reconquista hasta el franquismo, pasando por los Reyes Católicos o las guerras de religión de los Austrias mayores. La idea de España como nación predestinada por la fe.

Esto explica la hostilidad de la derecha antiliberal hacia cualquier atisbo de laicismo, pluralismo religioso o reforma educativa. Pero esta alianza, lejos de fortalecer a la derecha, la ha anclado al pasado, la ha hecho refractaria a la modernidad, a la crítica y a la autolimitación del poder. Solo cuando la derecha empezó a desengancharse del clericalismo más rancio —como con Suárez o el primer Aznar— pudo presentarse como opción de futuro. Hoy, ese vínculo ha mutado. La Iglesia ya no es el centro del discurso, pero la moral católica se ha sustituido por una suerte de fundamentalismo identitario, igual de excluyente, igual de dogmático. Donde antes se defendía la cruz, hoy se defiende una idea homogénea y cerrada de la nación. En honor a la verdad, hemos de decir que la Iglesia ya no es la misma que vergonzosamente se parapetó tras una dictadura que asesinaba al pueblo de Dios, sino algo diferente que intenta huir del clericalismo, es decir, de la instrumentalización del cristianismo para un fin político. Como nos recordó el papa Francisco, «el clericalismo es una deformación, una enfermedad grave, un pecado más que un defecto: ya no eres el pastor, eres el Estado clerical. En ese aspecto, ser anticlerical es un honor».

Respecto a la economía, el otro gran foco de desorientación, otra expresión clara de esta pérdida del norte es el desprecio creciente de ciertas derechas por el estado de bienestar. En nombre del mercado, del individualismo o de una pretendida libertad negativa, algunos sectores —libertarios, anarcocapitalistas, neoliberales radicales del *laissez faire*— arremeten contra toda política redistributiva. Pero olvidan un hecho esencial: el estado de bienestar, tal como lo conocemos en Europa, no es un invento de la izquierda. Fueron los partidos democristianos, desde la posguerra hasta la década de 1970, los que lideraron la construcción de los sistemas públicos de pensiones, sanidad, vivienda o educación. La Alemania de Konrad Adenauer, la Italia de Alcide De Gasperi o la Francia de Robert Schuman diseñaron un modelo social que tenía sus raíces en la doctrina social de la Iglesia, en la noción de dignidad humana, en el principio de subsidiariedad y en una ética de comunidad. Ese modelo no era socialista ni colectivista: defendía la propiedad privada, el mercado, la familia y la iniciativa personal, pero también entendía que, sin cohesión social y sin justicia distributiva, la libertad no era más que un privilegio de los fuertes. La derecha que hizo posible ese edificio fue una derecha profundamente europea, inspirada en el humanismo cristiano y en el rechazo al totalitarismo, tanto nazi como comunista.

Frente a esa tradición, los libertarios que hoy se oponen a cualquier forma de Estado social son herederos de otra genealogía: la anglosajona, profundamente individualista, marcada por la religión protestante y por el rechazo al Estado, al que se refieren como enemigo natural de la libertad. No es casual que sus referentes estén en Estados Unidos o en el Reino Unido de Margaret Thatcher, y no en el continente. En España, esa visión es aún más ajena. Nuestra derecha tradicional no solo no fue liberal: fue abiertamente antiliberal y, en muchos casos, despreciaba tanto el mercado como la democracia. Que ahora se nos presente como «nueva derecha» un conjunto de ideas sin tradición ni arraigo popular es una muestra más de cómo la derecha española ha perdido el vínculo con su historia más noble. Ha perdido el norte.

La crítica a esta deriva no implica asumir los dogmas de la izquierda. Todo lo contrario: se trata de reivindicar una derecha democrática, compasiva —no asistencialista—, reformista y consciente de que el estado de bienestar no es un lujo, sino un requisito para la convivencia y para articular efectivamente el capitalismo.

A modo de conclusión: la derecha que viene

Volviendo al título del libro, «tener norte» no significa tener razón siempre. Significa tener orientación. Un sistema de referencias morales, políticas e históricas que permita navegar las crisis sin descomposición. Tener norte es saber lo que uno defiende, aunque pierda elecciones. Y saber lo que no hará, aunque las gane.

Una derecha con norte defiende la legalidad y el pluralismo interno, frente al dogmatismo y la simplificación; respeta las instituciones aunque estén gobernadas por otros; cree en el Estado como herramienta de cohesión social, no como enemigo; no reduce la política a una guerra cultural permanente; tolera la discrepancia, no lincha al disidente; y asume su historia con sentido crítico, no con mitología. No tener norte, por el contrario, implica caminar a la deriva; defender una cosa y la contraria; abrazar a Javier Milei un día y elogiar a Angela Merkel al siguiente; hablar de libertad mientras se sueña con el orden sin derechos; despreciar el Parlamento y luego pedir respeto; confundir la épica con el insulto. Hoy, más que nunca, España necesita una derecha que tenga norte. Que tenga raíces, proyecto y límites.

Parte de esta desorientación estructural se explica por la relación problemática que la derecha ha tenido con su propia historia. Mientras que la izquierda ha desarrollado una narrativa clara sobre el siglo XX —con sus luces y sus sombras—, la derecha ha oscilado entre el negacionismo —romanticismo— y la nostalgia —decadentismo—. Negacionismo al minimizar el franquismo, al blanquear la represión o al reivindicar a menudo los «logros» de una dictadura que mutiló derechos y libertades. Y nostalgia al idealizar un pasado nacional homogéneo, católico, autoritario, sin conflicto ni diversidad. Ese imaginario sigue vivo en sectores de la derecha que desconfían del Estado autonómico, del pluralismo lingüístico o de la memoria histórica.

Una derecha democrática debe asumir su pasado, no edulcorarlo. Reconocer los errores, aceptar la complejidad, celebrar los avances institucionales. Mientras no lo haga, seguirá atrapada en un bucle emocional que le impedirá mirar hacia el futuro con confianza. En este sentido, llama la atención que, para algunos sectores, «dar la batalla cultural» sea guerrear contra el feminismo en lugar de apropiárselo. Cabe recordar que nadie ha hecho tanto para la liberación de la mujer como el trabajo remunerado fuera del hogar. Es decir, el capitalismo. El mapa del feminismo y de los derechos de la mujer coincide con el del cristianismo. Lo mismo sucede con el ecologismo: no se me ocurre nada más conservador que el ecologismo, también integrado ya en la tradición católica desde la encíclica *Laudato si'* . Parece que, en lugar de confrontar con la izquierda por valores inequívocamente buenos como el feminismo o el ecologismo, prefieren regalárselo. Lo que es curioso es que vean ese repliegue como un acto de valentía en vez de como un enorme complejo de perdedores desnortados.

El hecho de que la derecha española esté sin rumbo no implica que esté condenada. Hay una oportunidad abierta, siempre latente, de reconstrucción. Pero esa reconstrucción exige algo más que *marketing* electoral o eslóganes vacíos. Exige una autocrítica histórica y un rearme moral. Implica volver a pensar qué significa ser conservador en el siglo XXI. Qué valores son irrenunciables. Qué alianzas son legítimas. Qué papel debe tener el Estado. Cómo se relaciona la derecha con la ciencia, la cultura, la religión, la diversidad, el medioambiente. También exige liderazgos nuevos, no necesariamente jóvenes, pero sí valientes. Con voz propia, sin miedo al matiz, sin necesidad de humillar para convencer. Que no teman las palabras *pacto*, *tolerancia*, *igualdad* o *feminismo*. Que no renuncien a la crítica cultural, pero tampoco se refugien en la trinchera. Que entienda, por ejemplo, que la libertad sexual o la libertad religiosa son irrenunciables porque son una extensión de la libertad de conciencia. Y, sobre todo, requiere un horizonte común. Es sabido que no hay brújula que funcione si no se sabe a dónde se quiere ir.

Muchos piensan que es imposible. Que la política es espectáculo. Que el votante solo quiere ruido. Que la derecha ilustrada está muerta. Que la historia de España está condenada a repetirse. Pero el cinismo es también una forma de desnorte. Renunciar a pensar, a proponer, a disentir... es una claudicación peligrosa. España ha tenido momentos de grandeza civil, de entendimiento entre adversarios y de progreso común. No fueron mayoría, pero existieron. Hoy, defender ese legado no es una ingenuidad: es una resistencia.

Después de este recorrido histórico, desde los absolutistas del siglo XIX hasta los *influencers* libertarios del XXI, cabe concluir que hay una certeza que se impone: la derecha española, en su mayoría dominante, ha oscilado históricamente entre el autoritarismo, el clericalismo y el miedo al pluralismo. Ha sido más reaccionaria que conservadora; más dogmática que reformista; más cercana a la obediencia que al debate. Todo ello explica por qué, cuando desaparecen las estructuras institucionales que la contienen —el bipartidismo, la tutela europea, la autoridad moral de ciertos líderes—, aparece de nuevo su rostro más desfigurado. Esta no es una historia de buenos y malos, ni tampoco un juicio definitivo. Hay excepciones luminosas, tradiciones valiosas, figuras admirables dentro de la derecha española. Pero son eso: excepciones, brotes que no han podido arraigar en un terreno que nunca les fue propicio.

Reconstruir una derecha con norte no es una nostalgia de salón ni un capricho de tertulia. Es una necesidad democrática. Un país sin una derecha democrática, liberal, ilustrada y socialmente comprometida es un Estado cojo. Un país en el que la izquierda gobierna sin contrapesos o la derecha lo hace sin escrúpulos al no aceptar en ocasiones la alternancia de poder ni reconocer al adversario su derecho a intentar gobernar.

El norte, en política, no es una dirección única. Es un conjunto de principios: respeto a la ley, defensa de las instituciones, compromiso con la justicia social, aprecio por la verdad, protección de la convivencia. Estos valores pueden articularse desde muchas tradiciones: liberal, conservadora o democristiana. Pero deben existir. La derecha española ha confundido demasiadas veces el norte con la fuerza, con la imposición, con la nostalgia. Ha creído que patria era poder, que orden era silencio y que tradición era dogma. Por eso se ha perdido. Aun así, puede reencontrarse. No será fácil y, desde luego, no será inmediato. Pero será imprescindible. Y, cuando lo haga —si lo hace—, no será repitiendo los discursos de siempre, ni abrazando el extremismo por cálculo, ni dejando que las redes dicten la agenda. Será volviendo a lo esencial: a la política entendida como servicio, al poder como responsabilidad, a la historia como aprendizaje.

Epílogo: por una derecha con sentido, sin nostalgia ni sumisión

España no necesita una derecha perfecta, sino una derecha adulta. Una que asuma su pluralidad, que no tema el debate interno, que deje atrás la nostalgia reaccionaria y que no confunda firmeza con histeria. Una derecha que sepa que defender la libertad no es gritar más fuerte, sino pensar más claro. Una derecha que no tema disentir de sus propios mitos, ni doblegarse ante la moda de la provocación. Que comprenda que el patriotismo no se mide en pulsos televisivos ni en *likes* en redes sociales, sino en responsabilidad con las palabras, con la historia y con los ciudadanos. Que entienda que conservar no es repetir, sino seleccionar, proteger y actualizar lo valioso.

Sobre todo, una derecha que no renuncie al pensamiento. Que vuelva a leer. Que vuelva a dudar. Que recupere el impulso ilustrado que en España fue siempre débil pero valioso. Que no desprecie a sus liberales, que no estigmatice a sus reformistas ni expulse a sus voces críticas. Porque, si lo hace, será eternamente lo que ha sido tantas veces: una derecha sin norte, sin rumbo, sin voz. Pero, siempre, bajo el liderazgo moral e intelectual propio de la derecha liberal.

Este recorrido histórico no sugiere que la derecha española esté condenada, sino más bien que su salvación vendrá de una lenta, paciente y valerosa reconstrucción intelectual desde las élites y no de una unificación forzada ni de una radicalización desesperada desde las bases. Vendrá de una recuperación del espíritu crítico. De una voluntad de entender y de explicar. De dejar de hablar solo a los ya convencidos y empezar a construir una mayoría cultural.

Puede hacerse. Pero no se llevará a cabo desde el dogma ni desde el miedo. Se hará desde la conciencia de que lo fácil —la desmemoria, la nostalgia, el insulto— ya ha fracasado. Y de que lo difícil —pensar, persuadir, proponer— es lo único que realmente vale la pena.

2

El pueblo no salva al pueblo: breve exploración de las derechas divididas

por Javier Redondo

Para explicar el desnorte de la derecha, debemos encontrar los hitos, fenómenos y acontecimientos verdaderamente reveladores del hecho que describimos y tratamos de explicar y que, a la vez, sean significativamente recientes y nos permitan delinear una secuencia. Retrotraerse en exceso resulta, al objeto que nos ocupa, estéril. La historia y las raíces de las familias ideológicas nos ayudan a conocer y comprender sus dualidades, sus polaridades o las diferentes sensibilidades que anidan en cada lado del espectro, nos permiten entender que la actual división de las derechas no es una excepción histórica y que ciertas actitudes y orientaciones políticas no son del todo espontáneas o meramente coyunturales.

Como sostiene el filósofo francés Raymond Aron en *El opio de los intelectuales* (1955): «En el continente, la experiencia decisiva del siglo es sin duda el doble cisma, en el interior de la derecha y en el interior de la izquierda». Ese doble cisma del periodo de entreguerras, cuando surgen los totalitarismos nazi, fascista y comunista, da al traste con las democracias y conduce, primero a Europa y después al resto del planeta, a la Segunda Guerra Mundial. Asistimos hoy también a un doble cisma; sin embargo, las circunstancias son muy diferentes: la generación de entreguerras creció sobre los escombros morales y rescoldos culturales de la Gran Guerra. En pocas palabras: la militarización y el embrutecimiento de la política fue una consecuencia de la primera contienda. En la actualidad, el doble cisma no empuja a las fuerzas centrípetas a ser engullidas o arrolladas por formaciones con ramalazos iliberales. La violencia política no es una característica de nuestro tiempo como sí lo fue durante el periodo de entreguerras. Los vientos de la historia no son los mismos, aunque no debemos obviar que asistimos a un cambio de paradigma que resignifica la democracia y que se caracteriza por la disputa del término. En nuestro presente hay más rasgos propios de la Guerra Fría que de los años treinta. Pero eso es otro asunto.

Si después de apenas una década de triunfalismo socialdemócrata tras el desplome del comunismo y de la tan celebrada «tercera vía» que dominó el panorama político de los años noventa del pasado siglo la izquierda radical —de raíces *frankfurtianas*— emergió con tanta fuerza durante la crisis financiera y de deuda, no había razón para pensar que no surgiera, como reacción o acoplamiento al nuevo clima antipolítico y de sobreactuada desafección, una derecha alternativa. Sin embargo, igual que no vimos que la nueva izquierda, izquierda alternativa, posmarxista, antiglobalista, extrema o radical se estaba fraguando o reflotando durante ese decenio, camuflada bajo los ropajes de las políticas de identidad, la democracia participativa, inclusiva, directa o asamblearia, tampoco pensamos que la nueva derecha que apareció en Austria o los Países Bajos podía tener algún tipo de conexión emocional o doctrinal con otras facciones conservadoras o *antiestablishment*. A finales del siglo xx y en la primera década del xxi, las derechas convencionales se parecían mucho entre sí —excepto los conservadores británicos, que mantenían su reivindicación soberanista en relación con su participación en el proceso de integración europea y mostraron con Margaret Thatcher su costado *antiestatista*—; sin embargo, las nuevas derechas o alternativas diferían unas de otras, sobre todo en función del perfil de su líder. Compartían, eso sí, el vínculo islamófobo o xenófobo y una matriz identitaria —la Liga Norte en Italia no era islamófoba pero sí supremacista.

Surgieron formulaciones novedosas —Forza Italia, liderada por Silvio Berlusconi, que firmó una alianza, precisamente, con la Liga Norte de Umberto Bossi en 1994— o se consolidaron y cobraron protagonismo formaciones que parecían testimoniales —el Frente Nacional en Francia—. La Liga Norte se afianzó y, pasados los años, se desprendió del carácter territorial; asimismo, la renombrada Alianza Nacional, heredera del Movimiento Social Italiano, también se vinculó a Berlusconi cuando el Cavaliere creó El Pueblo de la Libertad. Su líder, Gianfranco Fini, fue presidente de la Cámara de los Diputados de Italia. El posfascismo pareció liquidado o subsumido en esta nueva derecha sin complejos y con connotaciones populistas que amalgamaba distintas sensibilidades.

Posteriormente, la actual primera ministra italiana, Giorgia Meloni, tuvo el olfato suficiente como para mantenerse al margen de coaliciones y no participar en gobiernos tecnocráticos, de concentración ni de convergencia de centros. Después, mostró habilidad y juicio político para ocupar, desde la derecha, todo el espacio que se extiende hasta el centro. Hoy es una de las voces más autorizadas y preclaras del conservadurismo europeo. Asimismo, una derecha alternativa apareció en el Reino Unido. Tuvieron que pasar dos décadas para que la derecha xenófoba en España —la particularidad de España es que también hay una izquierda xenófoba—, representada por la antigua Convergència i Unió (CiU, nacionalistas catalanes), actualmente Junts per Catalunya, se mostrase y operase abiertamente como una fuerza disruptiva.

En relación con el segundo enunciado del principio —la pérdida de las referencias—, aunque sin desconectar del primero, hemos de agradecer al editor que, probablemente, este sea el capítulo más fácil de abordar del libro, pues, para quienes nos manifestamos críticos con los populismos de cualquier signo —por su carácter infantiloide, su desprecio a la verdad y a los ciudadanos, su vocación divisiva, por falsear la democracia, erosionar las instituciones y renegar de sus controles y contrapesos, por prescindir del principio de responsabilidad política e individual y por alimentar liderazgos mesiánicos y cesarismos plebiscitarios—, escribir sobre el fenómeno ya implica asumir la tesis del desnorte. A pesar de que se emplee como poderoso y efectivo recurso en tiempos de confusión, el populismo, en sí mismo, constituye un descarrío.

De los partidos para el *common man* al movimiento MAGA: antecedentes populistas en Estados Unidos

La división en varias facciones, al menos dos, en cada lado del espectro no es inusual, decíamos arriba. Europa ha convivido, desde Benjamin Constant —pensador suizo de principios del siglo XIX y uno de los padres del moderantismo político— con dos o más corrientes de derecha. La excepción, durante todo ese siglo y el siguiente, fue el Reino Unido. Fuera de Europa, el caso de Estados Unidos es paradigmático. Salvo dos excepciones relevantes, allí no ha habido tampoco dos derechas, probablemente, por los efectos materiales del sistema electoral, que condiciona los comportamientos políticos.

Sin embargo, durante un breve pero continuado periodo de tiempo convivieron dos izquierdas, cuando una candidatura socialista concurrió varias veces, aunque de forma casi testimonial, para atar en corto o hacer una magra sombra al Partido Demócrata. Eugene V. Debs compitió en las elecciones presidenciales de 1904, 1908, 1912 y 1920: después de la Revolución bolchevique, el insignificante socialismo desapareció de Estados Unidos. Lo explica el politólogo Seymour Martin Lipset, a quien citaremos de nuevo enseguida, en *It Didn't Happen Here: Why Socialism Failed in the United States* [No sucedió aquí: Por qué fracasó el socialismo en Estados Unidos]. Antes, casi en tiempo real, analizó la cuestión Werner Sombart, discípulo del sociólogo Max Weber, en *¿Por qué no hay socialismo en los Estados Unidos?*

Pero no nos desviemos: la primera excepción fue la candidatura del expresidente Theodore Roosevelt a principios del siglo xx, en los estertores de su carrera política, bajo unas siglas de corte y apariencia progresista, llamada Bull Moose ('Partido del Alce'), en oposición al timorato William Howard Taft, en las elecciones presidenciales de 1912. Roosevelt ganó en número de votos a Taft, y ambos superaron en más de un millón a Woodrow Wilson, proclamado presidente. El contexto era el de un sistema de partidos a punto de quebrar por los devastadores efectos de la corrupción. Pronto nos referiremos a ello.

Algo similar, corregido y aumentado, ocurrió en los años noventa con la segunda excepción a la unidad de la derecha en Estados Unidos: la candidatura independiente del magnate Ross Perot —en la línea con lo que representó en aquellos años el anteriormente citado Silvio Berlusconi en Italia— contribuyó decisivamente a la derrota de George Bush padre frente a Bill Clinton en 1992. Perot obtuvo 19,7 millones de votos, el 19 por ciento del electorado. Bush, 39,1 millones de sufragios y Clinton sumó 44,9 millones de papeletas. Las dos candidaturas de derecha cosecharon 59 millones de votos —por el sistema electoral estadounidense, la suma entre ambas candidaturas no es evidencia suficiente para concluir que Clinton hubiese sido derrotado, pero la distribución de los votos lo atestigua.

En 1996, Perot formalizó su Partido de la Reforma. Logró poco más de ocho millones de apoyos, el 8,4 por ciento de los registrados para votar. La corriente *antiestablishment*, representada por un empresario de éxito, hecho a sí mismo, es una constante en la historia de Estados Unidos. De hecho, el populismo es un rasgo de la cultura política estadounidense, como señala Lipset en *El excepcionalismo norteamericano*. Lo refleja a la perfección la película de Robert Rossen *El político* (el título original es *All the King's Men*), filmada en 1949. La cinta es una despiadada crítica del populismo más que un reproche al engranaje de poder en Estados Unidos. La trama no muestra tanto un sistema viciado de intercambio de favores, sino que retrata a un vanidoso y oportunista corrompido a la primera ocasión que muestra un afán desenfrenado por controlar los medios de comunicación. Como curiosidad, añadamos que el magnate Elon Musk, dueño, entre otras empresas, de la red social X, encorajinado con Trump tras un breve e intenso idilio político, sopesa formalizar una candidatura para las presidenciales de 2028.

En los comicios presidenciales de 1948 concurrieron cuatro candidatos: a los dos pertenecientes a los partidos convencionales, Harry S. Truman (demócrata) y Thomas E. Dewey (republicano), se sumaron Strom Thurmond, al frente de Dixiecrat (cuya imagen incluía el rostro del presidente Jefferson), que representaba a los demócratas conservadores del Sur que reivindicaban los derechos de los estados, y Henry A. Wallace, del Partido Progresista, exvicepresidente con Theodore Roosevelt y crítico con Truman y su doctrina de contener el comunismo. Sus resultados fueron ridículos, pero hemos considerado desviarnos puntualmente del objeto de nuestro trabajo y penetrar en las interioridades y divisiones de la izquierda estadounidense para mostrar, por un lado, los problemas que dejó a los demócratas el liderazgo fuerte —y prolongado— de Franklin D. Roosevelt y, por otro, para puntualizar que el Partido Progresista fue respaldado por los comunistas del país. El partido demócrata se resistía a la penetración de Moscú.

Por último, mención aparte merece el efímero Partido Populista o Partido del Pueblo, liderado por James B. Weaver, exrepublicano de Ohio, combatiente en la guerra de Secesión y abogado —uno de los perfiles, militar y abogado, más habituales en el siglo XIX estadounidense: realmente, el primer populista de la historia de Estados Unidos fue el demócrata Andrew Jackson, combatiente contra México—. Weaver fundó el Partido Populista tras un breve paso por el partido de los Greenback, una formación cuya base social eran los granjeros y los pequeños propietarios del Medio Oeste que reclamaban la emisión de moneda para sufragar sus pequeños negocios frente a las grandes corporaciones, sobre todo del ferrocarril, y la causa de la Unión. Tras la guerra civil, sus reivindicaciones fueron asumidas por el Partido Demócrata. Los Greenback acabaron integrándose en el Partido Populista durante su primera convención nacional, celebrada en Omaha, Nebraska, en julio de 1892.

El Partido Populista concurrió a las elecciones de ese año con una rigurosa propuesta de nacionalizaciones. Finalmente, Weaver integró su plataforma en apoyo del candidato del Partido Demócrata en los comicios de 1896. La democracia estadounidense atravesaba una intensa crisis de legitimidad. Sus críticos se lamentaban de su descrédito y de la traición de los valores originarios. Denunciaban que los partidos habían secuestrado la democracia y se la habían arrebatado al pueblo. La intensa industrialización aumentó el desapego del *common man* de las Grandes Llanuras y del Sur. El Partido Populista no era de derechas, más bien al contrario, pero apelaba a los valores tradicionales del estadounidense medio, perjudicado por la arrolladora industrialización, idealizaba la vida rural y se comprometió a regenerar la vida política, corrompida por la influencia de las grandes corporaciones. No es casual que, posteriormente, Theodore Roosevelt, al frente del Partido Republicano, se proclamara durante su presidencia como el abanderado *antitrust*. En el libro colectivo *Geografía del populismo* se analizaron con más detenimiento los orígenes del populismo estadounidense, coetáneo del ruso y del primer ensayo en Francia.

La gran novedad que ha representado Donald Trump en Estados Unidos es que no ha construido una plataforma alternativa para competir contra el Partido Republicano, sino que su proyecto alternativo ha vampirizado el Partido Republicano. Su movimiento MAGA ha opacado o suplantado al partido conservador más importante de la historia, junto con el británico. El Grand Old Party que fundó Abraham Lincoln, y al que han pertenecido perfiles tan distintos como Theodore Roosevelt, Dwight D. Eisenhower, el apestado Richard Nixon —que merecería un capítulo aparte—, Ronald Reagan o los dos George Bush, ha renunciado a sus esencias y su tradición. Cada uno de los citados ha dejado su propia impronta en la formación conservadora, pero ninguno subvirtió los valores programáticos que representaba el partido. Insisto en que Nixon merece atención particular, porque, independientemente de sus excesos en la presidencia —en ese sentido, es el que más se parece a Trump: una de sus frases más recordadas es «Si lo hace el presidente, no es ilegal»—, la «mayoría silenciosa» le aupó a la presidencia: arrasó en las elecciones de 1970 y al principio encarnó a la perfección las demandas de la clase media estadounidense. Hoy, el Grand Old Party no existe y eso ha tenido consecuencias en el ecosistema global de la derecha. Las formaciones de derecha no solo han visto sucumbir a uno de sus referentes, sino que su liderazgo condiciona y altera la relación, el equilibrio y el sistema de las equivalencias en la derecha. El ejemplo estadounidense nos sirve también para comprender las interconexiones y los trasvases entre el populismo de derecha y de izquierda.

Los referentes perdidos (1): el Tea Party como síntoma y antecedente en Estados Unidos

En agosto de 2016, Donald Trump fue proclamado candidato del Partido Republicano a la presidencia de Estados Unidos. En esas fechas y durante los meses precedentes, más de cien cuadros republicanos o históricos de esta formación política pretendieron inútilmente frenar la designación —las reglas del partido no lo permitían— o manifestaron su rechazo al magnate. Entre ellos se encontraban los dos George Bush —siempre fue una exageración injustificada la imagen extrema que se proyectó de George Bush hijo: incluyó en su gabinete a halcones *neocon* y extendió el conservadurismo compasivo, pero nunca fue un radical al modo que se representa la nueva derecha en nuestros días— y el último candidato republicano a la presidencia, Mitt Romney, que fue de los primeros en movilizarse contra Trump. Romney encarnó junto con el anterior candidato, John McCain —ambos perdieron frente a Barack Obama, en 2008 y 2012, respectivamente—, los principios del republicanismo moderado, conciliador y tradicional. Como anécdotas reveladoras, valgan que Romney, en tanto que gobernador del Estado, impulsó una reforma sanitaria para Massachusetts en la misma línea, aunque no tan intervencionista, que luego siguió y amplió Obama; por su parte, McCain, como senador, negoció con el entonces senador Obama una reforma migratoria. Trump no representaba al partido. Sin embargo, se hizo con él. Algunos de sus más destacados rivales, Ted Cruz o Marco Rubio, acabaron en la lona o seducidos por el neoyorkino.

Los síntomas de la metamorfosis se manifestaron en la década anterior. A partir de 2007, distintos líderes locales —también de opinión—, activistas y libertarios se movilizaron en cuatro sentidos interconectados: contra la candidatura de Obama, contra el «virus socialista», contra el Estado elefantiásico y contra los impuestos confiscatorios y en defensa de los valores originales de la Revolución Norteamericana —de ahí que su nombre y su identificación evoquen el Motín del Té, la respuesta de los ciudadanos de Massachusetts contra los tributos impuestos por la Corona británica al comercio del té en América en 1773—. La protesta contra la reforma sanitaria de Obama ejerció de propulsor y aglutinante del movimiento. Entre sus eslóganes encontramos el siguiente: «No dinero público para fracasos privados». Confusamente, los promotores del Tea Party acudían a pensadores cercanos a la corriente liberal-conservadora convencional, como el diplomático decimonónico Alexis de Tocqueville, autor de *La democracia en América*; el pensador británico de finales del siglo XVIII Edmund Burke o el autor de cabecera de los llamados despectivamente neoliberales, el economista del primer tercio del siglo XX Friedrich von Hayek. El Tea Party se coronó cuando John McCain incluyó a una simpatizante del movimiento, Sarah Palin, en el *ticket* presidencial de 2008.

La presentación en sociedad u oficialización del Tea Party tuvo lugar el 26 de febrero de 2011 en Portland, Oregón. En esa reunión, sus miembros reprocharon al Partido Republicano que tratara de conservar, a la defensiva, sus valores. El Tea Party proponía pasar a la ofensiva y reducía su programa a un gobierno limitado y al mantenimiento del imperio de la ley, al libre mercado y a la responsabilidad fiscal y personal. No parecía una propuesta ni muy agresiva ni muy disruptiva. No obstante, el Tea Party abría una grieta por la que se colaron también oportunistas, arribistas y extremistas de todo pelaje que contribuyeron a subvertir la agenda del Partido Republicano. Hoy, el propio Trump está padeciendo esa intrusión. Hay una lógica ascendente en todo radicalismo o propuesta subversiva. Enseguida dedicaremos unas pocas líneas a este asunto.

En su deriva, el movimiento del Tea Party acabó denunciando la ilegitimidad de Obama por no ser verdaderamente estadounidense, lo que supuso introducir elementos raciales en su discurso. No procede ahora la digresión. Pero si observamos los principios programáticos, las razones de su creación y a sus líderes fundacionales, Vox tampoco representó ni defendió en sus orígenes una brecha sistémica. A lo más que podemos llegar, desde un análisis sereno de esos sus primeros pasos, es que incurrió en la contradicción de tratar de combinar un conservadurismo más agudo con posturas liberales en lo económico. Y, en un plano más concreto, defendía una recentralización territorial. Sin embargo, no representaba una derecha intransigente sino exigente para con el Partido Popular. Ni en el discurso de Portland ni en los inicios de Vox hay manifestaciones claras de antipolítica; sí de radicalidad en el sentido literal y no ideológico del término.

Por otra parte, el progresismo desnortado identificó el Tea Party con el neoconservadurismo. Es normal, pues el progresismo nunca ha mostrado intención de entender sin tergiversar las razones ni las raíces del neoconservadurismo. El profesor de Comunicación de la Universidad de California en San Diego, Robert B. Horwitz, en *America's Right. Anti-establishment Conservatism from Goldwater to the Tea Party* [La derecha estadounidense. Conservadurismo antisistema desde Goldwater hasta el Tea Party], no identifica ambos fenómenos, pero traza una línea de continuidad en un «conservadurismo estadounidense peculiar» que va desde el líder conservador Barry Goldwater, que renovó la mentalidad conservadora y estableció los fundamentos para una nueva derecha, a Irving Kristol, uno de los padres del neoconservadurismo, y, por último, los cabecillas del Tea Party. El libro es de 2013, no llegó a tiempo de incluir la figura del controvertido y extremista Steve Bannon. Bien es cierto que resulta ofensivo para Kristol cualquier posible comparación intelectual con Bannon, pero, sobre todo, los neocones defendían un Estado compasivo y los caracterizaba su ferviente anticomunismo.

Recientemente, Bannon ha pretendido ser el muñidor de una gran derecha mundial contestataria, antielitista, radical, iliberal, creadora de hechos alternativos e implacable con el *statu quo*. En su cruzada, hablaba en nombre de un Occidente decadente y no renegaba de ningún aliado que pudiera representar su causa, independientemente de su catadura moral o política. Pero este aspecto lo reseñaremos un poco más adelante. Ahora simplemente cerramos el capítulo Musk y la lógica *matrioshka* por la que se rige todo radicalismo: Bannon, alejado de Trump, también rechaza la hipotética candidatura de Musk. Al respecto, ha afirmado: «Musk no puede crear un Partido Estadounidense porque no es estadounidense, es sudafricano». Para Trump, una tercera candidatura solo genera «DISRUPCIÓN y CAOS» —cuando se pronuncia en su red social, Trump enfatiza usando mayúsculas.

Musk, quizás, o seguro, no tendría opciones reales, pero, efectivamente, provocaría un movimiento sísmico en el movimiento MAGA, de por sí ya sacudido por otra polémica, el caso Epstein: las bases más fanáticas del movimiento MAGA se han revuelto contra su Administración, a la que acusa de ocultamiento. El Departamento de Justicia ha concluido que Jeffrey Epstein no disponía de una lista de poderosos e influyentes clientes en su supuesta red de abuso de menores. El financiero murió en la cárcel en extrañas circunstancias en agosto de 2024. Trump prometió en campaña llegar hasta el final del asunto. Sus bases más intolerantes arremeten contra la «élite pedófila». En su riña con Trump, Musk insinuó que el presidente estaba en esa lista y exigió que la publicase. En su denuncia fue más lejos: aseguró que el Gobierno «tiene vídeos de los abusadores». Cuando el desnorte penetra, progresa y carcome.

Por otra parte, volviendo a la reflexión sobre los neoconservadores, tampoco es acertado asociar las inercias de

Vox con el neoconservadurismo. Una de las cabezas más luminosas de Vox procede del Grupo de Estudios Estratégicos, referencia del neoconservadurismo en España, pero el tablero y los equilibrios internacionales se han modificado tanto en las dos últimas décadas que el uso del término en la actualidad solo genera confusión y no clarifica las posiciones de las formaciones de la derecha radical, nueva derecha o derecha populista. De hecho, volviendo a Estados Unidos, algunos destacados halcones y cargos relacionados con la seguridad y la defensa del país también han mostrado su rotunda oposición a Trump. El neoconservadurismo no es ya una etiqueta de curso corriente. No define el carácter alternativo de las derechas. Trump ha roto las reglas incluso en este campo.

En *Change They Can't Believe In. The Tea Party and Reactionary Politics in America* [Un cambio en el que no pueden creer. El Tea Party y la política reaccionaria en Estados Unidos], los autores Christopher S. Parker y Matt A. Barreto se preguntaron en 2013 si el movimiento, impulsado por una oposición extrema a Obama, suponía una «revolución» para el mundo conservador en Estados Unidos. Ciertamente, introdujo elementos innovadores, de signo contestatario y *antiestablishment*. Añadimos nosotros que ese radical rechazo a la figura del entonces presidente ahorma una actitud antipolítica, ya que aplica a la política una lógica de disputa entre antagonismos: Obama encarnaba el enemigo. La concepción agonal de la política no es una patente del populismo, pero sí es una de sus prácticas más fáciles de identificar, a izquierda y a derecha.

Con el Tea Party, los métodos, la retórica, la lengua y la puesta en escena populistas penetraron en el corazón del Partido Republicano. Poco a poco, la formación introdujo elementos moralizadores en su agenda. Por último, incorporó la guerra cultural. La consecuencia última de la evolución del fenómeno fue Donald Trump y la demoledora imagen para el Grand Old Party que supuso el asalto al Capitolio en enero de 2020. Cuatro años después, Trump, imputado por varios delitos, entre ellos, haber instigado a la sedición a sus seguidores, arrasó en las elecciones presidenciales. Con el sometimiento, el secuestro, la entrega o la claudicación del Partido Republicano —consecuencia, a su vez, también de la deriva identitaria del Partido Demócrata—, el ecosistema liberal conservador perdía, insistimos, uno de sus referentes ideológicos clásicos y traspapelaba también el orden global.

Hasta la irrupción del Tea Party, los milenaristas —hoy terraplanistas—, catastrofistas, visionarios, fanáticos y apocalípticos aprovechaban convulsiones revolucionarias de signo igualitarista. El primer ejemplo histórico de la modernidad lo representan los niveladores ingleses, quienes, a principios del siglo XVII, permitieron que, en torno a los debates de Putney en 1621, se sumaran corrientes de lo más extravagantes. La revolución y, concretamente, las revoluciones socialistas, son el caldo de cultivo perfecto para la proliferación de posiciones excéntricas, exageradas o conspiranoicas con las que denunciar un asedio o un presente insoportable o inaceptable, sea para los más desfavorecidos, los humildes, los olvidados, los preteridos o los marginados, sea para los pobladores nativos y originarios. La excelente novela de Mario Vargas Llosa *La guerra del fin del mundo* es una metáfora de este fenómeno que tratamos de describir: su protagonista, Antonio *El Consejero*, propone un oasis en el desierto.

Los referentes perdidos (2): los *tories* británicos, del euroescepticismo a la eurofobia

La derecha se desnorta cuando copia o se contagia de la peor izquierda y da cabida, con tal de desestabilizar el sistema y ganar adeptos, a cualquier propuesta dícese alternativa. La noción de «alternativa» ha adquirido un matiz reciente: no se trata de una propuesta diferente, contrapuesta o simétrica a la existente, sino que ha de ser, en cierto modo, subversiva, provocadora; más que completamente innovadora, ha de considerarse perturbadora.

Muchas veces se reprocha a los partidos convencionales que incurran en procesos de selección adversa de sus cuadros: no prosperan las personas más valiosas, sino las que mejor entienden los pliegues de la organización —por otra parte, no resulta algo exclusivo de los partidos—, lo que provoca —esto sí les es propio— que los partidos recluten a sus dirigentes no de entre los mejores de la sociedad civil, sino de entre aquellos dispuestos a asumir los procedimientos de selección y cooptación. Pues bien, la derecha se desnorta cuando, después de criticar y atacar a los partidos convencionales por su burocratización y su similitud, exacerba estas prácticas y enrola e incorpora agitadores, buscarruidos, a la «voz más alta» —utilizamos deliberadamente esta expresión, que coincide con el título de la serie *La voz más alta*, protagonizada por Russell Crowe, en el papel de Roger Ailes, fundador de Fox News—, la posición más excéntrica y el argumento más provocador y alborotador.

Paradójicamente, como decimos, una de las críticas de los populismos a la política convencional es la excesiva burocratización y profesionalización de sus cuadros, el parecido que hay entre los miembros de los aparatos de partidos tradicionales y rivales en las urnas. Los populistas de izquierda y derecha acusan de forjar esas semejanzas entre cuadros de partidos diferentes a la Unión Europea, a la Escuela Nacional de Administración de Francia o al Senado estadounidense —es de justicia recordar que Obama, aunque fue senador, se presentó, en cierto modo, como un *outsider*; dio prioridad en su biografía a su trabajo en las comunidades negras de Chicago y, en su libro *La audacia de la esperanza*, parecía que justificaba su función de senador no al uso—. Últimamente, el populismo de derecha se diferencia del de izquierda por señalar también a la European Central University, fundada por el multimillonario húngaro George Soros en 1991, en Budapest. El presidente del país, Viktor Orbán, aprobó una ley de universidades para cerrarla. Soros trasladó la sede a Viena.

Las nuevas formaciones se revuelven contra esta suerte de planicie intelectual o de ideas, establecen procesos de selección de personal alternativos y, finalmente, contribuyen a reforzar la percepción de que la selección negativa es consustancial a los partidos políticos. Curiosamente, y esto es importante porque entronca con la tradición populista y específicamente de derechas, estas formaciones son antiintelectuales, reniegan de la participación de los pensadores —considerados todos o casi todos orgánicos— en la vida política: los intelectuales no son pueblo, sino élite. Los populistas de derecha e izquierda son antielitistas, pero los de derecha denuncian constantemente que la cultura y la educación padecen bajo el yugo y el monopolio de la izquierda, motivo por el que se consideran antiintelectuales. En este caso y en la actualidad, vaya por delante y valga la excepción, la derecha que elabora este diagnóstico no está ni mucho menos desnortada. Al revés, probablemente apunte al corazón del desequilibrio cultural y muestre las razones que explican los sesgos y la inclinación del tablero político.

Nótese también que, en relación con la promoción de ideas agoreras, como señala el periodista Iñaki Gil en *Arde París. La nueva revolución francesa*, el 61 por ciento de los franceses —sus datos son de 2021— creen hoy en la teoría del gran reemplazo y se suman al pesimismo de las tesis declinistas. Lo más preocupante, según el periodista, es que la creencia de que «el fenómeno del reemplazo va a producirse en Francia» es transversal: lo piensan el 92 por ciento de los votantes de Marine Le Pen, pero también el 72 por ciento de los de la derecha clásica, más de la mitad de los partidarios de Emmanuel Macron, el 44 por ciento de los votantes de izquierda y el 30 por ciento de los ecologistas. Más del 80 por ciento de los votantes de la derecha convencional se muestra inquieto por la posibilidad de que se produzca ese gran reemplazo. El polémico, singular, lúcido y agudo escritor Michel Houellebecq dedica a la teoría del gran reemplazo e, indirectamente, al declinismo dos novelas distópicas: *Sumisión* (2015) —especialmente hiriente con la sensibilidad de la izquierda, en cuanto que denuncia su hipocresía, precisamente en relación con el control de la educación— y *Aniquilación* (2022), a cuyo argumento ya han dado alcance los hechos y la realidad.

Por otra parte, la derecha desnortada no es la que combate ni desmonta pieza a pieza el irracional, reaccionario y antiilustrado *wokismo*, construido a base de un trasnochado estructuralismo, sofismas y rencor, sino la que lo hace recurriendo a la existencia de una conspiración global de la que forman parte unas perversas élites económicas que ponen a su servicio a las élites políticas —abrazan inadvertidamente el postulado marxista que distingue entre clase dominante y dirigente— o que se postran ante ellas. La derecha desnortada está convencida de que existe un complot internacional que combina las políticas de identidad con el dogmatismo climático en contra de las clases medias. La ideología de género, las políticas identitarias y el citado dogmatismo climático, verdaderamente, son oportunidades de mercado y ofrecen una coyuntura y ocasión para la promoción de activistas profesionales y la consolidación de élites extractivas. Pero explicarlas en virtud de una confabulación semisecreta o masónica, liderada por falsos filántropos, contra la libertad, los individuos, la familia, la natalidad y Occidente es demasiado aventurado, inconcreto y vaporoso.

Volvamos a las referencias disueltas. El otro gran baluarte que ha extraviado la derecha convencional ha sido, ya lo hemos mencionado arriba, el Partido Conservador británico, que perdió el norte, el sentido de la institucionalidad y, finalmente, el poder tras impulsar el Brexit. Durante una década, el Brexit y la deriva populista de la formación han devorado a cinco primeros ministros: David Cameron, Theresa May, Boris Johnson y los efímeros Liz Truss y Rishi Sunak, con quien el partido pretendió reconectar con los cambios culturales en la sociedad británica y dotar de cierto barniz tecnócrata y distinguido a Downing Street. Demasiado tarde: el más sólido y duradero partido conservador del mundo era ya una nave a la deriva.

Su iniciador fue la gran promesa *tory*, David Cameron, quien, tras un exitoso referéndum sobre la delicada permanencia de Escocia en el Reino Unido impulsó otro referéndum sobre la salida de Gran Bretaña de la Unión Europea. Lo prometió en 2013 si conseguía ser reelegido en 2015. Cameron pretendía diferenciarse de los emergentes liberales de Nick Clegg, que abandonó el Ejecutivo en 2015, y cimentar las bases de su liderazgo sobre un incontestable apoyo popular —tras los comicios de 2010, Cameron no pudo gobernar en solitario—. Cameron defendía, en consonancia con la tradición euroescéptica de los *tories*, la permanencia condicionada en la Unión Europea (UE), aunque expresó una neutralidad con la que trasladaba la responsabilidad de un asunto tan complejo a los ciudadanos británicos. La larga campaña se enrevesó y se le fue de las manos. Con su posición, el Partido Conservador renunció a dos de sus postulados rectores y fundacionales sobre los que había basado buena parte de su tradición doctrinal desde el siglo XVII: los principios de representación y responsabilidad. Ese abandono supuso, desde un punto de vista teórico, una desnaturalización; desde el punto de vista programático, un desarme, una entrega.

El conservadurismo británico cayó presa del pánico a las encuestas, la crisis de deuda, la inmigración y, fundamentalmente, la amenaza de la nueva formación eurófoba, el Partido de la Independencia del Reino Unido (UKIP), hoy llamado Reform UK, que entró en el Parlamento británico en 2024 con cuatro diputados: «Este es el principio del fin del Partido Conservador», anunció su líder, Nigel Farage. La nueva derecha ya había irrumpido antes con fuerza en el Reino Unido. El sistema electoral frenaba a la formación del excéntrico y constante Farage —excepto en las elecciones europeas, donde el programa de UKIP adquiría su pleno sentido y además el sistema electoral aplicado es proporcional—, pero cada vez se hizo un hueco mayor en la agenda pública, mediática y política británicas. En 2009, un año antes de las elecciones que condujeron a David Cameron al 10 de Downing Street, se celebraron elecciones al Parlamento Europeo: UKIP fue la segunda formación política más votada en las islas. En 2014 ya fue el primer partido del Reino Unido en el Parlamento Europeo. El Parlamento británico autorizó la celebración del referéndum sobre la salida del Reino Unido de la Unión

Europea en 2015 y la consulta se celebró el 23 de junio de 2016. Cameron dimitió inmediatamente después de proclamarse los resultados.

El referéndum es un instrumento que, mal entendido y aplicado, se convierte en herramienta, pretexto y burladero de populistas y líderes con vocación de reafirmación plebiscitaria. El referéndum simplifica las cuestiones, traslada a la sociedad un deber y una responsabilidad que corresponde asumir a los políticos y divide en dos al electorado, borrando los matices. Una clara manifestación de desnorte es someter la viabilidad y la continuidad de un liderazgo a un referéndum sobre una cuestión de hondo calado. Por último, aunque en la mayoría de las legislaciones se contemplen como consultivos y no vinculantes, los resultados de los referéndums son, por su propia naturaleza —voluntad directa, supuestamente sin intermediarios, del pueblo— inapelables, de modo que contribuyen a crear situaciones de irreversibilidad. Asimismo, los referéndums refuerzan el poder ejecutivo en detrimento del legislativo y dotan de una carga extra de emotividad, tensión y suspense a la política.

En este sentido, la derecha supremacista catalana también supeditó su propia supervivencia al frente de la Generalitat a la celebración de una consulta ilegal sobre la independencia de Cataluña. Sostenido con pinzas por la formación de izquierda radical, antiglobalista, municipalista, asamblearia y popular de la CUP (Candidatura d'Unitat Popular), la derecha nacionalista catalana se embarcó en la promesa del referéndum. A diferencia del Brexit, los dos ensayos en Cataluña, en 2014 y 2017, fueron ilegales, tercermundistas y estrambóticos. La derecha populista asoció democracia con democracia directa y, para más inri, en Cataluña, en alianza con la izquierda radical, confundió democracia con agitación: situó la participación —identificada con la democracia— por encima de la ley. Si Cameron temió la influencia de UKIP, Artur Mas, entonces presidente de la Generalitat, temió a la turba —que trató de asaltar el Parlamento catalán— en un clima de protesta social y en el contexto de la crisis financiera y de deuda.

En Francia, fue el Frente Nacional el partido que, a mitad de la década de los ochenta del pasado siglo, propuso la extensión del uso del plebiscito. Para Jean-Marie Le Pen, el referéndum suponía la «ampliación de la democracia», era la «expresión más perfecta» de esta y permitía devolver el poder al pueblo. También quiso usarlo, una década más tarde, en 1997, para liberar al pueblo francés del «dominio de la clase política», como recuerda el profesor Pierre Rosanvallon en *El siglo del populismo*.

En 2022, el líder de Vox, Santiago Abascal, propuso ocho referéndums sobre ocho asuntos de especial trascendencia para someter a debate distintos consensos que consideraba artificiales alcanzados por las «élites». Una de las consultas propuestas era acerca de la soberanía energética. El plan España Decide planteaba también preguntar a los españoles por educación, inmigración, igualdad, ilegalización de partidos separatistas, un plan hidrológico nacional, subvenciones a partidos y sindicatos y sobre el derecho a la intimidad en internet y «soberanía» de datos. Vox presentó su propuesta de acuerdo con el artículo 92 de la Constitución, y sus líderes subrayaron su escrupuloso respeto a la ley y los procedimientos. Si bien lo que llama la atención es la propensión de dotar de legitimidad a su programa mediante el sometimiento a referéndums, propuso asuntos muy complejos pero susceptibles de simplificación y de provocar un exceso de sentimentalidad.

En conclusión, en estos dos últimos epígrafes hemos enumerado lo que ha supuesto a efectos programáticos y prácticos el desplome de los dos grandes e históricos partidos conservadores. Queríamos llamar la atención sobre una cuestión: el Partido Republicano fue vampirizado por un *outsider* y se transformó sin que tuviera que competir con otra fuerza a su derecha. Es decir, las partículas disruptivas penetraron en el organismo. Por el contrario, el Partido Conservador británico se transformó por imitación. En un caso asistimos a un proceso de fermentación; en otro, de contagio.

Agravio, identidad y resentimiento: la lógica viciada del nacionalpopulismo

Esta secuencia que da título al epígrafe no es exclusiva de la derecha radical. De hecho, la izquierda la desarrolló con bastante eficacia en la primera década de este siglo. El posmarxismo o neomarxismo —depende del matiz y del peso que le otorguemos al marxismo en la nueva izquierda— se rehízo académicamente en torno a las teorías de la democracia deliberativa. Políticamente, el posmarxismo se expresó con el movimiento de los indignados. En «Populismo de izquierda: marxismo camuflado y crisis de la representación» (2018), artículo publicado en la revista *Cuadernos de Pensamiento Político*, trato de explicar que el posmarxismo se despojó de los viejos ropajes conceptuales (conflicto, clase, lucha de clases, emancipación, explotación...) y los sustituyó por otros nuevos sin cambiar el fondo ni el significado. Es decir, en lugar de resignificar los conceptos —en el plano académico lo hizo con el término «democracia»—, creó nuevas nociones a las que dotó de significados añejos. Como la izquierda populista proviene del marxismo, lo tuvo más fácil. La derecha radical no tiene esos arraigos conceptuales tan sólidos, si acaso, los que toma de algunas doctrinas tradicionalistas del siglo XIX —cuando se configura el conservadurismo con inercias autoritarias— y principios del XX.

Las formaciones nacionalistas tampoco son nuevas en cuanto al uso de estos recursos que dan título al epígrafe. También recurren al agravio, que amenaza y pone en riesgo una identidad y provoca un resentimiento que se expresa y canaliza por diferentes vías. Si hay una actitud o un sentimiento que no se puede permitir la derecha convencional ni el conservadurismo clásico, por su propia naturaleza, es el resentimiento. El conservador es escéptico, realista, crítico, concreto, descreído, mordaz, burlón o acomodaticio —si se quiere—, pero se muestra razonablemente satisfecho con el estado de las cosas. El resentido no es un innovador, no es un idealista que no tema adentrarse en lo desconocido, no es un romántico henchido de buenos sentimientos. El resentido es un destructor. La derecha no destruye ni desmantela, la derecha reforma. Otra cosa es que la reforma requiera de derogación, abolición, revocación y anulación, como muchas de las normas aprobadas durante las dos últimas legislaturas en España, precisamente por haber constituido contrarreformas, involuciones y usurpaciones al parlamentarismo. La derecha no hace tabla rasa en una sociedad ni busca al «hombre nuevo». Es lo que le recrimina, por un lado, Edmund Burke a Thomas Paine y, por otro, John Adams a Thomas Jefferson en sendas discusiones sobre la Revolución francesa.

Esta tríada tóxica —agravio (victimismo), identidad y resentimiento— es propia de los nacionalismos, los cuales son excluyentes. No hemos de confundir nacionalismo con patriotismo, que es un principio o una actitud que exige, por un lado, compromiso constitucional y lealtad institucional y, por otro, respeto al adversario y predisposición al pacto y la inclusión. El expresidente francés, el socialista François Mitterrand, dijo aquello de «el nacionalismo es la guerra». El imperialismo trajo la Primera Guerra Mundial y los nacionalismos subsumidos en los totalitarismos de principios del siglo XX trajeron la Segunda. En los años noventa del pasado siglo, Europa asistió a la penúltima gran matanza en nombre de la identidad: la guerra de los Balcanes. Hoy, el expansionismo ruso nos tiene inmersos en otra contienda en suelo europeo.

A lo largo del siglo XX, las derechas desnortadas fueron nacionalistas. No fueron las primeras formaciones burguesas y románticas que buscaron cobijo en la nación frente a los excesos de la Comuna y la influencia de la Revolución bolchevique entre la segunda mitad del siglo XIX y el primer tercio del XX. Fueron sus sucesoras, el Partido Nacionalista alemán, por ejemplo, pero también corrientes creadas en torno a fuerzas socialistas y que apelaban a la conciencia nacional del proletariado para desplazar y anular su conciencia de clase: el fascismo italiano. Los nacionalistas siempre buscaban un chivo expiatorio, un culpable, un enemigo, que representara lo extranjero o que estuviera a su servicio. En Francia, el caso paradigmático se vivió con el *affaire* Dreyfus, a principios del siglo XX, que mostró, además, el creciente antisemitismo, que incluía un odio al nuevo poder monetario. El caso Dreyfus supuso también el surgimiento de dos fenómenos propios de épocas de auge de corrientes antipolíticas: la desinformación y la división social.

Así pues, la xenofobia o etnicismo es un rasgo propio de la derecha desnortada, materializado en propuestas nacionalistas y antisemitas —hoy, el antisemitismo está más extendido en la izquierda intransigente y radical—. La relativa novedad que conlleva las propuestas de la nueva derecha es el victimismo autocomplaciente y de autojustificación. En España, la manifestación más reciente es el «*Espanya ens roba*», lema que utilizó hace quince años el separatismo catalán como pretexto de la quiebra de la Generalitat durante la gestión del tripartito de izquierda y posteriormente de la crisis de deuda. El agravio es siempre un pretexto para justificar la efervescencia nacionalista.

Por su parte, los partidarios del Brexit emplearon el eslogan «Retomar el control», frente a las políticas de Bruselas que impedían o frenaban el crecimiento británico —en Estados Unidos, Trump logró la presidencia de la República con el eslogan «America First»—. La izquierda populista hizo lo mismo: culpó a la canciller alemana Merkel de la crisis y apeló a la devolución de soberanía a los países, la transferencia de soberanía de los «mercados» a la «gente». El movimiento MAGA en Estados Unidos señala a China, a la UE y a la inmigración ilegal como responsables de la pauperización de las clases medias. La nueva derecha, como el viejo nacionalismo nativista y antisemita, no ve solo una amenaza económica sino cultural: el *mainstream*, la corriente de pensamiento dominante, la asfixia socialdemócrata, crean los agravios que sufren las clases medias, víctimas, sostiene la nueva derecha, de unas leyes que benefician a los de fuera y perjudican a los nacionales. Los inmigrantes irregulares —en Europa se apunta específicamente a los que provienen del Sahel y de África Subsahariana—, además, generan sensación de vulnerabilidad y cambian la fisonomía de pueblos y ciudades, que pierden sus señas de identidad y se vuelven más inseguras e inhóspitas. El reclamo de la nueva derecha es la asociación entre inmigración irregular y delincuencia, deterioro de las ciudades y extensión de guetos y barriadas que se sitúan fuera de la ley.

Para rizar el rizo, en España, no solo Junts o Vox muestran actitudes xenófobas o nativistas —Junts hacia los españoles y catalanes no independentistas y Vox hacia los inmigrantes, especialmente, hacia los magrebíes—, también, decíamos, las izquierdas nacionalistas y filoterroristas —Esquerra Republicana de Catalunya (ERC) y Bildu— y, para colmo, la nueva formación catalana de Sílvia Orriols, líder de Aliança Catalana, una formación doblemente xenófoba: defiende los valores clásicos de Occidente —raíces cristianas y secularización—, pero muestra su supremacismo en relación con, como Junts y ERC, los catalanes no independentistas y resto de los españoles, además de con los magrebíes que viven en Cataluña. Como Puigdemont, líder de Junts, y buena parte del nacionalismo catalán no barcelonés, los orígenes de Orriols son payeses. Orriols representa un fenómeno nuevo que entronca el nacionalismo y el secesionismo catalanes con el nacionalismo identitario europeo. Ella reclama el vínculo occidental, lo antepone estratégicamente a la «estelada» y penetra en estratos sociales donde no permeaba Junts. Lejos de mostrar desnorte, Aliança Catalana, que es fundamentalmente Orriols, tiene muy clara la ruta que debe seguir y su radio de acción.

En los Países Bajos, el malogrado Pim Fortuyn, propulsor del populismo neerlandés en la década de los noventa del pasado siglo, «rechazaba de manera tajante y malhumorada las comparaciones con los tradicionales partidos de extrema derecha europeos», principalmente con el Frente Nacional francés. Fortuyn provenía del marxismo. A pesar de eso, también era un ilustrado. Su postura crítica con el multiculturalismo estaba basada en que el islam —cultura «enormemente afirmativa» y «expansiva»— constituía una amenaza para homosexuales y mujeres. Así pues, la primera derecha, dícese hoy xenófoba, no era antiliberal sino liberal, cultural y económicamente hablando. O mejor expresado, consideraba que el multiculturalismo constituía una amenaza para las libertades. La evolución del populismo neerlandés la cuenta con maestría el profesor Guillermo Graíño en «Populismo e Ilustración: el caso de Holanda», dentro de la obra colectiva arriba citada *Geografía del populismo*.

Algo similar ocurre en la misma década con Jörg Haider, líder del Partido de la Libertad de Austria (FPÖ). Aquella primera nueva derecha era igualmente liberal, urbana y moderna. Ahora suelen subrayarse las inclinaciones iliberales de la derecha populista. Varias décadas después ha sucedido lo mismo en España con Vox. En sus inicios era un partido abiertamente liberal en lo económico y ha girado progresivamente hacia un difuso paternalismo para penetrar en sectores agrarios, periféricos y con rentas bajas.

La lógica agravio-identidad-resentimiento se traduce y resume en actitudes victimistas y soberanistas; el soberanismo se expresa psicológicamente mediante el retraimiento, y el retraimiento se manifiesta económicamente en proteccionismo. Las políticas proteccionistas se concretan en aranceles. Y los aranceles generan más diferencias, recelos y rivalidades. Este círculo vicioso se crea, sostienen las derechas desnortadas, para proteger a los perdedores de la globalización. De modo que la derecha desnortada se ha desviado hacia el antiglobalismo contenido o, al menos, ha percutido en su euroescepticismo, derivando, como exponíamos al principio, en eurofobia.

El alejamiento del principio de realidad lo refleja con brillantez el novelista británico Ian McEwan en su novela *La cucaracha*, una despiadada sátira del Brexit; una readaptación del cuento *El traje nuevo del emperador* o *El rey desnudo*, de Hans Christian Andersen; una demostración de la teoría de la espiral del silencio, de la socióloga de la comunicación Elisabeth Noelle-Neumann, y un riguroso retrato del extravío. El primer ministro caricaturizado no defiende el Brexit, sino un descabellado «reversionismo». Una idea y un plan confusos pero orientados a eliminar injusticias, malos hábitos y desviaciones sistémicas: al final de la semana laboral, el empleado pagaría a la empresa las horas trabajadas. Cuando comprara, cobraría el importe de los objetos adquiridos. Y como el sistema impide acumular dinero, debería ingresar las ganancias por sus compras en un banco, que le «premiará» con un interés negativo. Antes de perder sus ahorros, el trabajador deberá encontrar un empleo más caro. Todos saldrán ganando con el dinamismo generado por el reversionismo. La idea cuajó entre quienes se sentían estafados por el sistema vigente. Para justificarla, sus defensores recurrieron a unos economistas del siglo XVII que nunca existieron y encontraron en Adam Smith alguna defensa inadvertida del nuevo modelo. El reversionismo, además, ponía coto a la voracidad del Estado. «El Partido Reversionista —cuenta McEwan— apareció espectacularmente en escena con su mensaje populista y antielitista.» Pronto señalaron a sus enemigos: los avantistas, partidarios del orden vigente. Cuando en Estados Unidos ganó las elecciones un presidente simpatizante del reversionismo, la causa disparó su popularidad. Los obreros se mostraron convencidos de su progreso social... El mundo se desordenó y se partió en dos...

El factor Putin: la guinda del extravío

El populismo estadounidense es coetáneo del ruso y del francés —en España, podemos identificar, unos años después, en los inicios del siglo xx, a Alejandro Lerroux como inspirador de un radicalismo y populismo, en su caso, urbano—. Volvemos a los orígenes porque queremos retornar a los principios inmutables del populismo: las raíces populares, la idealización de la vida rural o formas de vida bucólicas y tradicionales y el antielitismo. El populismo es producto del desencanto popular, el existente y el fabricado o formateado a partir de aquel. Nos quedamos de momento en Francia para recorrer estos orígenes a través de dos figuras: el general Georges Boulanger emergió en la vida política francesa en los albores del siglo xx, cuando, en 1899, protagonizó un intento de golpe de Estado. La tradición francesa facilitaba las cosas porque era deudora del bonapartismo. El paso del general Boulanger por la política fue efímero, pero contribuyó a diluir las fronteras entre la derecha y la izquierda, como parecieron hacerlo los chalecos amarillos ciento veinte años después. El movimiento boulangerista denunció la «comedia democrática» y dio pie al antiparlamentarismo. El contexto no nos es ajeno: auge de la prensa sensacionalista, globalización, acelerada industrialización, crisis económica y antisemistismo. Francia crecía, pero su riqueza se invertía en el extranjero. Aparecieron los primeros síntomas de victimismo, derrotismo y críticas al sistema. Como resume Barbara W. Tuchman en *La torre del orgullo* (2020):

> Como fuerza social y política, el antisemitismo surgía a finales del siglo xix de las fuerzas que creaban malestar entre las clases sociales y las naciones. La industrialización, el im-

> perialismo, el crecimiento de las ciudades, el declive del campo, el poder del dinero y de las máquinas, el puño amenazador de las clases trabajadoras, el ocaso de la aristocracia, todas esas fuerzas y factores se acumulaban como la presión de un volcán.

El párrafo permite establecer alguna analogía con el presente.

El general Boulanger fue un fervoroso ministro de Defensa en el Gobierno del republicano radical Georges Clemenceau durante la Tercera República. Antisemita, demagogo y movido por el ánimo de revancha tras la derrota francesa en la guerra franco-prusiana, Boulanger arrastró a las masas. El primer ministro Charles Floquet lo expulsó del Ejército. Era demasiado polémico y demasiado popular; además, ponía en riesgo la paz con Alemania. Así que Georges Boulanger se batió en duelo con él. En 1889, presentó su candidatura contra la República en París. Apoyado por monárquicos, bonapartistas, activistas de izquierda y corrientes de extrema izquierda, se impuso por amplio margen. La base de su programa era el nacionalismo exacerbado, el antiparlamentarismo, la denuncia de la corrupción, la reivindicación del gobierno directo del pueblo —luego el bonapartismo apeló a la república refrendaria— y el antisemitismo, como punto de partida para la reconciliación nacional. Sus seguidores le animaron a tomar el poder. No dio el paso. Podría ser el Andrew Jackson francés: héroe de guerra aupado por la multitud. Se exilió al poco. Finalmente, se suicidó ante la tumba de su amante, fallecida recientemente por enfermedad. En su lápida se lee la dedicatoria: «Apenas he podido vivir dos meses y medio sin ti».

Por otra parte, el gran nombre de la derecha contrarrevolucionaria francesa es Charles Maurras, creador del movimiento realista Acción Francesa, intelectual y monárquico. Su vida transcurrió durante la Tercera República y, sus últimos años durante la Cuarta República, la ocupación nazi y la posguerra. Murió en 1952. Su memoria está desacreditada por su adhesión al régimen de Vichy y sus declaraciones antisemitas. No era un populista, pero sentó las bases de una nueva derecha y conectó con el conservadurismo de corte autoritario ahormado durante el siglo anterior.

Jean-Christophe Buisson, director adjunto de *Le Figaro Magazine*, sostiene en una breve biografía que en torno a Maurras se da un equívoco extendido, según el cual quería destruir la democracia. Si bien Jean-Marie Le Pen no se declaró heredero del pensamiento contrarrevolucionario de Maurras porque interpretó que este era contrario a la idea democrática —aunque, según Pierre Rosanvallon, en sus inicios, el Frente Nacional incluyó en su seno, entre otros muchos grupos y grupúsculos, a los herederos de Maurras—, la controversia es oportuna: si Maurras no apela a la democracia, no puede ser, en puridad, un populista, aunque se declarase antiintelectual al reivindicar el «instinto de los humildes». Sin embargo, no es verdad, según Buisson, que fuera contrario a la idea de democracia. Reivindicaba un pacto originario entre el pueblo y el rey —sectores de Vox apelan a este mismo nuevo contrato—; hete ahí su «espíritu democrático», que no pasaba por la defensa del parlamentarismo. Maurras era escritor, poeta, periodista y filósofo; un teórico, un doctrinario que orientó el conservadurismo francés hacia los valores originales: orden, autoridad y tradición se entreveraban en un contexto de creciente incertidumbre.

Maurras era fundamentalmente un contrarrevolucionario —rechazaba el centralismo jacobino— y un «nacionalista integral»: raíces, nación, monarquía, Iglesia, familia y Ejército constituían los pilares de la seguridad. Aunque sus posiciones intransigentes provocaron que el papa Pío XI condenara su movimiento. En Maurras encontramos un diagnóstico decadentista que combate con una retórica del renacer, de ahí su vínculo con el nacionalismo y, por otra parte, con su rol de conector entre el nacionalismo originario y el actual. Este tipo de llamamientos al renacer son propios de la nueva derecha. Sin ir más lejos, en estas páginas hemos hecho sobradas referencias al movimiento MAGA. La iconografía que rodea a Vox y a otras formaciones de la derecha radical también recurren a la idea del nuevo florecimiento, del resurgimiento —el primer movimiento nacional italiano se llamó Risorgimento—, del despertar —también frente a la narcótica y reaccionaria cultura *woke* y de la cancelación—, que se nutre de la evocación de pasajes históricos que muestran un periodo de grandeza y plenitud, por muy lejanos en el tiempo que se encuentren.

El resurgimiento o despertar es otro gancho que emplea Vladímir Putin, quien, a su vez, ha introducido un último elemento de desnorte en la derecha radical. Bajo pretexto de la defensa de los valores cristianos —no de Occidente, porque la mayoría de los rusos no se reconocen como occidentales—, el líder ruso ha aglutinado en torno a sí a una parte de la derecha iliberal y, también, a la mayoría de la izquierda iliberal. Putin reivindica los límites del viejo imperio de los zares y la extinta URSS sirviéndose del subterfugio de una cruzada por los valores tradicionales. «La idea de Tercera Roma implica que los rusos tienen el deber de proteger a los cristianos frente a los pueblos de otras religiones», escribe la investigadora Mira Milosevich en *El imperio zombi. Rusia y el orden mundial* (2024). El mandato es medieval y luego moderno, pero también reciente: Rusia se ofrece como la salvadora de una Europa corrompida y amoral —calificativos que comparte sobre nuestro continente el vicepresidente estadounidense James D. Vance— porque Rusia evitará el reemplazo cultural. Las veleidades y las inclinaciones prorrusas, junto con el antisemitismo propagado por la izquierda, constituyen probablemente las mayores pruebas de desnorte en nuestro tiempo. Putin justificó su segunda invasión de Ucrania aludiendo a que emprendía un proceso de «desnazificación». El filósofo y periodista francés Jean-François Revel considera y explica en varias de sus obras, en los años ochenta del siglo xx, que el pensamiento dominante en Europa y América es el soviético y que la URSS perdería la Guerra Fría, pero nos impondría su marco mental. Lo que no alcanzó a vaticinar el bueno de Revel es que una parte de la derecha participaría en la vendimia. El pueblo no salva al pueblo. La derecha prorrusa, tampoco.

Conclusiones

El populismo, de derecha y de izquierda, se basa en un mito fundacional: el pueblo puro, incólume, virginal, beatífico e incorruptible. «Solo el pueblo salva al pueblo» fue el lema de distintos grupos que acudieron a prestar ayuda a los damnificados por la dana en los municipios de los alrededores de Valencia en noviembre de 2024. La consigna expresaba un rechazo a las instituciones, los políticos, los partidos y los medios de comunicación; a todos los instrumentos de mediación y representación de la sociedad. El lema denunciaba un Estado que falló. El diagnóstico no era errado, pero los términos son oportunistas. Quizás no apareció el pueblo sino que lo hicieron los compatriotas. Según los populismos, las instituciones corrompen la unidad natural de la comunidad. Esta es la clave de la antipolítica: el pueblo es uno y su voluntad es «general». La derecha se desnorta cuando, se ha de suponer que inadvertidamente, recurre a Rousseau como fundamento de vida en común y de la política.

Volviendo a Maurras: decíamos que era un pensador; no aspiraba a elaborar una doctrina susceptible de aplicación práctica, pero fue un generador de creencias. Los populismos, de derecha y de izquierda, son fabricantes de creencias que, a veces, son ajenas a la realidad y, muchas otras, distorsionan esa realidad y conculcan la verdad. La izquierda siempre se ha permitido el lujo del idealismo —y, con este, el de la mentira— porque sus realidades suelen abocar a la pobreza; sin embargo, la derecha es realista. El reduccionismo, la simplificación de la realidad y el uso de hechos alternativos —realidad suplantada para exponer hechos hipotéticos y justificar argumentos y políticas— son manifestaciones del desnorte de la derecha. Maurras expresó con exquisita brillantez los límites del contrasentido de una derecha idealista: «La derecha como obra de arte»; una doctrina para contemplar, no para ejecutar.

La derecha desnortada es intransigente, no pactista; precisamente porque encarna la pureza del pueblo. La política es intercambio, acuerdo, cesión y transacción. La derecha desnortada, como considera que el pueblo es víctima de una conspiración de las élites contra el propio pueblo, rechaza cualquier tipo de colaboración con el «enemigo». Tiene, como decíamos anteriormente, igual que la izquierda más radical y posmarxista, una concepción agonal de la política, consistente en la confrontación entre antagonistas. Las fuerzas de derecha populista encarnan la resistencia del pueblo frente a invasores, corruptos, paganos o subversores del orden natural. Por eso, la derecha radical concede tanta importancia a la guerra cultural, porque, según la doctrina gramsciana, la política se libra fundamentalmente mediante guerras de posición.

«America First» constituye una llamada divisiva, de repliegue y retraimiento lanzada por Donald Trump en 2016, pero también de reivindicación de la hegemonía y la grandeza perdida. La Tercera República francesa vio nacer el populismo y el maurrismo, pero fue el régimen en su conjunto el que mostró una vocación imperial. Y esa vocación imperial generó tratamientos diferenciales y la consideración de ciudadanos de segunda a los habitantes de las colonias. En Francia es fácil detectar, con todos los matices y precisiones que cabrían en un texto específico sobre el asunto, el hilo conductor que comunica, en su relación con «los de fuera», la Tercera República y la Agrupación Nacional (antes, Frente Nacional): el *régime de l'indigénat*, un conjunto de leyes represivas y segregadoras de los habitantes de las colonias en su territorio o en suelo continental. El imperialismo se institucionalizó en la Conferencia de Berlín, resuelta en 1885.

Putin y Trump se han comportado como líderes imperialistas en relación con Ucrania. Como decíamos unos párrafos más arriba, la derecha se desnorta cuando asume los argumentos y pretextos pacifistas —articulados y difundidos por el comunismo y el poscomunismo, de Lenin a Putin— de los presidentes ruso y estadounidense para resolver la invasión y la derrota de Ucrania. El «America First» planea sobre las leoninas condiciones que Trump pretendió imponer a Volodímir Zelenski, presidente de Ucrania. Por otra parte, el «America First», vinculado al fenómeno migratorio, provoca consecuencias parecidas a las que generó el imperialismo en su relación con el colonialismo. El mundo de hoy nos obliga a plantearnos, bajo parámetros completamente distintos, la extensión de la ciudadanía. La derecha desnortada tiene una concepción excesivamente restrictiva del alcance de la noción.

Por último, la derecha desnortada asume una misión de «recivilización» que trasciende el conservadurismo convencional. Esto implica una connotación de lucha, de combate. El uso de la historia es un recurso propicio. En España se evoca la Reconquista. Alemania lo tiene más difícil. Su historia no le permite añoranzas. Hasta hace poco no existía en Alemania un partido de derecha radical: los extremos estaban prohibidos. Nos equivocamos al etiquetar Alternativa para Alemania como neonazis. El partido surgió como una escisión soberanista y euroescéptica de la Unión Demócrata Cristiana (CDU), constituida por un sector crítico con las medidas de Angela Merkel durante la crisis de deuda y, luego, también por su política migratoria durante la crisis de los refugiados. El partido fue radicalizándose y adoptando un discurso más demagógico (algunos autores e informes lo han relacionado con el movimiento decimonónico y étnico *Völkisch*). En esta década pasada, la única fuerza neonazi electoralmente relevante fue Amanecer Dorado, en Grecia.

Finalmente, las derechas radical y populista se terminan de desnortar cuando se muestran porosas a la penetración de grupúsculos ultras, minoritarios, residuales, pero que interpretan el contexto, según el cual, si la derecha se permite gamberrear —manifestar actitudes antipolíticas—, estos grupos pueden mostrar sin complejo su estética y sus maneras. No hay peligro ultra en Europa, pero sí existe un sector poco nutrido de la derecha condescendiente con estas posiciones. Y la condescendencia anima a la revisión del pasado —y con ese ánimo emergen también oportunistas, polemistas y agitadores—, no para corregir los muchos excesos, exageraciones y errores de la narración histórica construida por la izquierda y por corrientes dominantes del pensamiento, sino para esculpir una narrativa alternativa alejada de los hechos, los consensos historiográficos —que son los hechos probados— y políticos —la interpretación comúnmente aceptada de esos hechos probados para contribuir a la convivencia—. La derecha desnortada usa la historia como arma de guerra cultural (como también y tan bien ha hecho toda la izquierda). Es decir, manipula el saber. Y la historia es demasiado importante como para mancillarla y demasiado frágil en tiempos de confusión. La derecha desnortada contribuye, así, a generar más confusión.

3

¿Por qué se fragmentó la derecha? El papel de la crisis catalana y la llegada al poder de Sánchez

por David Jiménez Torres

Introducción

Desde 2018 se ha hablado mucho en España de izquierdas y derechas. Si el debate público de los años anteriores había abordado otro tipo de divisiones —la «nueva política» contra la vieja, el soberanismo contra el constitucionalismo, las distintas propuestas para sacar al país de la crisis iniciada en 2008—, la moción de censura que llevó a Pedro Sánchez y al PSOE a la Moncloa nos devolvió un viejo y conocido binarismo. Los socialistas ofrecieron muchas justificaciones de sus polémicos pactos para alcanzar el poder, pero una de ellas era que aquello era necesario para impulsar políticas «progresistas» y desbancar a una derecha que había impulsado recortes y austeridad. También explicaron que el rechazo suscitado por sus acuerdos con populistas y separatistas se debía a que la derecha tenía un sentido patrimonial del poder: no toleraban que la izquierda gobernase en su lugar.

Además, escasos meses después de la llegada de Sánchez a la Moncloa, Vox experimentó un notable crecimiento en las elecciones andaluzas. Aquello fue el preludio de sus buenos resultados en las dos elecciones generales de 2019: en poco más de un año, el partido de Santiago Abascal pasó de ser extraparlamentario a convertirse en tercera fuerza en el Congreso. Se disparó entonces el debate sobre el auge de la «extrema derecha» en España y sobre qué indicaba aquello acerca de cualquier otro tema imaginable: las políticas de género, el sistema educativo, la inmigración, las redes sociales... Algunas de las propuestas de los Gobiernos de coalición PSOE-Podemos —por ejemplo, la *ley del solo sí es sí* o la *ley trans*— avivaron también debates sobre las transformaciones de la izquierda contemporánea y la influencia del pensamiento *woke*.

Sin embargo, las tensiones políticas de los años de Gobierno de Pedro Sánchez no se pueden resumir como un choque entre izquierdas y derechas. No, al menos, en el sentido en el que estas pugnas se han desarrollado en el pasado, como enfrentamientos entre las distintas maneras de entender la relación entre el individuo, la sociedad y el Estado que se derivarían del pensamiento de Jean-Jacques Rousseau, Edmund Burke, Joseph de Maistre, Karl Marx, etcétera. Lo que ha ocurrido en España en los últimos años ni siquiera se puede asimilar fácilmente a las tensiones entre izquierdas y derechas que se estaban desarrollando al mismo tiempo en otros países, como Estados Unidos, Francia, el Reino Unido o Italia.

Para empezar, la alianza —inicialmente sobrevenida y, luego, estructural— entre los socialistas y los separatistas catalanes y vascos era, y sigue siendo, muy difícil de insertar en una narrativa sobre las prioridades programáticas de la izquierda y sus enfrentamientos con la derecha. No han faltado voces en estos años que hayan denunciado la contradicción que implica para una agenda tradicional de izquierdas el profundizar en las desigualdades entre regiones, máxime cuando aquellas a las que se conceden privilegios están entre las más ricas del país. La promesa realizada por los socialistas en 2024 a Esquerra Republicana de Catalunya (ERC) de conceder un régimen fiscal propio a Cataluña sería un ejemplo palmario de la contradicción ideológica que implica denunciar las desigualdades sociales a la vez que se admiten e incluso se fomentan las regionales. También se ha señalado con frecuencia que, entre las fuerzas nacionalistas en las que se ha apoyado Pedro Sánchez para gobernar, hay partidos —como el Partido Nacionalista Vasco y, desde 2023, Junts per Catalunya— que pertenecen tradicionalmente al espectro liberal-conservador, y que incluso incluyen en su ideario fuertes vetas nativistas. Las contradicciones que se podían derivar de esto quedaron nuevamente expuestas en marzo de 2025, cuando los socialistas acordaron con Junts ceder a Cataluña el control de sus fronteras en un acuerdo que recogía la necesidad de «proteger la cohesión de la sociedad de acogida, su lengua y su cultura».

Por su parte, el crecimiento de Vox tampoco es fácil de encajar en las narrativas más amplias sobre las nuevas derechas. Ha sido frecuente leer el auge del partido de Santiago Abascal como el fin de una suerte de anomalía: tras muchos años, llegaba a España un fenómeno político que ya se encontraba asentado en los países de nuestro entorno. Pero Vox es, en sí mismo, una anomalía en su familia política. Es el único partido de derecha radical contemporáneo cuyo crecimiento se produce a raíz de una crisis de unidad nacional. Ni en Hungría, ni en Francia, ni en Italia, ni en Estados Unidos, ni en Brasil, ni en Argentina, ni en Polonia, ni en ningún otro de los países hacia los que suele mirar Vox —o hacia los que miran quienes intentan explicar el auge de ese partido— se ha producido en tiempos recientes un intento de secesión como el que se vivió en España en 2017, con la culminación del proceso separatista catalán. Una crisis de unidad nacional —que también fue una crisis constitucional y de vigencia del Estado de derecho— que está inextricablemente ligada a la irrupción de Vox.

Esto hace que los debates sobre lo que ha ocurrido en las derechas españolas en los últimos años deban separarse de las discusiones sobre lo que ha pasado globalmente en las derechas occidentales. Claro que cualquier fenómeno general muestra rasgos particulares en los distintos sitios y momentos en los que se manifiesta. Tampoco han sido idénticos los caminos de Giorgia Meloni en Italia y Donald Trump en Estados Unidos —por elegir solo dos ejemplos—. Lo interesante de España, sin embargo, es hasta qué punto los debates sobre la estrategia, las prioridades y las propuestas de las derechas han estado influidos por cuestiones que se escapan de las pautas habituales de este campo. Este capítulo se centrará en desgranar estas particularidades y en explicar cómo han contribuido a la confusión vivida en el campo de las derechas locales. Se argumentará que la crisis de 2017 y la muy peculiar naturaleza y forma de gobernar de los Ejecutivos de Pedro Sánchez han desempeñado un papel fundamental a la hora de estimular la reconfiguración de las derechas españolas. Porque uno de los aspectos en los que estas han parecido más «desnortadas» en los últimos años ha sido en su manera de afrontar la etapa que se abrió cuando Sánchez alcanzó la presidencia del Gobierno.

De la mayoría absoluta de Rajoy a la fragmentación

La derecha española se fragmentó mucho antes de que los socialistas alcanzaran al poder. En las elecciones generales de 2011, el Partido Popular de Mariano Rajoy obtuvo cerca de once millones de votos; cuatro años después, superó por poco los siete millones. Hubo muchas razones para ese deterioro. Las elecciones que habían otorgado la mayoría absoluta a Rajoy habían estado marcadas por la crisis económica y por la pésima gestión de la misma que había hecho el Gobierno socialista de José Luis Rodríguez Zapatero. No es solo que en 2011 hubiese mucho voto de castigo al PSOE, es que era casi inevitable que muchos votantes castigaran también al PP cuando esta formación pasó a gestionar las graves consecuencias sociales de la crisis. También hicieron mella los escándalos de corrupción desvelados durante la primera legislatura de Rajoy, junto a lo que muchos percibieron como una actitud demasiado tibia ante ellos por parte del propio partido. Lo notable, sin embargo, es que los votantes que habían apoyado al PP en 2011 no se contentaron con quedarse en casa ni con votar al PSOE para activar los mecanismos clásicos de la alternancia. Si hablamos de fragmentación es porque, en las elecciones generales de 2015, tres millones y medio de votantes —prácticamente la misma cantidad que perdió el PP en comparación con la convocatoria anterior— eligieron la papeleta de Ciudadanos (Cs).

Conviene señalar aquí un par de paradojas. En primer lugar, la aparición de partidos que pudieran competir con el PP por algunos de sus votantes no se produjo durante los años del Gobierno de Rajoy. Ciudadanos había sido fundado en 2006, como respuesta a los gobiernos autonómicos catalanes de los socialistas Pasqual Maragall y José Montilla. Pronto hizo un primer intento de expandirse fuera de Cataluña, presentándose tanto a algunas elecciones en otras comunidades como a las generales de 2008. UPyD, por su parte, había sido fundado en 2007 y también se presentó a las generales del año siguiente. Vox fue el competidor más tardío, creado a finales de 2013, aunque las semillas del partido datan de 2008. En el congreso del Partido Popular celebrado ese año en Valencia, Santiago Abascal y Alejo Vidal-Quadras —entre otros— presentaron una enmienda a la línea política del partido en relación con las formaciones nacionalistas subestatales. Aquel fue también el congreso en el que Rajoy animó a quienes estuvieran descontentos con la línea elegida a que se marcharan a otros partidos. Así pues, la multiplicación de opciones disponibles para los votantes liberales y conservadores se había consumado o estaba ya en marcha cuando Rajoy alcanzó la Moncloa. Lo que no se había fragmentado era el electorado, que en 2008 dio un único escaño a UPyD y ninguno a Ciudadanos. Tampoco lo hizo en 2011, cuando UPyD obtuvo cinco diputados y Cs ni siquiera se presentó. Las opciones, en definitiva, ya estaban allí: lo que cambió a partir de 2011 fue el interés de los votantes en apoyarlas. Y, en el caso de Vox, esto ni siquiera ocurriría hasta mucho más tarde. El partido de Abascal se presentó a las elecciones generales de 2015 y 2016 sin obtener representación; lo mismo ocurrió en las municipales y autonómicas de 2015, cuando fue incapaz de lograr un solo escaño en los nueve Parlamentos autonómicos a cuyas elecciones se presentó.

Por otra parte, ni Ciudadanos ni UPyD pueden ser descritos únicamente como el resultado de una «fragmentación de la derecha». En ambos casos —y especialmente en el del segundo— se trataba de partidos que se autodefinían como progresistas. Sus posturas en muchos temas que tradicionalmente dividen a las izquierdas y las derechas —papel de la religión en la sociedad, matrimonio igualitario, aborto, función del Estado en la actividad económica, etcétera— eran más próximas a las del PSOE que a las del PP de Rajoy. Fue su actitud crítica con los nacionalismos subestatales lo que hizo que tanto esos mismos nacionalistas como la izquierda tradicional los etiquetaran desde el inicio como formaciones de derechas. Vemos ya aquí una dinámica que recorrerá este capítulo: cómo la actitud ante los nacionalismos subestatales ha distorsionado las coordenadas habituales de la izquierda y la derecha en España. Y no se trata de una distorsión menor. Para muchos, la actitud de un partido ante los nacionalismos catalán y vasco ha sido más determinante a la hora de identificarlo como partido de derechas o de izquierdas que su posicionamiento ante el laicismo o el aborto.

Sin embargo, no todo el electorado lo percibió así. Por ceñirnos a la formación que tendría más recorrido, Ciudadanos recibió apoyos en 2015 tanto de antiguos votantes del PP como de antiguos votantes del PSOE. Si nos fijamos en su identificación ideológica, un 26,9 por ciento se definían como «liberales», un 19,2 por ciento como «progresistas», un 11,5 por ciento como «socialdemócratas», un 11,5 por ciento como «conservadores», un 7,7 por ciento como «democristianos» y un 1,9 por ciento como «socialistas». La gran mayoría, en cualquier caso, se autoubicaba en las posiciones centrales del espectro ideológico. El auge de Ciudadanos no respondía tanto a una fragmentación del voto de la derecha como a una separación de ese voto de centro que en años anteriores había oscilado entre el PP, el PSOE o la abstención.

Luego estaba el hecho de que, entre 2011 y 2015, muchos votantes no estaban atentos a la división entre izquierdas y derechas, sino a la existente entre lo viejo y lo nuevo. El fenómeno del 15M, ocurrido en las postrimerías de la etapa de José Luis Rodríguez Zapatero, había introducido un discurso y unos temas de debate que desbordaban los marcos clásicos de disputas entre el PP y el PSOE. Posteriormente se ha criticado mucho aquel movimiento y aquella sensibilidad, ya por la ingenuidad de algunas de sus propuestas o por su posterior identificación con Podemos. Para muchos, la animadversión que generó el partido de Pablo Iglesias se proyectó retrospectivamente sobre el movimiento del que se proclamaba heredero. Sin embargo, el 15M en su sentido amplio —no solo lo que pasó en la acampada de la Puerta del Sol de Madrid, sino todo el debate social que generó y el ambiente que ayudó a instalar en la esfera pública— tuvo al menos un efecto saludable: desacopló el debate político general del debate entre PP y PSOE. Se empezaron a discutir cuestiones sistémicas de las que los dos grandes partidos eran corresponsables, o sobre las que no parecían tener nada que decir. Era un cambio acorde con la gigantesca crisis que estaba experimentando el país, y que desbordaba los cauces habituales de la discusión política. La crítica se volvió más amplia y se permitieron nuevos espacios de encuentro —y desencuentro—, a la vez que se fomentaba una politización regeneracionista que pronto introdujo nuevas voces y nuevas pautas en el debate público. En este contexto, el PP de Rajoy no fue criticado únicamente por los casos de corrupción que se revelaron en este tiempo ni solamente por su manera de gestionar la crisis social y económica. Era visto como uno de los dos rostros de un sistema disfuncional, un sistema que había apostado por modelos de desarrollo ineficientes y fácilmente corrompibles, y que había generado una casta política mediocre, cuando no directamente extractiva. Las elecciones generales de 2015 se presentaron como las elecciones del cambio, de manera que el resultado no parecía dirimirse tanto entre distintas versiones de la derecha o de la izquierda como entre diferentes versiones de lo viejo y de lo nuevo. El voto a Ciudadanos era en buena medida un voto por el cambio, pero por uno sustancialmente distinto del que proponía Podemos.

La importancia de la crisis catalana

Siendo importante todo lo que se ha señalado hasta ahora, la fragmentación de la derecha no se puede entender sin la crisis catalana. La apuesta del líder nacionalista Artur Mas en 2012 por celebrar un referéndum de autodeterminación había sentado las bases para un choque entre las instituciones autonómicas y las nacionales, así como para una polarización cada vez mayor entre los catalanes nacionalistas y los no nacionalistas. Si bien, en el conjunto de España, el rechazo a las pretensiones soberanistas era generalizado, la respuesta de Rajoy a aquel desafío fue percibida por muchos votantes como indolente e ineficaz. El *procés* iba consumando etapas y el Gobierno parecía incapaz ya no de frenarlo, sino de entender la gravedad de lo que estaba ocurriendo. Además, muchos votantes, tanto de dentro como de fuera de Cataluña, entendieron el proceso separatista como la culminación de treinta años de hegemonía nacionalista en las instituciones catalanas, y de fórmulas inadecuadas para gestionarlo por parte de los gobiernos centrales. Si una de las premisas centrales del Estado de las autonomías había sido que el autogobierno ayudaría a integrar a los nacionalistas en la democracia española, el *procés* demostraba que algo había salido muy mal. Algo que no era achacable únicamente a Rajoy ni a Artur Mas. Una célebre viñeta de los humoristas gráficos Miki y Duarte, publicada en los periódicos del grupo Joly en octubre de 2017, mostraba a un animalito que iba creciendo gracias a la comida que le traían primero Felipe González, luego José María Aznar y después Zapatero. Cuando el animal ya se había convertido en un enorme dragón, un coro de voces gritaba a Rajoy: «¡Venga! ¡Dale!».

Por todo esto, Ciudadanos podía presentarse de manera coherente como un vehículo para la regeneración nacional y, también, como la respuesta necesaria al *procés*. Frente al cambio que proponían los independentistas —la secesión—, Ciudadanos ofrecía otro distinto —reformismo dentro del marco español—. Frente al populismo y el decisionismo soberanistas, Ciudadanos reivindicaba las instituciones y el constitucionalismo liberal. Frente a un nacionalismo con un fuerte componente etnolingüístico y nativista, proponía el vocabulario centrista de la «tercera España» y la superación de las identidades excluyentes. Frente a los tradicionales intentos de aplacar el nacionalismo con cesiones, apostaba por una oposición cívica y desacomplejada ante todos sus planteamientos. Y, además, frente al estilo gris y carpetovetónico de Mariano Rajoy, el líder de Ciudadanos, Albert Rivera, parecía encarnar la juventud y el dinamismo de esa nueva generación que estaba descontenta con el sistema. En definitiva, aquel partido ofrecía una respuesta al separatismo más moderna y mejor integrada en el ambiente moral y político de aquellos años de la que estaban aportando PP y PSOE.

Así se llegó a la eclosión de la crisis catalana en 2017-2018. Sus principales hitos son bien conocidos: aprobación de las «leyes de desconexión» por parte del Parlamento autonómico, convocatoria de un referéndum de autodeterminación que ya había sido declarado inconstitucional, celebración pese a ello de dicho referéndum —con escasas garantías y que, además, fue abortado por intervenciones policiales en varios colegios—, discurso de Felipe VI en defensa de la Constitución, «paros de país» y manifestaciones constitucionalistas en Barcelona, declaración unilateral de independencia, suspensión de la autonomía catalana en virtud del artículo 155 de la Constitución, prisión preventiva de algunos dirigentes separatistas y fuga del país de otros y, finalmente, convocatoria de elecciones autonómicas en las que Ciudadanos fue el partido más votado, aunque los independentistas lograron sumar una nueva mayoría absoluta. Sin embargo, más allá de repasar los hechos, lo que importa aquí es resaltar el enorme impacto que tuvieron aquellos acontecimientos en toda España. La crisis catalana fue percibida por muchos como la más importante que el país había vivido en varias décadas, una fuente de tensión, angustia e indignación como se habían vivido pocas en la etapa democrática. Y fue experimentada, igualmente, desde una clara transversalidad ideológica: el apoyo del PSOE a la suspensión de la autonomía catalana fue el broche simbólico de una convergencia entre la derecha y la izquierda en defensa de un marco constitucional compartido. Una concurrencia que no se ceñía al ámbito parlamentario ni a las decisiones de las élites: los medios de comunicación tradicionalmente cercanos al PSOE se mostraban tan críticos con las acciones de los separatistas como los que habían sido más cercanos al PP.

Para muchos votantes, el punto álgido de la crisis catalana también confirmó: 1) que el desafío separatista era el mayor al que se enfrentaba en aquel momento la democracia española; y 2) que el Gobierno del PP había sido incapaz de preverlo o de combatirlo adecuadamente. A Rajoy y sus ministros se les reprochaba, por ejemplo, no haber podido impedir el referéndum del 1-O y haber perdido la batalla de la opinión pública extranjera —que se había vuelto favorable a la causa separatista antes incluso de las cargas policiales durante el referéndum—. Indolencia e incompetencia: la crisis catalana parecía confirmar lo que muchos votantes ya pensaban sobre el Partido Popular de Rajoy. Y lo hacía en el momento en el que ningún asunto parecía más urgente que aquel para el futuro de la democracia española. Es muy ilustrativo que, cuando el PSOE alcanzó el poder unos cuantos meses después, nombrara ministro de Exteriores a Josep Borrell, quien se había distinguido por su oposición al *procés* y su insistencia en que el constitucionalismo debía dar la batalla del relato ante la opinión pública extranjera.

El caso es que, como hemos visto, la llegada al poder de los socialistas a mediados de 2018 no provocó ni el deterioro demoscópico del PP ni la fragmentación del voto de derechas. Aquel proceso ya llevaba varios años en marcha. El inicio de la etapa sanchista sí determinó, sin embargo, el rumbo que tomaría esa fragmentación. Meses antes de la moción de censura que llevó a Pedro Sánchez a la Moncloa, una encuesta llegó a situar a Ciudadanos como el primer partido del país en intención de voto. Seis meses después de la moción de censura, era Vox el partido que experimentaba un insospechado crecimiento en las elecciones andaluzas. Y, un año después de aquello, Ciudadanos se había sumido en la irrelevancia mientras Vox se consolidaba como tercera fuerza en el Congreso. El PP, por su parte, se desplomaba tras su abrupto desalojo del poder; Pablo Casado se mostraba inicialmente incapaz de revertir el desgaste de la etapa de Rajoy. Sin embargo, a finales de 2019, con el mismo líder y sin cambios apreciables en su discurso, había recuperado el papel de principal alternativa a Sánchez y sus socios parlamentarios. En los años siguientes se consolidaría ese panorama de una derecha dividida entre dos partidos, con uno en el papel de alternativa de Gobierno y el otro en el de socio menor.

Estos movimientos no obedecían a una influencia internacional. El momento de mayor auge demoscópico de Ciudadanos, por ejemplo, coincidió con la llegada de Donald Trump al poder y la victoria del referéndum para salir de la UE en el Reino Unido; no se puede argumentar que las derechas españolas estuvieran entonces muy acompasadas con las nuevas tendencias políticas. Los cambios en la política occidental de la década de 2010 fueron, sí, un telón de fondo de lo que estaba ocurriendo en España. Pero está claro que lo que sucedió aquí entre noviembre de 2011 —mayoría absoluta de Rajoy— y noviembre de 2019 —mayoría simple de Sánchez y sus aliados, con el PP como líder de la oposición y Vox como tercera fuerza— se debe, principalmente, a cuestiones endógenas. Y es que, desde el 1 de junio de 2018, la principal pregunta a la que debió responder la derecha española no fue tanto cómo afrontar los grandes cambios del mundo actual, sino cómo actuar ante la inédita ecuación de poder que representaban los Gobiernos de Pedro Sánchez.

Cómo se averió la brújula ideológica

Como se indicó al comienzo del capítulo, la conversación pública española cambió rápidamente tras la llegada de Sánchez a la Moncloa. Si en los años anteriores se había debatido mucho sobre crisis y regeneración, sobre las tensiones entre la vieja y la «nueva política», y sobre constitucionalismo frente a populismo, ahora se empezó a hablar nuevamente de izquierdas y de derechas. El cambio fue fomentado por el nuevo Ejecutivo, que justificaba sus acciones —incluso algunas especialmente polémicas— con la idea de que estas eran propias de un gobierno de izquierdas, y que sus críticos eran por tanto necesariamente de derechas. El 30 de julio de 2019, por ejemplo, la vicepresidenta Carmen Calvo justificó que su partido fuese a gobernar Navarra gracias al apoyo de Bildu —en lugar de apoyar la investidura de la coalición de UPN, PP y Cs, que había ganado las elecciones— con el argumento de que el «adversario natural» de los socialistas eran «las derechas».

Aquel discurso ejercía varias funciones. Por una parte, era una forma de apropiarse de algunas banderas de la etapa anterior. Los socialistas no parecían los candidatos ideales para encarnar los ideales de cambio surgidos en el 15M, toda vez que habían formado parte de aquel bipartidismo que tanto se había criticado a raíz de la crisis. No era casualidad que, en las últimas elecciones generales celebradas antes de la moción de censura, Pedro Sánchez hubiera obtenido el peor resultado del PSOE en varias décadas. Los socialistas sí podían, sin embargo, presentar la regeneración como el proceso de desalojar del poder a una derecha manchada por la corrupción y de que gobernase en su lugar una izquierda limpia —aunque algunos años después se descubriría que no lo era tanto—. La regeneración también sería, según aquel discurso, el despliegue de políticas «progresistas» que pudieran revertir la austeridad de los años anteriores. Aquello facilitaba, además, la relación con Podemos, el socio indispensable del PSOE para cualquier votación en el Congreso, y con el que, sin embargo, había competido durante los años anteriores con especial dureza. No obstante, hacía tiempo que Podemos había abandonado cualquier idea de encarnar una regeneración ideológicamente transversal, para instalarse en un populismo izquierdista mucho más clásico. El PSOE solo tuvo que incorporar parte de aquel discurso para encontrar una identidad y un adversario compartidos con su nuevo socio.

Recuperar el enfrentamiento derechas-izquierdas también era una respuesta a las críticas suscitadas por aquella forma de llegar al poder. El líder socialista era el primer presidente que alcanzaba la Moncloa a través de una moción de censura. Esto, unido al hecho de que no fuese un dirigente especialmente popular y a que gobernase con el apoyo de solo 85 diputados, daba un aire de insostenible precariedad a su gobierno. Pero aquello no era todo. Para muchos, ni siquiera era lo más importante. Lo escandaloso de la llegada al poder de Sánchez, sobre todo para los votantes que habían apoyado al PP y a Ciudadanos en las elecciones más recientes, era que hubiera aceptado los votos de los separatistas catalanes en la moción de censura. Que aquel apoyo implicaba cruzar una línea roja lo había dejado claro el propio PSOE un mes antes, cuando su secretario de Organización, José Luis Ábalos, declaró que los partidos que habían promovido la crisis constitucional y el intento de sedición no podían ser «en ningún caso aliados nuestros, ni para una moción de censura». Ahora, en cambio, los socialistas aceptaban su apoyo y dejaban abierta la puerta a negociar con ellos leyes e incluso los Presupuestos Generales del Estado. Aquello implicaba una rehabilitación política para formaciones que se habían situado extramuros de cualquier consenso constitucional, y que seguían declarando que sus acciones no eran reprochables, que Oriol Junqueras y los otros dirigentes que estaban siendo procesados en el Tribunal Supremo eran presos políticos y que Carles Puigdemont era el presidente en el exilio. Esto resultaba especialmente chocante cuando, a lo largo de los dos años anteriores, se había naturalizado la idea de que los socialistas formaban parte, junto a PP y Ciudadanos, de un «bloque constitucionalista» enfrentado a los separatistas. Ahora, aquel bloque saltaba por los aires.

El movimiento de los socialistas también sembraba dudas acerca de qué podía otorgar Sánchez a ERC y Junts a cambio de su apoyo. ¿Indultos? ¿Una legislación más favorable? ¿El pacto fiscal que había reivindicado Artur Mas? ¿El propio referéndum de autodeterminación? La facilidad con la que el nuevo presidente había renegado del compromiso de no pactar con los separatistas abonaba aquellas sospechas. También lo hicieron las presiones gubernamentales para rebajar la acusación de la Abogacía del Estado en el juicio del Supremo, unas presiones que se saldaron en diciembre de 2018 con el apartamiento de Edmundo Bal —quien luego recalaría en Ciudadanos.

Los socialistas respondieron a aquellas críticas de varias maneras. En primer lugar, argumentaron que la gravedad de la sentencia del caso Gürtel hacía necesario aceptar incluso apoyos que podían ser indeseables por un bien mayor: desalojar a un partido corrupto del poder. En segundo lugar, esgrimieron que dialogar con los separatistas era una manera de reconducir el conflicto catalán, toda vez que ya se había desactivado —suspensión de la autonomía mediante— el peligro inmediato de la secesión. Y, en tercer lugar, buscaron adaptar aquel tema a la división izquierdas-derechas. Según decían los socialistas y su incipiente sector mediático afín, las críticas se debían a que la derecha tenía una «idea patrimonial» del poder y no podía soportar que la izquierda llegase a ocuparlo. Se trataba de un argumento bastante disparatado, toda vez que el PSOE había sido el partido que más tiempo había gobernado el país en democracia. A diferencia de lo que ha ocurrido en otros países europeos, en la España democrática han sido los socialistas los que han actuado como el «partido natural de Gobierno». Sin embargo, la cultura política de las izquierdas españolas aceptaba esa idea de que su participación en el poder era excepcional y agónica: hubo artículos en la prensa afín que trazaban paralelismos entre el rechazo suscitado por Sánchez y el que produjo en su momento Manuel Azaña.

Finalmente, los socialistas también argumentaron que había algo natural en que los partidos de izquierdas pactaran con los nacionalismos subestatales. Esto, en sí, no era del todo cierto. La tradición izquierdista ha contemplado históricamente los movimientos nacionalistas con recelo, cuando no con animadversión. La interpretación marxista del nacionalismo como una herramienta utilizada por las élites para distraer a las clases populares de su explotación, y para enemistarlas con sus homólogas de otros países, sigue teniendo un fuerte arraigo. Pocas sentencias de obras políticas son tan conocidas hoy en día como aquel «¡Proletarios de todos los países, uníos!» del *Manifiesto comunista*. Es verdad que, durante el siglo XX, muchas corrientes de la izquierda se acostumbraron a ver ciertos tipos de movimientos nacionalistas como aliados útiles y hasta naturales. Esto fue lo que se denominó movimientos de liberación nacional en las colonias europeas. Sin embargo, quedaba claro que estos no eran tanto nacionalismos subestatales como nacionalismos desarrollados en un contexto imperial.

En cualquier caso, la tradición más relevante en el asunto que nos ocupa es la de la propia izquierda española, que durante el tardofranquismo había visto a los nacionalismos catalán y vasco como aliados imprescindibles en la lucha contra la dictadura, y que en los años de Zapatero había consolidado la idea de que los movimientos nacionalistas eran sus socios naturales contra el PP. No era algo exclusivo de la tradición socialista. Podemos se mostró muy distante con los símbolos y los relatos nacionales españoles, y muy comprensivo con las reivindicaciones de los nacionalismos catalán, vasco y gallego. Esto resultaba aún más significativo si se tenía en cuenta su afinidad con el muy nacionalista populismo latinoamericano, cuyos líderes siempre se han mostrado proclives a envolverse en la bandera nacional —a veces, literalmente.

Incluso partiendo de estas tradiciones, la idea de que el PSOE pudiera apoyarse en los separatistas catalanes para gobernar el país seguía siendo, en 2018, poco menos que chocante. Una cosa era pactar con los nacionalistas antes del *procés*, y otra era hacerlo después de que un presidente autonómico nacionalista hubiese declarado la independencia y luego se hubiera fugado del país. Ya se ha señalado que los propios socialistas entendían esto, como mostraron sus comentarios acerca de la imposibilidad de ir con ellos a una moción de censura, o como mostró el hecho de que vieran conveniente nombrar a Borrell como titular de Exteriores. Pero quienes percibían aquello con particular claridad eran los votantes que habían apoyado al PP y a Ciudadanos en las elecciones anteriores, y que estaban especialmente sensibilizados con la crisis catalana. Si en las derechas españolas siempre habían suscitado indignación las alianzas de socialistas y nacionalistas —habían sido muy criticadas, por ejemplo, durante la etapa de Zapatero—, era inevitable que aquello alcanzara nuevas cotas cuando las alianzas se reeditaron solo medio año después de la declaración unilateral de independencia de Puigdemont y Junqueras, y cuando los separatistas seguían instalados en la reivindicación de lo que habían hecho y en la denuncia de la democracia española como un «Estado opresor». Para muchos votantes, aquel fue el pecado inicial del sanchismo. La ofensa que el presidente nunca lograría borrar ni ellos olvidar. También fue el inicio de algunas de las particularidades del debate izquierdas-derechas en la España de Sánchez. La relación con los nacionalistas subestatales después del *procés* influyó claramente en la actitud de muchos ante el nuevo Gobierno socialista. Pero esa postura resultaba ideológicamente ambigua y podía sustentarse tanto en principios tradicionalmente conservadores como en principios tradicionalmente progresistas.

Una pregunta sin resolver: ¿cómo se responde al sanchismo?

Es aquí donde debemos regresar a lo que pasó en las derechas españolas tras la moción de censura. Si nos preguntamos si el auge de Vox fue una respuesta a la crisis catalana de 2017 o a la llegada de Pedro Sánchez a la Moncloa, debemos concluir que, en realidad, constituyó una respuesta a ambos acontecimientos. Y podía serlo porque, para muchos votantes, se trataba de dos caras de un mismo problema. Los nacionalistas catalanes habían llevado al país a una grave crisis, y la disposición del PSOE a gobernar con ellos implicaba que esa crisis no se cerraría o, al menos, no de una forma que para esos votantes resultara aceptable. Donde Sánchez hablaba de «diálogo», estos sectores veían cesiones, impunidad y la posibilidad de que los separatistas acabaran consiguiendo con el PSOE lo que no habían logrado con el PP. Aquello imprimía una urgencia especial al momento político, cuestionando —como veremos— la posibilidad de alcanzar algún tipo de acuerdo con los propios socialistas, y reforzando el atractivo de una oposición frontal tanto a los separatismos como a las izquierdas que habían decidido apoyarse en ellos. Este fue el contexto que determinó la sustitución de Ciudadanos por Vox como el segundo partido de las derechas.

Es cierto que el hundimiento de la formación centrista y el auge de la derecha radical no ocurrieron de forma inmediata. Ciudadanos obtuvo sus mejores resultados en las elecciones generales celebradas en abril de 2019, al alcanzar los 57 escaños. Un mes después, sus igualmente buenos resultados en las elecciones locales y regionales le permitieron entrar en los gobiernos de cuatro comunidades autónomas y de varias capitales de provincia. Por lo que se refiere a Vox, incluso tras su crecimiento en las elecciones andaluzas de diciembre de 2018, no era fácil prever qué papel desempeñaría a nivel nacional. Como tampoco quedaba claro qué iba a ocurrir con el PP, que estuvo cerca de ser superado por Ciudadanos a mediados de 2019. El partido que entonces dirigía Pablo Casado debía lidiar con la combinación de un gran descrédito ante sus votantes tradicionales y la pujanza de dos competidores, uno a su izquierda y el otro a su derecha. En definitiva, ese año y medio entre la llegada al poder de Sánchez y las segundas elecciones de 2019 fue una etapa especialmente volátil en el campo de las derechas españolas, en la que cualquier escenario resultaba verosímil. Y hubo muchas decisiones que, de haberse tomado de otra manera, quizás habrían producido un resultado muy distinto.

Esa volatilidad se debió a que, desde el 1 de junio de 2018, las derechas se reorientaron para responder a una pregunta: ¿qué hacer con el sanchismo? La alianza de Sánchez con Podemos y los separatistas parecía ofrecer un tipo de adversario inédito en la historia democrática española.

Un rival que pronto se distinguió, también, por renunciar a muchas de las promesas de regeneración que parecían haberse aceptado como parte del nuevo tiempo político abierto tras el 15M. Cs, PP y Vox asumieron inicialmente que las cesiones de Sánchez a sus socios —sobre todo los separatistas— serían muy impopulares, tanto como para recompensar a quien se opusiera a ellas con nitidez.

Esto ayuda a entender las decisiones que Ciudadanos fue tomando desde mediados de 2018. Hubo —y sigue habiendo— cierto consenso en que el partido se «derechizó» con el objetivo de sustituir al PP como el gran partido del centroderecha, toda vez que los populares se encontraban en caída libre tras el descrédito acumulado durante los últimos años de Rajoy. Sin embargo, ese proyecto de sustituir al PP adoptó la forma que adoptó en el contexto de la oposición al sanchismo. Esto es, Cs compitió con el PP de Casado por ver quién se oponía de una forma más nítida a la coalición y a las políticas de Sánchez. En los debates electorales de 2019, los argumentos de Rivera y de Casado resultaban casi indistinguibles entre sí, pero no por su reivindicación de las bajadas de impuestos o de la libertad del individuo frente al Estado, sino, sobre todo, porque ambos retrataban a Sánchez de la misma manera. El presidente aparecía en los discursos de ambos líderes como un vendido a los separatistas, alguien que, a cambio del poder, estaba dispuesto a erosionar el Estado de derecho y rehabilitar tanto a los sediciosos de 2017 como a los herederos de Batasuna integrados ahora en Bildu. Pronto se empezó a denominar aquella actitud crítica «antisanchismo»; y es muy revelador que aquel término se pudiera aplicar indistintamente a Ciudadanos posmoción de censura, al PP de Pablo Casado y al emergente Vox. De hecho, la coincidencia de aquellos tres partidos en una concentración celebrada en

Madrid en febrero de 2019 dio pie a lo que se conoció como la «foto de Colón»: la prueba gráfica, según el discurso gubernamental, de que Ciudadanos, PP y Vox representaban tres caras de una única y muy desagradable derecha. Se denunció, sobre todo, que los partidos de Rivera y de Casado aceptaran asociarse con un partido de derecha radical —o, como se denunciaba desde el Gobierno, de ultra o extrema derecha—. Y si bien resultaba injusto pasar por encima de las importantes diferencias programáticas que existían entre aquellos partidos, era cierto que los tres compartían un planteamiento: la ecuación de poder que sostenía a Sánchez era insoportable para el país, y debía ser rechazada.

Buena medida de la importancia que tuvo todo esto es que uno de los debates recurrentes de aquellos años fue si los partidos de la oposición debían pactar con el PSOE para alejarlo de Podemos y de los separatistas. Esto se convirtió en un asunto fundamental para Ciudadanos, e incluso se podría argumentar que fue clave en su hundimiento. Y lo fue en dos momentos distintos. El primero se produjo durante los meses centrales de 2019. Rivera había prometido antes de las elecciones generales celebradas en abril que su partido no alcanzaría ningún acuerdo con el PSOE. Sin embargo, las urnas habían arrojado una posibilidad muy atractiva: la suma de escaños de socialistas y centristas permitía alcanzar una mayoría absoluta en el Congreso. La perspectiva de un Gobierno de coalición socioliberal, que defendiera y reforzase el constitucionalismo, parecía al alcance de la mano. Incluso tenían hecho el programa, toda vez que en 2016 los dos partidos habían alcanzado un ambicioso acuerdo reformista —denominado entonces «pacto del abrazo»— para apoyar la primera investidura fallida de Pedro Sánchez.

El partido vivió entonces importantes tensiones internas, con la salida de algunas figuras relevantes y la crítica explícita de muchos de los intelectuales que lo habían fundado a mediados de los 2000. La negativa a pactar con los socialistas, argumentaban los críticos, desnaturalizaba la vocación centrista de Ciudadanos, su capacidad de alcanzar acuerdos a izquierda y a derecha, y su pretendida alarma ante la posibilidad de que los socialistas pactaran con Podemos y el separatismo. Los partidarios de la línea de Rivera señalaban que no se podía renegar así de un compromiso electoral —sobre todo para un partido al que se le colgaba el sambenito de «veleta naranja»—, y que investir a Sánchez sería, en cualquier caso, darle un cheque en blanco para que luego abandonara el centro y pactase con sus socios antisistema. Repárese en que no se decía que investir a Sánchez fuese indeseable porque era un político de izquierdas, sino porque una vez en el poder podría pactar con los populistas y con los responsables de la crisis de 2017. El «antisanchismo» fue presentado por el Gobierno como un antiizquierdismo, pero, desde luego, no todas sus caras se expresaban en esos términos.

El caso es que, ante la incapacidad de formar un Gobierno, se repitieron las elecciones. Ciudadanos pasó de 57 escaños a solo diez. Un millón de los votantes que lo habían apoyado solo siete meses antes se abstuvieron de votar; un número parecido se decantó por la papeleta del PP, y 380.000 por la de Vox. La negativa a pactar con el PSOE fue señalada como una de las razones de aquel desplome, aunque aquello parecería explicar sobre todo el comportamiento de los votantes que se abstuvieron; es de suponer que los que se pasaron al PP o a Vox deseaban una oposición más firme todavía a Sánchez de la que ofrecía Ciudadanos. El golpe de gracia para los centristas se produjo dos años después, cuando la formación liderada entonces por Inés Arrimadas buscó recuperar la centralidad perdida rompiendo el

Gobierno de coalición que tenía con el PP en Murcia y acordando apoyar uno del PSOE. Ante la posibilidad de que lo mismo ocurriera en la Comunidad de Madrid, la presidenta autonómica, Isabel Díaz Ayuso, convocó elecciones anticipadas; su partido mejoró sustancialmente sus resultados, mientras que Ciudadanos pasó de 26 a cero escaños en el Parlamento autonómico. La formación ya no remontaría en ninguna de las siguientes convocatorias electorales.

El asunto, como se ve, resulta endiablado de analizar: si en 2019 los votantes castigaron la negativa a pactar con el PSOE de Sánchez, en 2021 penalizaron el intento de pactar con el PSOE de Sánchez. Se entiende que la pregunta de por qué se hundió Ciudadanos y qué podría haber hecho para evitar ese hundimiento sea una de las más complejas y debatidas del último decenio. Pero, se explique como se explique, el caso de aquel partido es un buen ejemplo de cómo el posicionamiento ante el sanchismo determinó los movimientos en el electorado de derechas.

Efectivamente, esta misma explicación se puede proyectar sobre los otros fenómenos ocurridos después de 2018. La inesperada y muy notable popularidad de Díaz Ayuso se debió, en buena medida, a su denuncia constante del proyecto político de Sánchez y su enfrentamiento con el Ejecutivo, especialmente, durante la pandemia de la COVID-19. También el crecimiento de Vox, como hemos señalado, se explica en buena medida por el deseo de una oposición más robusta, y desde principios más nítidamente derechistas, a las alianzas y las políticas del PSOE y de Podemos. Claro que hay otros elementos que explicaban aquellos fenómenos. Ayuso cultivó un liberalismo económico identificado con las bajadas de impuestos y el estímulo a la iniciativa privada. También adoptó una suerte de madrileñismo identitario que ha sido leído en ocasiones como un «nacionalismo madrileño», cuando, en realidad, era una versión del regionalismo auspiciado por instituciones autonómicas típico del Estado de las autonomías. Si parecía novedoso era porque Madrid era la única región en la que dicho identitarismo no se había cultivado en las décadas anteriores. Vox, por su parte, entró de lleno en las denominadas «guerras culturales» de las décadas de 2010 y 2020, centradas en cuestiones como la inmigración, la ideología de género, lo trans, la crisis climática, la transición verde, etcétera.

Sin embargo, ninguno de estos elementos explicaría por sí solo los movimientos en los campos de las derechas. El madrileñismo ayusista no se presentaba únicamente como una reivindicación de tipismos locales; también lo hacía como una reserva de valores contra las presuntas imposiciones del Ejecutivo de Sánchez en política sanitaria o fiscal. Una dialéctica que el propio Gobierno cultivó, presentando las políticas madrileñas para gestionar la pandemia como temerarias y criticando las bajadas de impuestos de Ayuso como una amenaza a la cohesión nacional. La presidenta tuvo fácil responder que la verdadera amenaza provenía de los socios separatistas del Gobierno. Tanto el ayusismo como el sanchismo explicaron aquellos choques como una confrontación entre liberalismo y socialismo; pero, como podemos ver, la cuestión de los socios nacionalistas del PSOE nunca dejó de influir en los debates. Y, por lo que se refiere a Vox, ninguno de los temas de las «guerras culturales» que aquel partido abrazó había servido para impulsarlo antes de la moción de censura de 2018. Además, los Gobiernos de coalición de Sánchez también incorporaron esos temas como parte de su agenda legislativa, haciendo gala, por ejemplo, de su compromiso con el nuevo feminismo y con la transición verde. Para Vox, el antisanchismo abarcaba tanto el antiseparatismo como el antiglobalismo y el *antiwokismo*.

Incluso la problemática relación entre PP y Vox a partir de 2019 —que pasó por todas las modulaciones posibles, desde el rechazo mutuo hasta la colaboración en distintos gobiernos regionales— estuvo muy influida por el contexto de un Gobierno liderado por Pedro Sánchez. En su particular competición por el votante de derechas, los de Abascal y los de Casado/Feijóo se acusaron mutuamente de estar beneficiando al sanchismo. El PP, por negarse —según el discurso de Vox— a ofrecer una verdadera alternativa ideológica a las izquierdas y los separatistas. Los de Vox —según el discurso del PP— por contribuir a la dispersión del voto antisanchista y a la movilización del votante de izquierdas. También quedó claro que en las reflexiones de los populares sobre qué relación podían o debían establecer con Vox pesaba el uso que el oficialismo hacía de aquella «amenaza». Según explicaban, un voto al PP era un voto que ayudaría a la ultraderecha a entrar en las instituciones y poner en peligro la democracia.

Paradojas del antisanchismo

Esto conduce a dos paradojas, que vinieron a exacerbar el «desnortamiento» de las derechas españolas después de 2018. En primer lugar, estaba la cuestión de si el antisanchismo era una fórmula de éxito o una rémora electoral. Hoy podemos decir que fue ambas cosas. Se trató de una fórmula de éxito para Ayuso y para Abascal, pero no—o no lo suficiente— para Rivera, Casado y Feijóo. Supuso una fórmula de éxito en las elecciones municipales y autonómicas de 2023, pues condujo a que el PSOE perdiera la mayor parte de su poder territorial; pero no fue suficiente para que la oposición desbancara a las coaliciones sanchistas en tres elecciones generales distintas. Está claro, además, que los pactos de Sánchez con Bildu y con los separatistas catalanes fueron una de las razones por las que el PSOE no atrajo ese caudal de exvotantes de Ciudadanos con los que llegaron a soñar sus estrategas en 2019. Es más, esos pactos han llevado al PSOE de Sánchez a tener un techo electoral muy definido y alejado de las grandes mayorías que en el pasado había logrado reunir el partido.

También está claro, sin embargo, que quienes creyeron que los pactos del PSOE con Bildu y con los sediciosos de 2017 conducirían a un hundimiento de los socialistas estaban equivocados. Ya fuese porque aquello no importaba tanto a los votantes como muchos habían creído, o porque pesara menos que el rechazo suscitado por Vox —o por el propio PP—, los socialistas mantuvieron un nivel de apoyo suficiente como para sumar mayorías parlamentarias con sus aliados. Esto fue así incluso después de que el Gobierno de coalición PSOE-Podemos acumulara varios años de polémicas, desde la colonización explícita de las instituciones —por ejemplo, nombrando fiscal general del Estado a su ministra de Justicia— hasta las rebajas de pena a violadores que resultaron de los errores de la *ley del solo sí es sí*. Esto, sin olvidar las sucesivas medidas para mejorar la situación penal de los dirigentes del *procés*, que incluyeron tanto los indultos a los líderes condenados por sedición y malversación en el Tribunal Supremo como la reforma del Código Penal para beneficiar sus causas y recursos. Si en 2019 el antisanchismo se basaba, en buena medida, en temores sobre el futuro, en 2023 podía señalar toda una serie de hechos y realidades que probarían sus argumentos.

Se entiende, por tanto, que el discurso del Partido Popular en las generales de 2023 insistiera casi exclusivamente en la necesidad de «derogar el sanchismo». Esta bandera permitió a su nuevo líder, Alberto Núñez Feijóo, encabezar la lista más votada en las elecciones. También llevó a Vox a repetir como tercera fuerza en el Congreso. Pero la reacción de los votantes no tuvo la magnitud necesaria como para impedir que el PSOE pudiera reeditar una coalición de investidura con todas las fuerzas separatistas —previo pago de importantes cesiones, como el concierto fiscal o la amnistía a Puigdemont—. Una de las experiencias centrales de las derechas españolas entre 2018 y 2023 fue, en definitiva, comprobar que decisiones o polémicas que generaban un fuerte rechazo en un gran número de votantes parecían dejar indiferentes a muchos otros.

La segunda paradoja tiene que ver con cómo se explicaba todo aquello en términos de derechas e izquierdas. Como ya se ha mencionado, el oficialismo sostuvo de forma insistente que sus políticas y hasta su elección de socios eran propias de la izquierda, y que las críticas a los mismos solo provenían de posturas derechistas. Pablo Iglesias señaló a Pedro Sánchez en la investidura de 2020 —el inicio de su Gobierno de coalición con Podemos— que «no nos van a atacar por lo que hagamos, nos van a atacar por lo que somos». Sin embargo, resulta difícil ubicar varios aspectos del sanchismo en las disputas tradicionales de las derechas y las izquierdas. Y no solo por la relación con los separatistas. Pedro Sánchez pronto destacó por su capacidad de renegar de sus compromisos. Por ejemplo, desdiciéndose de su promesa de no pactar nunca con Bildu, de su rechazo a incluir ministros de Podemos en su Gobierno, de su oposición a que los políticos indultaran a otros políticos, o a que nombrasen a los integrantes del Consejo General del Poder Judicial... no tardó en quedar claro que para aquel presidente cualquier compromiso era sacrificable, sobre todo si lo que estaba en juego era su continuidad en el poder.

Si bien el oficialismo se esforzó por presentar estas renuncias como meros «cambios de opinión», lo cierto es que aquella maleabilidad de los principios volvía inverosímil el intento de presentar a Pedro Sánchez y a sus ministros como escrupulosos defensores de una trinchera ideológica. Si el Gobierno prometía una semana una cosa y a la semana siguiente hacía la contraria, ¿cómo podía ser que en ambos casos estuviera siguiendo los dictados de unas convicciones de izquierdas? Pronto resultó evidente que la pretendida fidelidad ideológica solo era una manera de reforzar las lealtades de aquellos votantes que pudieran sentirse desorientados ante los constantes «cambios de opinión» del presidente. Así, el debate sobre cuál sería la verdadera agenda de izquierdas y por qué se opondrían a ella las derechas quedó distorsionado por las muy particulares necesidades políticas de Pedro Sánchez. En varias ocasiones durante los años siguientes, las pretendidas discusiones entre progresistas y conservadores adquirieron el aire de una gran fantasmagoría.

Entre el liberalismo y el nacionalpopulismo

Todo lo señalado no supone que el sanchismo y la crisis catalana hayan sido los únicos puntos de referencia de las derechas tras 2018. Si bien fueron asuntos fundamentales, hay otros que también merecen comentario. Quizás el más notable sea el proceso que llevó a Vox del conservadurismo al nacionalpopulismo, una evolución que lo ha llevado a adoptar buena parte del vocabulario de la nueva derecha radical de inspiración orbaniana y trumpista, empezando por su fijación con el «globalismo» y la Agenda 2030 y continuando con su animadversión hacia las instituciones europeas y, en particular, hacia la Comisión Europea liderada por Ursula von der Leyen. Si bien se puede argumentar que la cercanía de Sánchez con esta última facilitó la adopción de aquel discurso, también está claro que no termina de explicarla. En este y en muchos otros aspectos —por ejemplo, su progresivo rechazo del liberalismo económico—, Vox siguió un camino autónomo, que pareció más determinado por los partidos extranjeros a los que deseaba parecerse que por lo que estaba ocurriendo en España.

Esto se evidenció especialmente a partir del verano de 2024, cuando, tras las elecciones al Parlamento Europeo, Vox abandonó el Grupo de los Conservadores y Reformistas Europeos —entre cuyos miembros destacan Hermanos de Italia, el partido de Giorgia Meloni, y el partido polaco Ley y Justicia— y optó por integrarse en Patriotas por Europa —que incluye, entre otros, el partido Fidesz de Viktor Orbán y Agrupación Nacional de Marine Le Pen—. La decisión resultó especialmente llamativa porque Orbán era visto desde hacía tiempo como el caballo de Troya de Vladímir Putin dentro de las estructuras europeas. Una asociación problemática si se consideraba que la invasión de Ucrania había generado un enorme rechazo en toda Europa —España incluida— y el proyecto imperial ruso era percibido como una amenaza. Ese acercamiento al ala prorrusa de la derecha radical europea —o, al menos, a la que estaba más dispuesta a criticar a Von der Leyen que a Putin— se enmarcó en el proceso de abandono de las bases liberales de Vox, unas posturas que habían sido muy importantes en sus inicios y cuyos principales defensores fueron saliendo de la formación. A finales de 2024, el apoyo explícito de Vox al estadounidense Donald Trump —de vuelta en la Casa Blanca tras vencer en las presidenciales de ese año— también complicó su coherencia en el debate público español.

Porque resultaba contradictorio apoyar a Trump, con su discurso populista contra la prensa y los jueces, y denunciar luego a Sánchez por criticar a la prensa y a los jueces.

Había en todo ello una notable pérdida de perspectiva acerca de la historia de aquel partido y su encaje en la España y la Europa de su tiempo. Como se ha venido señalando en este capítulo, Vox suponía un caso muy particular en la familia de la derecha radical occidental. Sin embargo, a partir de 2019, actuó como si fuese uno más. Adoptó una serie de posturas que encajaban pobremente en las particularidades españolas que habían dado pie al auge del propio partido. Esto puede explicar por qué Vox permaneció estancado como tercera fuerza —e incluso perdió apoyo entre 2019 y 2023, pasando de 52 a 33 diputados— en un momento de gran pujanza de la derecha radical en Europa, cuando muchos de sus partidos han desbancado a o compiten de tú a tú con los partidos liberal-conservadores. Es importante tener esto presente: muchos de los aliados internacionales de Vox han conseguido superar el papel de segundo partido de las derechas, y socio menor en gobiernos de coalición, que la formación de Abascal no ha logrado mejorar, ni siquiera en sus momentos de mayor «auge». La pregunta con Vox ya no es por qué crece, sino por qué, a la vista del contexto, no crece mucho más. Y si Vox llegó a pensar que para tener tan buenos resultados como sus aliados europeos debía parecerse más a ellos, a la altura de 2025 parece claro que se equivocó.

La evolución del PP, por el contrario, sí se ha ceñido a patrones conocidos. El partido ha invocado reiteradamente los valores del constitucionalismo y, cuando ha deseado definirse ideológicamente —como en la ponencia política de su XXI Congreso— ha aludido a las tres grandes tradiciones que Manuel Fraga quiso aglutinar: el liberalismo, el conservadurismo y la democracia cristiana. También ha mantenido su apoyo a las estructuras del proyecto europeo y del Estado autonómico, si bien su discurso sobre los nacionalismos subestatales se volvió más agresivo durante los años de Casado. Para mediados de 2025, Feijóo incluso había recuperado la idea del PP como el partido del «centro reformista» que ya emplearon Aznar —durante los últimos años de oposición a González— y Rajoy —en la segunda legislatura de Zapatero—, unos anclajes retóricos que no han impedido que los populares dieran bandazos en al menos un aspecto importante: su relación con Vox. Después de la cuestión de cómo hacer frente a Sánchez, este ha sido su principal foco de «desnortamiento» desde 2018. Pronto quedó claro que el PP podía aceptar a Vox como socio sin mimetizarse del todo con sus mensajes; sin embargo, el partido nunca articuló un discurso claro y sostenido en el tiempo acerca de qué puntos programáticos compartía con Vox y cuáles no.

Una vez más, esto no se puede explicar solamente por el contexto de la oposición al sanchismo. Más bien podríamos referirnos a cuestiones más clásicas de los partidos liberal-conservadores, como su flexibilidad, su capacidad de adaptación y su alergia a los apriorismos ideológicos. Una visión más crítica sostendría que el PP nunca ha expresado del todo lo que piensa sobre Vox porque, sencillamente, nunca lo ha tenido muy claro. Sin embargo, esa indefinición tuvo consecuencias importantes. Tras las elecciones municipales y autonómicas de 2023, muchos dirigentes regionales del PP tuvieron la posibilidad de gobernar si obtenían el apoyo del partido de Abascal. Algunos de ellos asumieron aquellos pactos con naturalidad, mientras que otros expresaron de inicio una negativa tajante a alcanzar acuerdo alguno. Aquella confusión —más, incluso, que la decisión final de pactar con Vox allí donde hiciera falta— hizo especial daño a las perspectivas de los populares en las elecciones generales de 2023. Si Vox quería parecerse a formaciones extranjeras, el PP parecía contento con parecerse únicamente a una versión pasada de sí mismo, una amalgama del partido que venció en 1996 y del que triunfó en 2011. El problema es que no encontraba la manera de hacerlo en la España de la década de 2020.

Conclusiones

Desde que el PP obtuvo su última mayoría absoluta, en 2011, las derechas españolas han vivido una etapa especialmente convulsa. Si las crisis económica, política y constitucional fragmentaron a su electorado, la llegada al poder de Pedro Sánchez marcó el rumbo que tomaría esa fragmentación. Las derechas debían redefinirse en un contexto marcado por fenómenos que no encajaban del todo en las divisiones entre socialismo y liberal-conservadurismo del último par de siglos. Ni siquiera encajaban del todo —y esto es fundamental— en las nuevas divisiones entre izquierdas y derechas de las dos primeras décadas del siglo XXI. La resaca de la crisis catalana y los acuerdos del PSOE con los separatistas introducían una dinámica propia y difícil de comparar con las del resto de las sociedades occidentales. La lectura que muchos hicieron de Pedro Sánchez como un populista destituyente —que se iría volviendo más verosímil a partir de 2024, cuando se impulsó la ley de amnistía y el oficialismo adoptó un discurso deslegitimador de la prensa crítica y de buena parte del poder judicial— tampoco terminaba de ubicarlo en unas coordenadas internacionales claras. En Europa y Estados Unidos, aquel tipo de populismo se había terminado identificando con la derecha radical; era difícil homologarlo con las profesiones de fe «progresista» y las críticas constantes a la propia derecha radical que hacía el PSOE. Por otra parte, Sánchez tenía un discurso demasiado europeísta y trabajaba con la suficiente desenvoltura en las instituciones comunitarias como para encajar sin más en la familia de populistas de izquierdas hispanoamericanos. El sanchismo tenía rasgos muy reconocibles y fáciles de analizar; al mismo tiempo, suponía un extraño animal político. Dado que los partidos y los votantes de derechas pronto concluyeron que esa forma de gobernar suponía una amenaza para la calidad de la democracia e incluso para la unidad del país, la pregunta de qué hacer ante los Gobiernos de Sánchez se volvió tan ineludible como urgente. Sin embargo, era una pregunta que rebasaba unas coordenadas ideológicas claras.

Por todo esto, se podría argumentar que el relativo «desnortamiento» de las derechas españolas tras 2018 fue inevitable. Tanto el estilo de gobierno de Sánchez como sus coaliciones parlamentarias resultaban, hasta cierto punto, novedosas; no existía un guion claro para la tarea de oposición a un presidente y un conglomerado de fuerzas de aquellas características. No es tanto que las apelaciones a preservar el Estado de derecho y la neutralidad institucional, o a evitar las cesiones competenciales arbitrarias y la profundización de la desigualdad entre territorios, fueran ajenas al corpus ideológico de las derechas contemporáneas —sobre todo, en el campo liberal-conservador—, sino, más bien, como sus dirigentes descubrieron, que aquellas apelaciones eran incapaces de movilizar a una mayoría suficiente de ciudadanos como para provocar un cambio de Gobierno. En el momento de escribir este capítulo, y a pesar del muy complicado horizonte de un PSOE acosado por graves casos de corrupción, esa tarea sigue pendiente. No hay una fórmula mágica para resolverla, pero cualquier futuro pasa por comprender qué es lo que ha pasado.

4

La derecha búnker

por Juan Fernández-Miranda

—Es precisamente ahora la hora de la consulta.

El 16 de noviembre de 1976 la derecha española se puso ante el espejo para descubrir que a pesar del esfuerzo uniformador de Francisco Franco no había una derecha, sino muchas. Por eso, esa tarde fue el momento más importante desde el 18 de julio de 1936, cuarenta años antes, cuando el general Francisco Franco se sublevó contra la fallida Segunda República, desencadenó una guerra civil que se prolongó durante tres años y dividió España entre rojos y azules, republicanos y nacionales, izquierdas y derechas. En plural.

Nueve meses después de lo que Franco bautizó como el glorioso alzamiento nacional del 18 de julio, el general sublevado —o golpista— había aprobado el llamado Decreto de Unificación (1937), que agrupaba a todas las fuerzas políticas que apoyaban al bando nacional en un solo partido, la Falange Española Tradicionalista y de las JONS. Así empezó a nacer un régimen tan anticomunista como antiliberal que durante las siguientes cuatro décadas construyó un modelo de monocultivo ideológico que no acabó de institucionalizarse formalmente hasta 1966. Fue entonces cuando nació el Movimiento Nacional, una suerte de partido único que lo controlaba todo en el marco de un régimen político concebido como la negación de la democracia liberal y que jamás reconoció, entre otros, los derechos de reunión, de manifestación ni de asociación política. El franquismo fue una etapa sin libertades políticas, pero eso no significa que no fuera un hecho político de primera magnitud con un efecto que aún se percibe medio siglo después de la muerte del dictador, también en las derechas o, especialmente, en las derechas. Esa es una de las razones por las que la izquierda española habla más de Franco en el primer cuarto del siglo XXI que en el último del XX.

¿Quiere esto decir que el franquismo representaba a todas las derechas? No, nada de eso. Entre 1937 y 1975, podemos agrupar a las derechas formalmente en al menos tres: una antifranquista, otra que se adaptó y convivió con Franco y una tercera que se identificó con él hasta el tuétano. Esta última es una derecha identitaria, católica, nostálgica, nacionalista, una derecha tendente a la apropiación indebida de las formas de ser español, de ser de derechas, o de los símbolos nacionales. Una derecha, en suma, intolerante que fue arrasada por el espíritu de consenso de la Transición, pero que ha vuelto a surgir cincuenta años después de la muerte de Franco al calor de dos fenómenos paralelos: uno nacional y otro internacional.

Las tres derechas

A la hora de localizar y describir a la derecha antifranquista, hay dos antecedentes históricos relevantes. El primero tuvo lugar poco después del final de la Guerra Civil, cuando, en 1942, el hijo y heredero de Alfonso XIII, don Juan de Borbón, que había intentado enrolarse dos veces en el bando nacional, le dijo por carta a Franco que era urgente la restauración monárquica para dar paso a un país «reconciliado». El dictador le respondió que era su deseo ofrecerle «la jefatura total del pueblo», pero solo con una monarquía «totalitaria». Para ello, le dijo, era necesario que se identificara con la Falange: «Una monarquía azul y falangista». Evidentemente, don Juan rechazó el ofrecimiento y se puso a trabajar para conformar una alternativa democrática a Franco: así, en 1948, en San Juan de Luz, se firmó un acuerdo bajo el paraguas de don Juan entre la derecha y la izquierda moderadas de la Segunda República, representadas por el conservador José María Gil-Robles (1898-1980) y el socialista Indalecio Prieto (1883-1962), arrepentido ya de su radicalización y la del PSOE durante los años previos a la contienda bélica. Ese pacto jamás se llevó a la práctica, pero establecía un primer acuerdo entre las dos Españas para sustituir a Franco por una democracia homologable a las europeas.

El hacedor fue Gil-Robles, dirigente conservador que durante la Segunda República había unido en la Confederación Española de Derechas Autónomas (CEDA) a las derechas que aceptaban la legitimidad republicana. Al margen quedaron dos formas de ser de derechas: por un lado, los monárquicos que se enfrentaban a la República, liderados por la Renovación Española de José Calvo Sotelo (1893-1936), que fue asesinado días antes del estallido de la guerra; y, por otro, la entonces insignificante Falange Española de José Antonio Primo de Rivera (1903-1936), que contaba con un único diputado en las Cortes republicanas.

El segundo antecedente tiene lugar catorce años después, en 1962, cuando la oposición a Franco celebró en Múnich (Alemania) un congreso europeísta para reclamar la democracia para España: entre los más de cien líderes políticos allí reunidos no solo había comunistas, socialistas y sindicalistas, también estaban los liberales, los monárquicos y los democristianos, ideologías estas tres últimas que en la España de finales del siglo XX y del primer cuarto del siglo XXI se enmarcan en la derecha. Durante el transcurso del congreso, el líder del PSOE, Rodolfo Llopis (1895-1983), le pidió al monárquico liberal Joaquín Satrústegui (1909-1992) que transmitiera a don Juan que «si la Corona logra establecer pacíficamente una verdadera democracia, a partir de ese momento el PSOE respaldará fielmente a la Monarquía».

La reacción del franquismo fue el más absoluto desprecio. El diario falangista *Arriba* lo bautizó para la historia como «el contubernio de Múnich» en un mensaje claro: en la España de Franco solo había una forma de ser de derechas, del mismo modo que solo había una forma de ser español, y eso es algo que la izquierda sigue utilizando más de medio siglo después para tratar de situar a todas las derechas como herederas, de una u otra forma, del franquismo. Como Franco, la izquierda española del siglo XXI también busca uniformar a las derechas para caricaturizarlas.

Más allá de su empeño uniformador, el Estado franquista se constituyó como un reino sin rey y se apropió de los símbolos nacionales. Recuperó para su régimen la *Marcha Real* como himno y la bandera rojigualda como enseña, ambos oficiales desde el reinado de Carlos III (1716-1788), en 1770 y en 1785, respectivamente. El problema es que Franco falleció sin haber suturado un ápice la fractura de la Guerra Civil, como demostró solo dos meses antes de su muerte al ordenar la ejecución de cinco terroristas pese al rechazo de la comunidad internacional y de la petición de clemencia incluso de su sucesor, el entonces príncipe Juan Carlos. Así, casi cuatro décadas después, las dos Españas continuaban enfrentadas y los símbolos que durante cerca de dos siglos habían representado mal que bien a todos los españoles, durante cuarenta años solo se identificaron con la mitad vencedora de la Guerra Civil. No es que Franco no hiciera nada para evitarlo, es que lo promovió. Y, cincuenta años después de su muerte, los símbolos han vuelto a generar tensiones: una derecha montaraz que se los apropia y unas izquierdas del siglo XXI que renuncian a ellos a pesar de que la izquierda de la Transición los asumió porque entendió que iban mucho más allá de Franco. Esas izquierdas se obcecan en entregar al dictador los símbolos de dos siglos de la historia de España. La virtud está, como siempre, en el punto intermedio, que es el que sellaron en pacto de concordia todos en la Transición.

El pleno de la reforma

Ese es el motivo por el que el 16, 17 y 18 de noviembre de 1976, cuando faltaban dos días para el primer aniversario de la muerte de Franco (1892-1975), la derecha española se puso ante el espejo. Durante esas tres jornadas, se celebró en las Cortes el pleno sobre la Ley para la Reforma Política, una iniciativa impulsada por el recién proclamado Juan Carlos I y redactada por el presidente de la Cámara, Torcuato Fernández-Miranda (1915-1980), que llegó a ser vicepresidente del Gobierno con Franco y que se convirtió en el principal intérprete político y jurídico del posfranquismo, especialmente para las derechas: «La democracia, resultado del esfuerzo y trabajo de todo el pueblo español, no puede ser improvisada», escribió en el preámbulo de ese anteproyecto, convertido ya en el principal elemento aperturista de la clase política del franquismo. En el debate sobre cómo debía ser la derecha posfranquista, Fernández-Miranda optó por algo nuevo, un modelo que no enlazara con los partidos dinásticos, ni con la Iglesia, ni con el tradicionalismo, que no tuviera nada que ver con la derecha anterior a la Guerra Civil, ni siquiera con la derecha mayoritaria de la Segunda República, la Confederación Española de Derechas Autónomas (CEDA). Su apuesta era construir una derecha social y democrática, pero, por más que sí fuera el arquitecto de la Transición, no supo o no pudo ser el arquitecto de la derecha democrática y, además, falleció demasiado pronto.

Otro de los asuntos que diferencia de manera notable las distintas derechas españolas es la relación con la religión. En 1967, Fernández-Miranda defendió con entusiasmo la libertad religiosa cuando en las Cortes de Franco se debatió cómo adaptarse al Concilio Vaticano II: «Tendría que preguntar si la libertad religiosa es un bien o un mal, porque me parece que muchos señores procuradores afirman de modo rotundo que la libertad religiosa es un mal», dijo irónicamente poniendo el foco en un debate más amplio que llevaba décadas siendo objeto de discusión en las derechas españolas.

Ya en 1880, el ultraconservador Marcelino Menéndez Pelayo (1856-1912) sentenció en el epílogo a su obra *Historia de los heterodoxos españoles* que España será católica o no será. Esta idea atravesó el debate ideológico de las derechas españolas durante siglo y medio. Después de la Guerra Civil del siglo XX, en el franquismo se encendió la polémica con el libro del rector de la Universidad Central, Pedro Laín Entralgo, *España como problema* (1949), que sometía a debate las raíces históricas de la nación española y que negaba, siguiendo las tesis del filólogo Américo Castro, que ser español estuviera vinculado necesariamente y de modo sustancial a ser católico. La respuesta llegó de manos de Rafael Calvo Serer, catedrático de Filosofía de la Ciencia de esa misma universidad: su obra *En España, sin problema* (1949) volvió a poner de actualidad las tesis de Menéndez Pelayo, aunque tiempo después se arrepintió.

Setenta años más tarde, en España ha reaparecido ese sentimiento, ese anhelo nostálgico que vincula religión y política. Lo que Fernández-Miranda dijo en las Cortes fue que «después del concilio no se puede defender la unidad católica más que a través de la libertad religiosa», de modo que el debate sobre la España católica dejaba oficialmente de tener sentido por mandato del Vaticano. Pero una de las derechas españolas no estaba ni está conforme.

Los inmovilistas: el búnker

El triángulo virtuoso formado por el rey, Fernández-Miranda como presidente de las Cortes y Adolfo Suárez al mando del Gobierno se ocupó de abrir un camino intermedio entre las dos tendencias preponderantes el día que murió Franco: el inmovilismo o continuismo que preconizaban los vencedores de la guerra y el rupturismo o revolución socialista que defendían airadamente los perdedores. En medio había un resquicio para la reforma, la concordia, la reconciliación y, en definitiva, la democracia. Y ese resquicio, señalaba Fernández-Miranda, había que abrirlo desde la institucionalidad franquista, donde las resistencias eran explícitas al menos desde 1974.

Así, la Ley para la Reforma Política que pretendía abrir puertas y ventanas chocó de frente con el rechazo de los más inmovilistas del régimen, esa derecha que quería perpetuar el franquismo sin Franco y que contaba con insignes representantes en las instituciones, entre los que destacaban tres.

El primero fue Carlos Arias Navarro (1908-1989), el último presidente del Gobierno de Franco, que se autoproclamó albacea del franquismo y que se atornilló al puesto durante siete meses tras el fallecimiento del dictador. En ese periodo, tenía en su despacho un gran caballete con un óleo de Franco al lado de una diminuta fotografía de Juan Carlos I: «Es cierto que Franco, el que durante tantos años fue nuestro caudillo, ya no está con nosotros —dijo a los españoles entre sollozos por televisión el 20 de noviembre de 1975—, pero nos deja su obra, nos queda su ejemplo, nos lega un mandato histórico de inexcusable cumplimiento». Continuismo y nostalgia de la España del nacionalcatolicismo.

El segundo era José Antonio Girón de Velasco (1911-1995), quien, en 1974, publicó un artículo en prensa para frenar los tibios movimientos aperturistas que empezaban a detectarse entre algunas primeras filas del franquismo. El «gironazo», así se conoció aquel artículo, advertía contra esos «falsos liberales infiltrados en la Administración y en las altas magistraturas del Estado». Girón era un falangista de la revolución pendiente —una revolución antimarxista, por supuesto—, pero obrerista, heredera, por tanto, del pensamiento de José Antonio Primo de Rivera, el fundador de la Falange asesinado el 20 de noviembre de 1936, al comienzo de la Guerra Civil, e inspirador ideológico del régimen de Franco.

El tercero es Blas Piñar (1918-2014), el fundador a mediados de los sesenta del movimiento ultraderechista Fuerza Nueva. De todos aquellos que tuvieron un papel en la Transición, quizás él fue el más exaltado frente a los movimientos reformistas: ya en 1973, el día en que la banda terrorista ETA asesinó al presidente del Gobierno, el almirante Luis Carrero Blanco, Piñar acudió a la Presidencia del Gobierno para ponerse a disposición con el fin de «movilizar» a su gente y convertir el postatentado en una *vendetta*. Su oferta fue amablemente rechazada, precisamente, por Fernández-Miranda, quien, como presidente en funciones, se ocupó de evitar cualquier respuesta violenta e incluso hizo llegar un mensaje a la izquierda en el exilio para transmitir serenidad. Era la primera vez que un cargo del régimen de Franco se dirigía a los perdedores de la guerra.

A pesar de las resistencias, el anteproyecto de Ley para la Reforma Política, que formalmente es la octava y última ley fundamental del franquismo, era un hallazgo jurídico que hacía una propuesta a la España oficial del dictador: los 540 procuradores que integraban ese Parlamento no democrático debían decidir si se sumaban al plan de reforma o si se enrocaban en un franquismo sin Franco. En una única votación se decidiría la derogación del régimen del 18 de julio y la convocatoria de elecciones generales libres por primera vez desde febrero de 1936. O, dicho de otra manera: la vuelta a España de los vencidos de la Guerra Civil y la entrega al pueblo de la soberanía nacional que Franco se arrogó durante casi cuarenta años. Ese era el plan de Juan Carlos I que Fernández-Miranda diseñó y dirigió y Adolfo Suárez (1932-2014) ejecutó desde el Gobierno.

En esa fría tarde de noviembre, quien tomó la palabra para defender la reforma política no fue una persona cualquiera. En la tribuna de las Cortes estaba Miguel Primo de Rivera (1934-2018), sobrino del fundador de la Falange y nieto del dictador del mismo nombre, al que Alfonso XIII había entregado el poder en 1923 saltándose la Constitución y sembrando la semilla que ocho años después propició su exilio y la llegada de la Segunda República. Primo de Rivera había sido designado para ejercer ese papel porque era la persona idónea para enviar un mensaje claro a las Cortes de Franco: era «la hora de la consulta», la hora de que España diera por superada la etapa histórica de Franco, el momento de que todos los españoles recuperaran la voz y de que una nación histórica que llevaba dos siglos políticamente desastrosos recuperara su lugar en Europa y en el mundo. No se lo dijo un «rojo», se lo dijo un grande de España, que había entendido que la España de Franco se había acabado, utilizando el mejor eufemismo del franquismo para no hablar de la muerte del dictador: «el hecho biológico»: «Tenemos que pasar de un régimen personal a un régimen de participación, sin rupturas y sin violencias, pero con esa nueva y clara legitimidad política que el soberano pueblo español proclame con su libre expresión».

Aquella tarde del 16 de noviembre de 1976, Blas Piñar tomó la palabra para presentar una enmienda a la totalidad de la reforma política. Fue uno de los tres que respondió a Primo de Rivera para oponerse radicalmente, pero con profundidad argumental, a un proceso de reforma que en su opinión no era más que una «ruptura». España, en su opinión, debía seguir siendo la obra de Franco: «Franco afirmó con claridad meridiana, refiriéndose a la democracia del sufragio universal y de la ley fruto de la voluntad mayoritaria, que dicho sistema había traído el "ocaso de España" [...]. El proyecto de reforma se halla en conflicto con la filosofía política del Estado que surgió de la Cruzada».

La segunda enmienda a la totalidad fue más burda. La presentó el procurador José María Fernández de la Vega (1939-2011), quien mostró a las claras el resentimiento hacia la otra España y la nula voluntad de comprender los argumentos del otro. Vivía anclado en 1936: «Todo estaba atado y bien atado. Atado con nudo insalvable para esa misérrima oposición que, con su resentimiento a cuestas, ha recorrido durante cuarenta años el camino de las cancillerías europeas denunciando el pecado de la paz y del progreso de España; alimentando los viejos, y al parecer eternos, prejuicios antiespañoles, con la sucia leña de la tiranía de Franco».

El mensaje era tan cerril, que la respuesta fue demoledora. El encargado de contestar a los enmendantes fue otro Suárez, Fernando (1933-2024), que había sido ministro de Franco y que siempre ocupó posiciones aperturistas. Su mensaje describía a la perfección a esa derecha que había convivido con el dictador pero que entendía la trascendencia del momento histórico desde una posición tolerante y liberal: «Quienes hemos dictaminado este proyecto de ley no vamos a intentar disimular, con piruetas de última hora, nuestras ejecutorias en el Régimen. Pero hemos pensado siempre, y no desde hace unos meses, que los orígenes dramáticos del actual Estado estaban abocados, desde sus momentos germinales, a alumbrar una situación definitiva de concordia nacional, una situación en la que no vuelvan a dividirnos las interpretaciones de nuestro pasado y en la que no sea posible que un español llame "misérrima oposición" a quienes no piensan como él».

Aperturistas desde dentro: Areilza y Fraga

Cuando fue proclamado rey, Juan Carlos I ofreció a Torcuato Fernández-Miranda la Presidencia del Gobierno. Su antiguo profesor le respondió: «Señor, el hombre político que soy quiere ser presidente del Gobierno, pero le seré más útil en la Presidencia de las Cortes». Desde allí sería más fácil preparar el pleno de la reforma para acompañar a los 540 procuradores hacia posiciones moderadas y aperturistas. El rey lo nombró, pero no tuvo fuerza suficiente para nombrar también al presidente del Gobierno y tuvo que conformarse con heredar al inmovilista Arias Navarro. No obstante, sí pudo imponer a este a unos cuantos ministros aperturistas, especialmente dos: Manuel Fraga (1922-2012), vicepresidente para Asuntos Políticos, y José María de Areilza (1909-1998), ministro de Asuntos Exteriores. También a un todavía desconocido Adolfo Suárez (1932-2014).

Fernández-Miranda preparó concienzudamente el pleno de la reforma política. Una de sus decisiones más importantes fue la creación de grupos parlamentarios. ¿Con qué fin? Dividir las Cortes de Franco, hasta ese momento dominadas por ese búnker monolítico que se arrogaba la única representación posible del franquismo sin el dictador. Este «divide y vencerás» propició la aparición de hasta seis grupos distintos, lo que permitió aflorar las distintas sensibilidades ideológicas dentro de un régimen en el que siempre hubo «familias», pero nunca se permitieron las corrientes ideológicas.

Y ahí surgió un grupo capitaneado por Manuel Fraga, quien, en los primeros años setenta, se había convertido en el campeón nacional del aperturismo al ser la voz principal que surgió dentro del régimen para reclamar que se abriera un poco la mano respecto al asociacionismo. Franco permitió aquel debate, pero, cuando este cogió algo de vuelo, lo frenó en seco. Aun así, aquello sirvió —aunque solo fuera para los románticos del aperturismo— para mostrar que en la derecha franquista sí existían los que querían evolucionar hacia posiciones democráticas.

Ya fallecido Franco, como vicepresidente para Asuntos Políticos del Gobierno del inmovilista Arias, Fraga consiguió que las Cortes aprobaran las leyes de Reunión, Manifestación y Asociaciones —muy útiles para que la izquierda predemocrática se subiera al proceso de reforma—, pero fracasaría en su intento de liderar el proceso de transición. Exactamente a la inversa que Fernández-Miranda: uno lideró la Transición, el otro la postransición, aunque ambos tenían planes para los dos procesos.

Por debajo de Arias Navarro, la otra figura aperturista era Areilza, llamado a ser el presidente del Gobierno del rey. Sin embargo, su nítido carácter liberal y aperturista incrementaba los temores del búnker. Por eso, don Juan Carlos apostó por Adolfo Suárez, un candidato mucho más blanco que despertaba menos recelos y, al menos en ese momento, sin un proyecto político propio. Areilza era un hombre respetado en las democracias occidentales y vinculado desde siempre a las ambiciones democráticas de don Juan de Borbón, a quien acompañó desde los años cuarenta. De hecho, ya en los años setenta, Areilza se fue desvinculando poco a poco del régimen de Franco para adoptar posiciones abiertamente liberales, una muestra más de que no solo había una forma de ser de derechas.

Una estación llamada democracia

Si la Transición fue un viaje en tren, el rey Juan Carlos fue quien señaló la estación de destino, enlazando con el posicionamiento de su padre en los ya lejanos años cuarenta: la democracia. Fernández-Miranda fue el ingeniero que diseñó las vías y la locomotora que recogía el pensamiento doctrinal desde una derecha no reaccionaria ni excluyente, una derecha que había evolucionado. Y Adolfo Suárez fue el maquinista que condujo ese tren hasta esa estación llamada «Democracia» demostrando que en determinados momentos un político también se puede construir desde las esencias democráticas y dando cauce al sentir del pueblo.

Cuando aquella tarde del 16 de noviembre de 1976 las derechas españolas se pusieron ante el espejo, los reflejos fueron diversos. Uno fue el que capitaneaba Fernández-Miranda, enormemente influenciado por José Ortega y Gasset (1883-1955), el gran filósofo español del siglo xx, otro liberal exiliado del régimen de Franco —aunque volvió demasiado pronto y fue utilizado como aval del régimen—. Él fue quien eligió a Adolfo Suárez, a Primo de Rivera y a Fernando Suárez para construir esas vías hacia la democracia. Y Adolfo Suárez fue el reflejo: joven, abierto, carismático, seductor y, sobre todo, un político al que se le entendía todo. Una revolución.

El segundo reflejo fue el del búnker, el de Arias, Girón, Piñar y Fernández de la Vega, una derecha cerrada e intolerante, temerosa de Dios y de los hombres, excluyente en sus planteamientos y profundamente antidemocrática. Una derecha fuera de su tiempo, anclada en el pasado y que interpretaba España como una realidad que solo podía ser nacional católica.

El tercero fue el de los antifranquistas de derechas, que observaban este proceso desde fuera, pero con importantes nombres que se incorporarán a la democracia: el ya citado Satrústegui, Fernando Álvarez de Miranda o Jaime Miralles, entre otros, habían sufrido el destierro en Fuerteventura. El régimen de Franco castigaba a la izquierda con el exilio o la muerte; a la derecha no sumisa con el destierro o la cárcel. Dos baremos distintos. Los dos Españas del antifranquismo: comunista y liberal.

Fraga y la derecha democrática

En lo que no falló Fraga fue en la construcción de la derecha democrática posterior a Franco: fue ponente de la Constitución de 1978, la primera Carta Magna de nuestra historia aprobada por consenso y, en poco tiempo, la más longeva de la nación española. También fue fundador de Alianza Popular, el partido bajo cuyo mando y con el paso de los años consiguió aglutinar a toda la derecha democrática: liberales, democristianos y conservadores e, incluso, absorber a los radicales. Entre las elecciones generales de 1977 y 1986, Alianza Popular pasó de 16 escaños y cuarta fuerza a consolidarse como segunda formación política de la España democrática, y principal de la derecha, con 105 escaños.

A su derecha, Blas Piñar trató de atraer a los herederos del búnker —la Falange, los tradicionalistas y la Confederación Nacional de Excombatientes (CNE) que presidía Girón—, pero su máximo éxito lo alcanzó en las elecciones de 1979 con un único escaño que, entre otras cosas, utilizó para votar en contra de todos los estatutos de autonomía. Con el paso de los años, sus votantes quedaron absorbidos por la Alianza Popular de Fraga o decidieron irse a la abstención. La extrema derecha de Piñar quedó desdibujada, no solo política, sino también intelectualmente.

Gonzalo Fernández de la Mora (1924-2002), uno de sus más ilustres pensadores, intentó sacar a la extrema derecha de una profunda crisis de identidad. Su fracaso radicó en haberse limitado a vincularse al pasado, no solo al franquista, sino a la nostalgia imperial, y a una vieja controversia que había sido ampliamente superada en aquel debate sobre la libertad religiosa en 1967: el Estado católico. En los años cuarenta, cuando Franco visitó el Archivo de Indias en Sevilla escribió en su libro de firmas: «Ante las reliquias de un imperio, con la promesa de otro». En esa nostalgia quedó atrapada la extrema derecha tradicionalista española. El Concilio Vaticano II (1962-1965) hizo el resto: «Toda persona humana tiene derecho a la libertad religiosa».

Fernández de la Mora era un intelectual y de alguna manera puede ser considerado el pensador del franquismo, defensor de la figura de Franco y personaje emblemático de una de las corrientes que en los años sesenta tuvo el poder: los tecnócratas. En 1965, publicó un libro titulado *El crepúsculo de las ideologías*, base ideológica del inmovilismo, una crítica de la democracia liberal a la par que defensa de la «democracia orgánica» de Franco. Sí, en el franquismo también había intelectuales y molestaban mucho a la izquierda, especialmente, a esa élite progresista que consideraba, y aún sigue considerando, que solo se puede ser culto en la izquierda y que ser reaccionario e ilustrado es un oxímoron. Es la «izquierda Tusell», que ha contado el siglo XX con mirada tuerta y que hizo fortuna creando otra de las etiquetas que le cuesta combatir a la derecha: esa falsa superioridad intelectual de la izquierda, una simpleza que, sin embargo, en España ha operado y sigue operando de manera activa. Políticamente, el camino de González de la Mora desapareció con la Constitución, de la que se borró porque negaba todo aquello en lo que él creía. Se lo comió Fraga.

No obstante, Fraga había tocado techo en la política nacional. Si su gran mérito fue la creación de un partido conservador mayoritario, su demérito era la incapacidad de mostrarse como un líder moderno para una España que con la abrumadora llegada de Felipe González al poder en 1982 (202 escaños) necesitaba otro tipo de liderazgo. Para ese reto, el de disputar el centro al PSOE de González, a Fraga le perseguía la sombra de su pasado y la dureza de su carácter.

En las elecciones de 1986 sí consiguió eliminar los grupúsculos a su derecha, pero nunca creció hacia el centro: fue Adolfo Suárez quien ocupó ese espacio haciendo bandera no solo del centro, sino de lo social (19 escaños en el año 1986). El problema es que Suárez, el presidente del Gobierno de la Transición, había sido devorado por el personaje y fue perdiendo apoyo popular. Como se dice de los grandes futbolistas, en 1980 ya había jugado sus mejores veinte partidos. De modo que durante los años ochenta empezó a hacerse evidente que si la derecha quería gobernar en la España democrática era necesario unirse y ocupar espacios de centralidad.

En la segunda mitad de los setenta, Adolfo Suárez había canalizado la Transición desde el Gobierno a través de la Unión de Centro Democrático (UCD), un partido instrumental que estalló en mil pedazos en el mismo momento que había cumplido su misión: de ganar holgadamente las elecciones en 1977 (165 escaños) y 1979 (168) a conseguir solo once escaños tres años después. Superada la Transición, Adolfo Suárez buscó su espacio coqueteando con la izquierda y con la ayuda del catedrático Rafael Calvo Ortega profundizó en un mensaje social que la derecha de Fraga había abandonado.

Tal fue la obsesión de Fraga por aglutinar a todo lo que pudiese considerarse derecha que se obsesionó con que fuera «democrática» y renunció a la bandera de lo «social». Y ahí surgió una derecha a menudo antipática que supo atraer a liberales, democristianos, conservadores y radicales en aras de la unidad, pero que dejó un enorme campo a la izquierda que con los años sería utilizado para volver a estigmatizar a las derechas.

En suma, Manuel Fraga representa a la perfección la construcción de un espacio democrático para esa derecha que estuvo cómoda en el franquismo, pero que entendió que todo eso acabó el 20 de noviembre de 1975: él presentó en 1977 a Santiago Carrillo, el líder del Partido Comunista de España (PCE), en el Club Siglo XXI de Madrid, uno de los momentos más simbólicos del abrazo de la Transición; y él acabó su carrera política siendo durante quince años presidente de la Xunta de Galicia. Si hay algo que en la Transición daba —y aún hoy da— pavor a la derecha más exaltada era la legalización de los comunistas y la fragmentación del Estado. Manuel Fraga supo llevar a la derecha española a posiciones plenamente democráticas, pero no fue capaz de ganar unas elecciones generales a la izquierda y ser presidente del Gobierno. Eso sí: demostró a la derecha franquista que en una España unida cabe una descentralización administrativa como la que representó el Estado de las autonomías. Él es el mejor ejemplo de que se puede ser español y gallego, español y catalán, español y andaluz... O cualquiera de los acentos que se hable en una España diversa en la que hay una derecha que no quiere entender.

Aznar y el viaje al centro

José María Aznar fue designado sucesor de Manuel Fraga en 1989.

«No hay tutelas ni hay tutías, ahí está el líder del partido», dijo Fraga en el acto de clausura del primer congreso del nuevo Partido Popular mientras rompía en mil pedazos una carta de dimisión sin fecha firmada por Aznar.

El nuevo líder de la derecha española emprendió un camino de ensanchamiento de las bases ideológicas de la formación con el objetivo de incrementar sus expectativas electorales. Le costó siete años y tres elecciones generales, pero lo consiguió en 1996. Impulsado por el desgaste del cuarto Gobierno de Felipe González —corrupción, guerra sucia y crisis económica—, Aznar se presentó como un gestor moderado frente al carisma de un presidente abrasado por casi catorce años de Gobierno. Con un calculado «viaje al centro», la derecha española consiguió gobernar por primera vez después de Franco. El PP reunió en «la gran casa de la derecha» a liberales, democristianos y conservadores, y mantuvo controlados a los más exaltados.

Así, se convirtió en el partido más votado en 1996 (156 escaños) y, mucho más importante, logró una mayoría absoluta de 183 escaños en el año 2000. Aznar logró transmitir a los ciudadanos una imagen de la derecha liberal conservadora como una opción política que gestiona mejor que la izquierda y que quiere jugar un papel en el mundo: atlantismo, europeísmo y liberalismo. No en vano hay quien sitúa el final de la Transición en su llegada a la Moncloa: el día en que la derecha volvió al poder por los cauces democráticos. Este es uno de sus legados.

Eso sí, Aznar no logró superar los estigmas que la izquierda democrática aún hoy sigue imponiendo a la derecha y que el sucesor de Felipe González como presidente socialista del Gobierno, José Luis Rodríguez Zapatero, resumió con tres adjetivos que no paró de repetir cuando era líder de la oposición (2000-2004): antiguo, autoritario y antisocial. Son adjetivos falaces, simplistas, prepopulistas, pero por alguna razón encajan en ese espacio volátil llamado «centro» en el que se disputa quién manda en España y en el que es importante ser sensible a lo social. Esa, precisamente esa, sigue siendo una batalla perdida por las derechas en 2025. No en la realidad, sino en la percepción de la realidad. Y ello a pesar de que las derechas españolas sostienen que no hay mejor política social que generar las condiciones para la creación de empleo y de riqueza, mantener embridados los impuestos y gestionar bien los recursos públicos. En la falsa disyuntiva entre gestión y política social, las derechas españolas eligieron lo primero y entregaron lo segundo. Y, en toda esa reflexión, ¿dónde queda la doctrina social de la Iglesia?, ¿cómo convencer a los jóvenes para que den su confianza a unas siglas que renuncian a la batalla de lo social? y ¿por qué hay una tendencia en las derechas españolas que es abiertamente alérgica a renunciar a los avances sociales, incluso cuando los han conseguido gobiernos de derechas?

El otro legado de Aznar es que la derecha puede gobernar sin complejos y, a pesar del desgaste y de una deriva final que le alejó del viaje al centro, Aznar se fue a los ocho años porque quiso, aunque ahora nadie se lo reconozca y la izquierda quiera convertirlo en una caricatura de sí mismo, a la que él contribuyó como expresidente. Pero él es la prueba de que la derecha puede gobernar sin complejos porque no tener complejos no es sinónimo de ser radical, y porque en condiciones normales después de Aznar los españoles estaban dispuestos a seguir votando al PP de Mariano Rajoy. Pero se cruzó el 11M y Aznar se equivocó en los tres últimos días como presidente del Gobierno.

El adiós a la unidad

De modo que Rajoy no gobernó, sino que lo hizo Zapatero, quien se instaló en la Moncloa después del mayor atentado de la historia de España y sin esperarlo. Llegó sin estar preparado para gobernar y provocando un profundo trauma en las derechas, que durante años lucharon por asumir que habían perdido el poder cuando no tocaba. En ese contexto, la derecha más intolerante se impuso a la moderada y el presidente Zapatero supo aprovecharlo como nadie para dividirlas, provocar a los más exaltados y reventar el gran legado de Aznar. Lo hizo sobre tres ejes que disgustaron a las derechas y enervaron a los sectores más radicales: a la derecha ultracatólica con el matrimonio homosexual y la ley de plazos; a la derecha más nacionalista con el Estatuto de Cataluña; y a la derecha identitaria con las regularizaciones masivas de inmigrantes. Además, en el peor momento para las derechas, Zapatero redactó una Ley de Memoria Histórica (2007) que mandaba al garete el espíritu de la Transición. Zapatero supo provocarlas a todas a la vez y enfrente no había nada más que un montón de derechas buscando su sitio sin entender por qué no seguían gobernando España. La derecha en singular saltó por los aires y las derechas se dividieron como nunca... o como siempre: Aznar se alejó de Rajoy y, por su parte, la muy liberal Esperanza Aguirre y el conservador Alberto Ruiz-Gallardón ejemplificaron en Madrid una fragmentación que aún tardaría un tiempo en llegar al electorado.

Como respuesta al desastre económico al que Zapatero había conducido a España, los españoles le dieron a Rajoy una mayoría absoluta superior incluso a la de Aznar (186 diputados). Los votantes de derechas le mostraron una confianza amplísima, y Rajoy puso en marcha un Gobierno con un único objetivo: sacar a España de la crisis. Tal era el desaguisado, que la Unión Europea se vio amenazada y Rajoy se centró casi en exclusiva en evitar que España fuera rescatada, hasta el punto de verse obligado a subir impuestos porque necesitaba recursos ya para sufragar los servicios públicos. Lo logró en gran medida —porque no se rescató al Estado, pero sí a la banca—, pero, en el ínterin, se olvidó de deshacer los excesos ideológicos del zapaterismo y generó una enorme desazón en una parte no desdeñable de la derecha.

Aunque eso no fue todo: durante su mandato, el nacionalismo catalán evolucionó a separatista e inició un proceso hacia la independencia que acabó en 2017 con el Gobierno interviniendo la Generalitat y el Tribunal Supremo procesando al Govern en pleno. El Estado se defendió, pero todo ese proceso enervó a esa derecha presa del miedo a la desmembración de España, un sentimiento que pronto capitalizaron dos movimientos políticos: Ciudadanos, liberal y catalán, y Vox, conservador y madrileño.

De nuevo las tres derechas

A pesar de que España empezó a salir de la crisis y de que el Estado había reaccionado al golpe independentista, en las derechas cuajó la idea de que Rajoy había perdido la batalla ideológica contra el zapaterismo. Los escándalos de corrupción del PP tampoco ayudaron y se formó la tormenta perfecta contra ese partido que un día había logrado unir a las derechas. La tan ansiada casa común saltó por los aires como nunca antes desde la restauración de la democracia. Entre 2015 y 2023, y asaltado desde los dos costados, el PP perdió apoyo social hasta situarse en un mínimo histórico de 66 escaños en 2019, con un líder coyuntural, Pablo Casado, demasiado joven para asumir tan mayúsculo reto: aznarista en lo ideológico, Casado fue un desastre en la política orgánica. La creación de Fraga y Aznar se había evaporado, ni siquiera estaba muy claro qué era, pero sí existía una realidad: con tres partidos disputándose el voto de derechas, la ley electoral nunca les daría la mayoría suficiente para gobernar.

Lo único que tenían en común Ciudadanos y Vox es que ambos eran partidos radicales e infinitamente más combativos que ese PP que perdió el monopolio de la derecha al dejar germinar en España la cizaña sembrada por Zapatero, el líder de izquierdas que mejor representa la negación de lo que significa la Transición española. Con él se rompieron los grandes consensos que había legado el proceso de concordia nacional que propiciaron las derechas y las izquierdas moderadas. Y para responderle surgieron de nuevo varias derechas y, entre estas, empezaron a imponerse las más viscerales. De la liberal, la más radical; de la conservadora, la más radical; de la democristiana, la más radical, y, de la esencialmente radical, esa que no es más que eso, la antisistema. Cada una haciendo la guerra por su cuenta. El escenario ideal para sus adversarios: la derecha sobreexcitada.

En ese despiporre ideológico de las derechas quien pescó fue la izquierda, que volvió a la Moncloa en 2018, fruto de la primera moción de censura exitosa de la democracia gracias a un acuerdo de Pedro Sánchez con el independentismo catalán, los herederos de Batasuna y el nacionalismo vasco —hasta entonces, liberal conservador—. Un acuerdo cuyo pegamento era la combinación del miedo a que volviera la derecha que un día había sido uniforme y que todos ellos identificaron con Vox. Ese Gobierno era gasolina para incendiar a unas derechas desubicadas que, como en 2004, veían que el Gobierno caía en manos de la izquierda demasiado pronto. Más frustración, más división.

No solo eso. El votante de derechas cayó en un espacio de confusión entre las formas y el fondo: empezaron a triunfar los líderes que expresaban una mayor contundencia contra las izquierdas, a cuyo electorado le daba igual de dónde vinieran las críticas mientras fueran furibundas. Hay un ciudadano que no es de izquierdas que disfruta por igual escuchando el liberalismo ilustrado de Cayetana Álvarez de Toledo (PP) que el simplismo tradicionalista de Javier Ortega Smith (Vox), porque ambos son opositores frontales con las políticas de izquierdas. Sin embargo, estos dos políticos representan posiciones completamente distintas, dos derechas antagónicas. Son una muestra actualizada de que no hay una derecha sino muchas. Pero hay un votante que un día estuvo en la gran casa de la derecha que en 2025 solo quiere látigo para la izquierda y no atiende a razones aunque estas vengan de una defensa profunda de la democracia liberal y, por tanto, del cuidado de la institucionalidad y del respeto a la alternancia, como el que representa Álvarez de Toledo, o de un discurso más cerca de José Antonio que de Fraga, como el de Ortega Smith.

La respuesta a este curioso fenómeno que mezcla el fondo y la forma está en el contexto y en una ola que llega importada de Estados Unidos. Hay una parte de la derecha que no se pregunta qué es, sino qué no es. Y no es de izquierdas, no es partidario de la cultura *woke*, aborrece que las minorías se antepongan a las mayorías y cree que libertad de expresión y, por extensión, la libertad de pensamiento, están amenazadas. A esa derecha le encanta Donald Trump, especialmente, el de su segundo mandato como presidente de Estados Unidos: el que no se calla, el que ejerce el poder pase lo que pase, el que trata de extender el Ejecutivo frente a los contrapoderes, el que hace política como quien hace negocios. Y a esa derecha española la resulta indiferente lo que Trump tiene de líder iliberal. También le encantan los exabruptos contra los «zurdos» de Javier Milei, pero España no es Argentina.

Mas si Ciudadanos fue un fenómeno efímero cuyo legado liberal fue pronto absorbido desde el PP, Vox ha venido para quedarse. Una de las obsesiones de su líder, Santiago Abascal, era huir de esa excesiva ambición política que llevó al líder de Cs, Albert Rivera, a desaparecer a la misma velocidad a la que había llegado a la política nacional. Abascal cuidó su presencia pública, midió sus intervenciones en medios y trató de fijar un suelo electoral. Lo ha conseguido y el resultado es un proyecto político que enlaza con la derecha tradicionalista española, aquella que quedó minimizada en la Transición: Vox lanzó la campaña electoral de 2019 en el santuario de Covadonga bajo la estatua de Pelayo, símbolos de la Reconquista frente al islam; Abascal calificó el Gobierno democrático de Pedro Sánchez como «el peor de los últimos ochenta años», lo que incluye los gobiernos de Franco; rechaza el Estado de las autonomías, uno de los puntales de quienes se opusieron a la Constitución; considera que la Unión Europea ha llegado demasiado lejos, a pesar de que la idea de Europa fue acogida como buena desde que el mismo Ortega y Gasset —otra derecha antifranquista— la presentó como solución en los años treinta del siglo XX; es abiertamente antiglobalista y fija en la lucha contra la inmigración ilegal el principal bastión de futuro. Frente a las políticas buenistas de la izquierda en esta materia, lejos de abordar el fenómeno migratorio en su complejidad, Vox apuesta por recetas simplistas que llevan de vez en cuando a sus dirigentes a hacer afirmaciones abiertamente xenófobas.

En todo caso, es innegable que Abascal ha consolidado un proyecto político que goza de un relevante apoyo social y que defiende con métodos democráticos postulados de la derecha radical. Lo hace a pesar de las disputas internas, de bandazos políticos —cambió de grupo en Europa, del Grupo de los Conservadores y Reformistas Europeos (ECR) a Patriotas por Europa; de entradas y salidas de los gobiernos autonómicos en solo nueve meses— y de bandazos ideológicos —del obrerismo de José Antonio al trumpismo—, de la falta de transparencia interna, del centralismo orgánico y de las abruptas salidas de algunos de sus líderes más carismáticos, preparados y sofisticados —Iván Espinosa de los Monteros o Macarena Olona, principalmente.

Una relación imposible

La relación entre el PP y Vox, entre Vox y el PP, durante los Gobiernos de Pedro Sánchez es la historia de la falta de entendimiento entre las derechas españolas. En el Partido Popular, que nunca renunció a ser la fuerza mayoritaria, se abrían dos posiciones: los partidarios de no hablar de Vox, como si no existiera, y los dispuestos a mirarlos a la cara. Entre estos últimos está José María Aznar, quien, quince años después de abandonar la Moncloa y superada ya la frustración que en él generó la pérdida inesperada del poder para el PP, se ha convertido en la máxima autoridad en las derechas españolas. Él fue quien influyó en Pablo Casado para que se enfrentara a Abascal en la moción de censura que este había presentado al presidente Sánchez en octubre de 2020: «No somos equiparables, son muchas nuestras diferencias. Tantas como la distancia que media entre el liberalismo reformista y el populismo iliberal. Entre el patriotismo integrador y el antipluralismo. Entre la economía abierta y el proteccionismo autárquico. Entre la vocación europea y atlántica y el aislacionismo. Entre el interés general y el oportunismo demagógico».

Tras este discurso de Casado, que incorporó ataques personales, Abascal decidió hacerle la vida imposible al PP. Y aquí entra en juego un concepto que había popularizado uno de los líderes de Vox, Iván Espinosa de los Monteros: la «derechita cobarde». Es un concepto que enlaza con el Blas Piñar que en el pleno de la Ley para la Reforma Política retó al presidente de las Cortes a debatir cara a cara con él —el futbolista contra el árbitro— o con los insultos de sus seguidores en 1976 al grito de «perjuro» y «masón» porque Fernández-Miranda había puesto en marcha un plan que derogaba el andamiaje institucional del franquismo para dar paso a la democracia.

El mejor ejemplo se produjo tras las elecciones autonómicas del 28 de mayo de 2023, cuando los populares liderados ya por Alberto Núñez Feijóo necesitaban del apoyo de Vox en cinco comunidades. Abascal puso como línea roja entrar en los gobiernos y el PP tuvo que tragar, lo que lo penalizó en las elecciones generales que Pedro Sánchez convocó con audacia dos meses después: Sánchez utilizó el miedo a Vox para remontar en las encuestas y mantenerse en la Moncloa. Vox, lejos de reconocer el gesto del PP, decidió romper los gobiernos autonómicos nueve meses después. De nuevo, las derechas enfrentadas y las izquierdas encantadas.

Por eso, el concepto de «derechita cobarde», brillante desde el punto de vista de la comunicación política, no solo no es valiente, sino que revela miedo. Miedo a entenderse, miedo al otro, a lo otro o a los otros. Porque lo que esconde esa derecha uniforme y uniformadora, que enlaza con la España católica, con la España imperial, con la España orgánica, es una derecha que no es capaz de reivindicar los valores de los democristianos, de los liberales y de los conservadores que, cuando se unen en torno al concepto de libertad sin despreciar la igualdad —aunque sea de oportunidades—, son imbatibles. Por eso, la derecha búnker coquetea con los símbolos nacionales y se los apropia; por eso, flirtea con la España católica y desconfía de un español que pueda profesar otra religión; por eso, identifica inmigración y delincuencia, y, por eso, juguetea con la recentralización y arremete contra la Unión Europea, despreciando los beneficios que ha propiciado e inflando sus disfunciones. Porque tiene miedo.

Aun así, esa derecha tiene derecho a pensar como piensa, cuenta con millones de votantes que no son radicales y de alguna manera su razón de ser responde a los excesos de la izquierda. Además, convive con un juicio de la opinión pública que es, cuando menos, desequilibrado: si el partido que está a la derecha del PP es ultraderecha, ¿por qué el partido que está a la izquierda del PSOE no es ultraizquierda, y más aún cuando el PSOE ha pactado con delincuentes condenados (Junts y ERC) y con herederos políticos de la banda terrorista ETA (Bildu)? Eso son elementos que contribuyen a indignar y envalentonar a la derecha más radical, que disfruta entrando a todos los capotes que le brinda la izquierda de Pedro Sánchez dando lugar a una pinza que los alimenta a ambos. Este es un argumento que molesta especialmente a la dirigencia de Vox, pero no por ello deja de ser cierto. Por eso, el sanchismo se ha atrincherado en una versión evolucionada —para peor— del zapaterismo y la mejor prueba de ello es lo que la derecha inteligente ha llamado el «francomodín»: recurrir a Franco para cabrear a lo que en tiempos se llamó la «derechona».

¿Es Vox un partido anticonstitucional? No, porque, aunque quiere revertir elementos sustanciales de la Carta Magna —como el Estado de las autonomías o la legalidad de los partidos independentistas—, en ningún momento ha dicho que no quiera hacerlo por los mecanismos establecidos en la ley. ¿Coquetea Vox con grupúsculos antisistema? Sí, como demostró en mayo de 2025 Santiago Abascal acudiendo a una concentración frente al Palacio de la Moncloa convocada por radicales o alimentando muchas otras marchas frente a la sede socialista de Ferraz. Afirmar que Vox es un partido fascista y que sus votantes también lo son, como sostiene la izquierda, no es más que una falacia que trata de sacar del tablero político a un partido que ha conseguido lograr un respaldo social nada despreciable.

Aun así, muchas veces, los peores enemigos de Vox están en sus propias filas: un excelente ejemplo son las declaraciones de Rocío de Meer en julio de 2025 en las que sugería la expulsión de siete millones de inmigrantes. Y la pregunta clave: cuando Santiago Abascal y sus diputados abandonan el hemiciclo durante los plenos en el Congreso para mostrar su desprecio por un presidente del Gobierno que no hace más que provocarlos, ¿quién sale ganando? Unos dirán que Vox ante su electorado, otros que el PSOE ante el suyo y, probablemente, ambos tengan razón. Pero aquello que seguro que no gana es la institucionalidad y, precisamente en esos momentos, cuando arremete contra las instituciones, es cuando Vox desbarra. ¿Es el Gobierno de Pedro Sánchez ilegítimo? No, pero Vox lo sostiene. ¿Es el Gobierno de Pedro Sánchez ilegal? No, pero Vox también lo sostiene. Y eso sí es situarse en los márgenes de la institucionalidad, por muy dañino que sea el Gobierno de Pedro Sánchez con las instituciones, que lo es infinitamente más que Vox entre otras cosas porque tiene mucho más poder.

La línea entre las derechas civilizadas y las derechas que rememoran el búnker no es solo una cuestión de siglas, sino de comportamiento institucional, de tolerancia con el que piensa distinto y de respeto a la alternancia.

No está escrito cuál es la vía para que las derechas conciten mayorías, y esto también depende mucho de las diferencias entre las distintas regiones españolas: en las elecciones autonómicas de 2023, el PP alcanzó mayorías absolutas con dos modelos tan distintos como el que encarna Isabel Díaz Ayuso en Madrid y el de Juanma Moreno Bonilla en Andalucía. La presidenta de la Comunidad de Madrid, que representa el modelo más frontal en lo formal y que por tanto neutraliza muy bien al votante de Vox, captó un 13 por ciento de electores que un mes después votaron al PSOE en las generales. En cambio, Juanma Moreno, que está cómodo en la centralidad y no busca la confrontación directa, no solo crece por el centro, sino que gusta al votante de Vox. Al final, el modelo político que proponen el PP de Ayuso y el de Moreno no son tan distintos en lo formal como parecidos en la propuesta política, y ambos consiguen concitar mayorías desde las distintas sensibilidades que confluyen en eso que se puede denominar derecha en singular.

Una nueva oportunidad

6 de julio de 2025. Alberto Núñez Feijóo fue reelegido presidente del Partido Popular tres años después de sustituir a Casado. El discurso de clausura que pronunció en aquel congreso recuerda mucho a aquel en el que Fraga designó a Aznar, pues ese día el nuevo líder del PP hizo dos afirmaciones muy relevantes para las derechas españolas.

La primera es que, en caso de ser elegido presidente del Gobierno, no se cerraría a firmar pactos con Vox. La segunda es que su única opción es gobernar en solitario y que, si Vox no le daba los votos, se repetirían las elecciones. Es un escenario inédito desde que las derechas españolas implosionaron a partir de 2004 como consecuencia de una realidad política marcada por el concepto amigo/enemigo de la política que impuso José Luis Rodríguez Zapatero y que Pedro Sánchez llevó a la excelencia, pero que contó con un aliado impagable para las izquierdas: la derecha sobreexcitada, que tanto recuerda al búnker, y que demasiadas veces antepone la emoción a la razón y cae en ese pospopulismo iliberal que crece y crece en las democracias occidentales.

En ese punto están las derechas españolas en 2025, cuando están a punto de cumplirse cincuenta años de la muerte de Francisco Franco y del comienzo del proceso de Transición a la democracia. El 16 de noviembre de 1976, las derechas españolas se miraron al espejo, era la hora de la consulta, una consulta que trascendía a las derechas. Se trató de un momento histórico sobre qué quería ser España. El debate en 2025 no consiste en determinar si hay que ir más a la derecha o más hacia el centro: es sobre más democracia liberal o menos democracia liberal. En cómo devolver la España desgastada de Pedro Sánchez a la senda de la institucionalidad sin complejos y sin apropiarse de nada y sin renunciar a nada. Esa es la pregunta que deben hacerse tanto el votante de derechas como los líderes de las derechas. Tan importante es no tener complejos como no ser ni parecer intolerante ni insensible. ¿Es compatible que un partido que se reivindica católico desprecie al papa Francisco porque lo considera un populista de izquierdas? ¿Es compatible que un partido que reivindica la doctrina social de la Iglesia hable con sorna de «paguitas» cuando se refiere a las subvenciones públicas que reciben los que menos ingresos tienen? ¿No será más razonable hablar de embridar el gasto público y defender, por ejemplo, que las subvenciones sean para quienes las necesitan y no para los que no quieren trabajar? ¿Por qué tanto empeño en esa derecha por ser antipática y elitista? ¿De dónde viene ese odio que al fin y a la postre repercute positivamente en una izquierda victimizada? A estas alturas de la historia de España, y de nuestra democracia, es obvio que hay muchas formas de ser de derechas, como hay muchas formas de ser español. Pero, si las derechas quieren gobernar, deben abandonar esas posiciones intolerantes y viscerales, sobre todo cuando alcanzan cotas iliberales. Tienen que abandonar esa derecha búnker, lo cual no quiere decir que deban asumir sus complejos tradicionales. La mirada alta.

Con la perspectiva que da medio siglo de historia, es obvio que desde las derechas, las distintas derechas, se puede defender una España diversa, integradora, próspera y social sin caer en el revisionismo histórico, sin entregar el poder a las minorías, y sin crear un Estado mastodóntico, sino fino a la par que fuerte, que sea capaz de poner el foco sobre lo que realmente diferencia a la derecha de la izquierda: el individuo sobre el colectivo. Y todo en una España unida y diversa para el siglo XXI.

5

La brújula perdida en tiempos de déspotas

por Beatriz Becerra

El siglo XXI avanza a velocidad de vértigo, con un ritmo acelerado y transformaciones políticas inesperadas. Entre las más notables se encuentra el progresivo extravío de la derecha tradicional: ese espacio político que durante décadas ofreció estabilidad, gestión eficaz y una defensa prudente del orden constitucional y liberal. Las crisis encadenadas han desdibujado los marcos tradicionales y desafían el pensamiento político heredado.

Mientras el orden liberal se ve zarandeado por guerras de agresión, crisis económicas y escaladas tecnológicas, la derecha democrática parece haber extraviado su rumbo, la brújula que durante décadas le permitió combinar libertad y estabilidad. Ahora, en un escenario dominado por la indignación acrítica y el algoritmo emocional, la derecha que conocíamos ha perdido el hilo conductor que articulaba su discurso.

En España, en Europa y en amplias regiones del mundo occidental, la derecha ha ido perdiendo el norte. No solo ha cedido terreno frente a populismos rampantes y extremismos ruidosos, sino que ha renunciado, casi sin resistencia, al papel que en otros tiempos ejercía con naturalidad: ser una referencia desde una perspectiva ética, pero también estratégica y programática.

Hoy es más fácil encontrar discursos airados que propuestas, más gestos que planes. Este capítulo examina las razones de ese extravío o desorientación, así como las posibles causas específicas por las que la derecha tradicional en España —el conservadurismo moderado representado por el Partido Popular— ha sido víctima de sus propias limitaciones.

La pérdida de rumbo no es solo una cuestión táctica o de liderazgo, sino una manifestación más profunda de una crisis ideológica y moral que le impide articular una respuesta clara en tiempos de desafíos existenciales. Su desafío actual es escapar del rincón de la irrelevancia sin abrazar el griterío del autoritarismo *light*.

Por eso, este capítulo defiende la renovación de una derecha moderna, de corte liberal y aspiración progresista que no reniega de sus raíces, pero que se adapta a los retos del siglo XXI. A diferencia de la derecha tradicional —anclada en jerarquías, clichés y miedos culturales obsoletos— y de la derecha populista —que explota el resentimiento y los estereotipos sin proyecto de país—, mi propuesta para esa versión moderna y progresista es que apueste por un quinteto irrenunciable: la libertad como autonomía y responsabilidad individual, el Estado de derecho como garante de la convivencia y la igualdad, el mercado regulado como motor de prosperidad, la sociedad civil activa como contrapeso al poder y el patriotismo cívico como impulsor del progreso común, no como fragmentador identitario.

Esta humilde reflexión con voluntad propositiva pretende plantear, asimismo, las condiciones para una reconstrucción que devuelva a la derecha democrática su razón de ser como pilar del equilibrio liberal. Tiene que ver con la ideología y la doctrina, pero, sobre todo, con la ética y la estrategia. Porque una derecha útil, reformista y conectada con las nuevas generaciones no puede limitarse a reaccionar frente a la izquierda. Si aspira a ser una opción de mayoría, debe ofrecer una visión propia. Coherente, moderna y valiente. El tiempo de los populismos pasará, como pasaron antes otras modas políticas. Pero si la derecha tradicional quiere estar a la altura del siglo XXI, debe dejar de esconderse, recuperar su voz y actuar con convicción.

A mi modo de ver, tiene que recuperar y reivindicar las esencias de la derecha social, la que construyó sobre los cimientos del cristianismo la bóveda de la igualdad y la justicia social. En España, eso implica rearmarse —moral, cultural e intelectualmente— para volver a marcar el rumbo. Escribir con hechos y palabras su propia *Rerum novarum*. Porque, sin una derecha moderna, liberal y democrática, la democracia también pierde el equilibrio que la sostiene.

De la inestabilidad global al populismo reactivo

A lo largo de las últimas décadas, el panorama político global ha experimentado transformaciones significativas, especialmente en lo que respecta a las corrientes de derecha. La estabilidad que caracterizaba a muchas democracias occidentales ha sido sacudida por una sucesión de crisis —económicas, sociales y culturales— que han dejado a la derecha tradicional en una posición de desorientación y han abierto la puerta al surgimiento de movimientos populistas.

La erosión de las certezas neoliberales

La Gran Recesión de 2008 no solo colapsó economías: marcó un punto de inflexión y dinamitó certezas. El contrato implícito entre clases medias y élites políticas se resquebrajó cuando los Estados rescataron bancos y recortaron servicios. En ese vacío emocional irrumpió el populismo con promesas simples para tiempos complejos.

Las políticas neoliberales, que habían dominado el discurso económico desde los años ochenta, comenzaron a ser cuestionadas. La promesa de que los mercados libres y la globalización traerían prosperidad para todos se desvaneció ante el aumento de la desigualdad y la precariedad laboral. Las clases medias, que habían sido el pilar del consenso neoliberal, se sintieron traicionadas al ver cómo sus expectativas de progreso se desmoronaban.

En este contexto, la derecha tradicional, que había abrazado el neoliberalismo como su principal bandera, se encontró sin respuestas convincentes. Su insistencia en políticas de austeridad y en la defensa de un sistema que parecía beneficiar solo a una élite económica la alejó de amplios sectores de la población. La pérdida de legitimidad fue evidente, y muchos votantes comenzaron a buscar alternativas que ofrecieran soluciones más inmediatas y tangibles a sus problemas.

El auge del populismo de derecha: Europa y la tentación iliberal

El vacío dejado por la derecha tradicional fue rápidamente ocupado por movimientos populistas de derecha. Estos grupos supieron capitalizar el descontento social presentándose como defensores del «pueblo» frente a las élites corruptas y desconectadas. Utilizando un discurso nacionalista y antiinmigrante, prometieron restaurar un orden perdido y proteger los valores tradicionales.

El Brexit, impulsado por un referéndum diseñado para reforzar el control conservador, se convirtió en el acto fundacional de la nueva y airada derecha. Ese mismo año, Donald Trump llegaba a la Casa Blanca con una coalición inédita de trabajadores desencantados, religiosos conservadores y enemigos de las élites urbanas. El estadounidense consolidó en 2016 un nuevo tipo de liderazgo populista, desconfiado de las instituciones, antiglobalista, escéptico del multilateralismo y centrado en explotar las emociones identitarias.

Ganar con enfado ya no era tabú; era estrategia.

Líderes como Marine Le Pen en Francia, Viktor Orbán en Hungría, Jarosław Kaczyński en Polonia o Giorgia Meloni en Italia personificaron esta nueva ola en Europa. Su estilo combativo, su desprecio por las normas establecidas y su habilidad para conectar emocionalmente con los votantes les otorgaron un éxito electoral considerable.

Estos movimientos no solo cuestionaron las políticas económicas dominantes, sino que desafiaron también los principios fundamentales de la democracia liberal: la independencia judicial, la libertad de prensa, la cooperación, los derechos de las minorías…, e impulsaron proyectos de hechuras nacionalistas que, bajo etiqueta conservadora, erosionan fundamentos liberales. El iliberalismo dejó de ser un accidente y se convirtió en oferta estructurada.

La derecha tradicional en crisis

Ante el avance del populismo, la derecha más tradicional se vio dividida. Algunos sectores intentaron adaptarse adoptando parte del discurso populista para no perder relevancia. Otros se mantuvieron fieles a sus principios liberales, pero sin lograr reconectar con el electorado. Esta fragmentación debilitó aún más su posición y ello permitió que los populistas consolidaran su influencia.

Además, esa derecha de siempre enfrentó dificultades para articular una narrativa coherente que respondiera a las nuevas preocupaciones de la ciudadanía. Temas como la identidad cultural, la igualdad, la inmigración, la seguridad o la soberanía nacional, que habían sido relegados en favor de la economía, adquirieron una importancia central. La incapacidad para abordar estas cuestiones desde una perspectiva centrada y moderna dejó el campo libre para que los populistas impusieran su visión excluyente y autoritaria.

El papel de las redes sociales y la polarización: la política del algoritmo

La revolución digital también desempeñó un papel crucial en este proceso. Las redes sociales se convirtieron en plataformas ideales para la difusión de mensajes populistas, que apelan a las emociones y simplifican la complejidad de los problemas. Su lógica algorítmica favorece la polarización al crear burbujas informativas que refuerzan las creencias preexistentes y dificultan el diálogo racional.

Los populistas supieron utilizar estas herramientas para movilizar a sus bases, deslegitimar a sus adversarios y socavar la confianza en las instituciones. La derecha tradicional, en cambio, se mostró más lenta y torpe en su adaptación al nuevo entorno mediático y terminó perdiendo capacidad de influencia y conexión con los ciudadanos.

Las redes sociales transformaron en negocio ese movimiento populista de rechazo: las emociones intensas —indignación, miedo, desprecio— capturan más atención que el debate racional. El populismo digital no necesita mayoría: le basta con polarizar para paralizar.

La necesidad de una renovación liberal

Frente a este panorama, se hace evidente la necesidad de una renovación profunda del conservadurismo moderado, de la derecha que conocíamos. Es imperativo recuperar los principios fundamentales de la democracia liberal y adaptarlos a las realidades del siglo XXI. Esto implica reconocer las fallas del modelo neoliberal, abordar las preocupaciones legítimas de la ciudadanía y ofrecer soluciones que combinen libertad con justicia social.

Una derecha renovada debe ser capaz de articular un proyecto inclusivo, que defienda la economía de mercado, pero también garantice la cohesión social. Debe promover una identidad nacional abierta y plural, que reconozca la diversidad como una riqueza y no como una amenaza. Y debe comprometerse con la defensa de las instituciones democráticas, resistiendo las tentaciones autoritarias y populistas.

El populismo de derechas no es simplemente una versión enfadada de la derecha de corte liberal: es, en muchos aspectos, su antítesis. El auge de uno y la desorientación de la otra son fenómenos interrelacionados que reflejan una crisis más profunda de representación y legitimidad en las democracias occidentales. Donde la derecha democrática apuesta por el equilibrio y promueve la institucionalidad, el populismo abraza la confrontación y alienta la insubordinación emocional. En este escenario, la derecha moderada ha perdido capacidad de incidir, atrapada entre la irrelevancia y la tentación de mimetizarse con los extremos.

Para superar esta situación, es necesario un esfuerzo deliberado, decidido, consciente, por parte de los actores políticos y sociales comprometidos con los valores liberales. Solo mediante una renovación sincera y valiente será posible ofrecer una alternativa convincente al populismo y restaurar la confianza de los ciudadanos en la ventaja de la democracia como marco político de convivencia.

España: una derecha a la defensiva desde 2018

La moción de censura que desalojó a Mariano Rajoy del poder en 2018 supuso algo más que un relevo en la Moncloa: aquel fue el primer síntoma de que el Partido Popular había perdido la autoestima programática y, con ella, la fortaleza del proyecto liberal conservador que durante décadas había vertebrado la derecha española. Desde entonces, la derecha ha oscilado entre la tentación de imitar las fórmulas populistas emergentes y la dificultad de construir un relato propio que combine ambición reformista y estabilidad institucional.

Vox y la tentación nacionalpopulista

Fundado en 2013, lo que comenzó como protesta o exilio cultural en los márgenes de la derecha, con su fallida concurrencia a las elecciones europeas de 2014 bajo el liderazgo de Alejo Vidal-Quadras, se fue convirtiendo en pocos años en una fuerza electoral significativa.

La reaparición de Vox en 2019 alteró el tablero de forma abrupta. El partido de Santiago Abascal irrumpió en el panorama político español como un terremoto que sacudió los cimientos del sistema bipartidista. Capitalizó el descontento de una parte del electorado con las políticas tradicionales, especialmente en temas como la unidad de España, la inmigración y la identidad nacional, y su ascenso fue meteórico: en las elecciones generales de noviembre de 2019, Vox se convirtió en la tercera fuerza política del país, tras obtener más del 15 por ciento de los votos y 52 escaños en el Congreso.

Vox canalizaba así el malestar de sectores afectados por la crisis territorial en Cataluña, la globalización percibida como amenaza y una sensación de abandono institucional. Aunque el partido se alineó fuertemente con sus referentes europeos —como Orbán, Le Pen o Matteo Salvini y luego Meloni—, compartiendo una retórica nacionalista, euroescéptica y contraria a la globalización y la inmigración, Vox no ha logrado disputar verdaderamente la hegemonía del PP. El votante español sigue mostrando desconfianza hacia el nacionalpopulismo abierto.

No obstante, lo que sí ha sabido hacer Vox es capitalizar frustraciones identitarias. Su mera existencia ha obligado al partido hegemónico de la derecha tradicional a una permanente redefinición —o indefinición— y, en muchos momentos, a tensar su discurso hasta el borde del iliberalismo. El auge de Vox también planteó desafíos significativos para la democracia liberal española. Su actitud de confrontación, su rechazo a las autonomías y su oposición a las leyes de igualdad de género generaron tensiones en el panorama político. Además, su presencia obligó al Partido Popular a redefinir su posición al enfrentarlo a la disyuntiva de competir por el mismo electorado o mantener una postura más moderada.

A medida que Vox consolidaba su base, también recibía críticas por su falta de propuestas concretas en áreas clave como la economía, la educación y la sanidad. Su táctica centrada en la identidad y la cultura, aunque movilizadora, resultaba insuficiente para abordar los complejos desafíos estructurales del país. Además, su retórica polarizadora y su rechazo a los consensos democráticos tradicionales generaban preocupación entre analistas y ciudadanos.

En las elecciones generales de 2023, Vox experimentó un retroceso, tras perder 19 escaños y quedarse con 33 diputados en el Congreso. Este resultado reflejaba una cierta fatiga del electorado con su discurso de confrontación y una preferencia por opciones más moderadas. Sin embargo, su influencia en la política española seguía siendo significativa, especialmente en regiones donde el PP necesitaba su apoyo para formar gobiernos autonómicos.

La presencia de Vox en el escenario político español plantea una pregunta fundamental: ¿cómo puede la derecha liberal competir con una fuerza política radicalmente populista, que apela a las emociones, la identidad y el descontento, y que ya ha demostrado su vocación antisistema y no de gobierno?

Parece que la respuesta no reside en imitar su retórica, sino en ofrecer una alternativa basada en principios democráticos, propuestas concretas y un liderazgo que inspire confianza. La tentación iliberal puede ser fuerte, pero el camino hacia una democracia sólida y resiliente requiere resistirse a ella y reafirmar los valores fundamentales que han sustentado el progreso de España en las últimas décadas.

Ciudadanos: auge y caída de un centro fragmentador y sin anclaje

En paralelo, el llamado centro liberal representado por Ciudadanos vivió un auge meteórico, seguido de una caída igual de pronunciada. Su promesa de regeneración institucional, modernización económica y superación del eje izquierda-derecha se disolvió entre errores estratégicos, giros discursivos y una desconexión progresiva con la realidad del votante medio. El hundimiento de Ciudadanos no solo dinamitó la posibilidad de un equilibrio político para impulsar el progreso del país, sino que dejó un cráter simbólico de orfandad para el votante reformista, joven, europeísta y con ambición de país que nadie ha logrado llenar hasta hoy.

La historia de Ciudadanos encierra una de las trayectorias más fulgurantes —y más instructivas— de la política española reciente. Fundado en 2006 como un pequeño partido de intelectuales constitucionalistas en Cataluña, nació con una vocación regional claramente reactiva: frenar el avance del nacionalismo catalán desde una óptica laica, moderna y liberal. En sus primeros años, Ciudadanos fue poco más que una anomalía en el Parlamento catalán, un espacio testimonial liderado por figuras como Albert Rivera y Arcadi Espada, que trataban de ofrecer una respuesta progresista pero firme frente a la deriva soberanista.

La gran oportunidad llegó con la crisis del sistema de partidos tras el estallido de la burbuja financiera y los escándalos de corrupción que afectaron tanto al PP como al PSOE. El 15M, la desafección generalizada hacia la clase política y el nacimiento de nuevas fuerzas como Podemos abrieron una ventana de oportunidad para Ciudadanos, que supo reconfigurarse como una alternativa nacional. Logró capitalizar la agenda institucional y política de UPyD, hizo imposible la integración con el pujante partido de Rosa Díez por un choque frontal de liderazgos, absorbió a muchos de sus mejores talentos y fortaleció su discurso con los temas que se habían convertido en sus ejes principales: regeneración democrática, reformas liberales, defensa de la unidad de España y compromiso con el europeísmo. Entre 2014 y 2019, UPyD se consumió hasta extinguirse, y Ciudadanos vivió una auténtica eclosión. Su salto a la política nacional fue rápido y exitoso, especialmente tras su papel en la investidura fallida de Pedro Sánchez en 2016, donde exhibieron una imagen de moderación y sentido de Estado que atrajo a votantes descontentos del centro-izquierda y del centro-derecha.

Pero ese momento de gloria contenía, en germen, los errores que terminarían por condenar al partido. Su crecimiento fue más táctico que ideológico; más basado en una intuición de oportunidad que en una estructura sólida. El liderazgo hipermediático de Albert Rivera convirtió Ciudadanos en un partido presidencialista y volátil. El carisma del líder, su perfil joven, atractivo y combativo, funcionó bien para captar la atención, pero impidió que el partido desarrollara una identidad programática estable. Aunque transitó hacia la renovada etiqueta liberal deslumbrado por el fulgor de un Emmanuel Macron convertido en la nueva promesa para Europa, Albert Rivera y, por ende, Ciudadanos no supieron nunca si querían ser una versión moderna del PP, una izquierda no populista, un partido bisagra o un actor central con vocación de gobierno. Esa ambigüedad, útil a corto plazo, resultó letal en el medio.

El error estratégico más grave fue el giro a la derecha tras las elecciones de abril de 2019. Rivera se negó a facilitar la investidura de Sánchez, rompiendo así con la imagen de partido útil y dialogante. Su acercamiento a Vox —hacia el que había prometido «cordones sanitarios»— sorprendió a muchos votantes de centro que valoraban su perfil liberal y europeísta. En la repetición electoral de noviembre de 2019, Ciudadanos perdió más del 85 por ciento de sus escaños. El batacazo no fue solo electoral, sino psicológico: se desvanecía la posibilidad de un partido bisagra que pudiera renovar el sistema desde dentro sin depender ni de populismos ni de nacionalismos.

A partir de ahí, el partido entró en un lento pero constante proceso de disolución. Inés Arrimadas heredó una estructura debilitada y sin rumbo. Pese a algunos intentos de recuperación —como el apoyo puntual al Gobierno durante la pandemia—, el electorado ya no encontraba motivos para confiar en una formación que no solo parecía haber perdido su alma, sino también, y sobre todo, su utilidad. Ciudadanos prometió regeneración y acabó diluyéndose por incoherencia estratégica. Pactó con unos y con otros, sin construir un proyecto propio ni enmarcar un ideario reconocible. Su naufragio —simbólicamente acelerado tras la moción de censura fallida en Murcia (2021)— reforzó la percepción de que ningún proyecto a la derecha del PSOE podía sobrevivir sin raíces territoriales sólidas. La debacle en las elecciones autonómicas de Madrid en 2021, la desaparición en Castilla y León y el fracaso en las municipales y generales de 2023 sellaron el final del proyecto.

Ciudadanos dejó de ser una opción competitiva a nivel nacional.

Este partido encarnó durante unos años el anhelo de muchos votantes por una política distinta: racional, cívica, moderna y no sectaria. Su desaparición trajo consigo la recuperación de una pregunta de fondo que se plantea periódicamente en España: ¿es viable en nuestro país una fuerza política que ocupe de forma genuina el centro político con una oferta liberal, reformista y no populista?

La experiencia de Ciudadanos sugiere que sí existe un amplio apoyo para esa propuesta, pero su supervivencia requiere algo más que habilidad electoral. Necesita anclaje ideológico, coherencia estratégica, estructuras territoriales sólidas y una cultura organizativa que no dependa solo del líder. Su fracaso no solo no invalida esa demanda, sino que, ante la progresiva desorientación del resto de los actores del espacio liberal democrático —la izquierda socialdemócrata y el conservadurismo moderado—, adquiere rasgos de lección aprendida e impulso renovado para una nueva alternativa.

Sin dármelas de profeta, no puedo dejar de señalar que, precisamente en ese 2018 donde todo empezó a deformarse en el tablero español, yo ya insistía con vehemencia en mi ensayo *Eres liberal y no lo sabes* en la urgente necesidad de recuperar y compartir ese territorio democrático que posibilita consensos y permite avanzar.

Desde entonces, nuestro país ha caminado hasta el mismo borde del colapso político porque las fuerzas centrífugas de los extremos han estirado hasta la deformación a los dos grandes partidos, dejando un único camino evidente que solo los protagonistas parecen no entender: que la única vía para que tanto PSOE como PP tengan con quién pactar desde la dignidad de sus principios y su historia es la reconstrucción del centro liberal.

Para que la derecha española se libere del lastre reaccionario y la izquierda socialdemócrata se libere del neocomunismo de salón. Y para que ambos se desliguen de nacionalistas y populistas. Para asegurar mayorías constitucionales estables. Para avanzar en un progreso compartido.

El cráter dejado por Ciudadanos, sobre el agujero previo dejado por UPyD, no puede seguir siendo tierra de nadie ni coto de caza. El centro liberal, pragmático y cívico, posibilista y desacomplejado, ha de ser el cruce inseparable de libertad e igualdad. El fiel que le falta a una balanza desmoronada. Quizás el único pegamento posible para que esas opciones democráticas recuperen su forma, porque, en lugar de ir hacia delante, no han dejado de extraviarse hacia los lados.

Desde luego, la derecha española debe aprender, y mucho, de esta historia, porque si ese espacio compartido desaparece, lo ocuparán la resignación tecnocrática o el populismo agresivo. Y ninguna de esas opciones es compatible con una democracia avanzada.

¿La derecha que no sabe ganar? Las excepciones autonómicas

Con todos los vientos a favor y después de una clamorosa victoria en las elecciones autonómicas y municipales de mayo de 2023, la impotencia del Partido Popular para capitalizar el desgaste del Gobierno socialista se hizo evidente en las elecciones generales adelantadas por Pedro Sánchez a julio de ese año. Con un clima económico adverso, escándalos institucionales en la izquierda y una ola conservadora en Europa, el PP logró ser el partido más votado, pero fue incapaz de gobernar articulando una mayoría. La derrota no fue aritmética, sino narrativa. Faltó proyecto, faltó épica y, sobre todo, faltó una idea de país reconocible más allá del rechazo a Sánchez. La sociedad española no encontró en el proyecto de la derecha una alternativa ilusionante, sino un conjunto de mensajes reactivos, inconsistentes y a menudo dependientes de la agenda de Vox. Faltó una propuesta creíble e inspiradora.

Sin embargo, en el ámbito autonómico se han desarrollado contraejemplos reveladores. Madrid y Andalucía han demostrado que una derecha con identidad clara, principios estables y ambición reformista puede conectar con mayorías amplias y sostenidas. Isabel Díaz Ayuso en la Comunidad de Madrid ha practicado un estilo confrontacional y polarizador, mientras que Juanma Moreno Bonilla en Andalucía ha optado por un tono conciliador y pragmático. Lo que comparten ambos es una intuición certera: la política no se gana solo con estructuras partidistas, sino con un relato vital que hable de futuro, prosperidad y seguridad. Sus éxitos no son meras anomalías, sino pistas sobre una derecha posible: capaz de gobernar sin complejos y de ofrecer estabilidad sin resignación.

El congreso de julio de 2025: ¿una nueva etapa o volvemos a la mera alternancia?

El Congreso Nacional del Partido Popular de julio de 2025 se presentó como una encrucijada. No se trataba de una cita ordinaria de renovación orgánica, sino de un momento decisivo para ordenar el alma del partido, en una circunstancia general de país marcada por tambores de hundimiento para el Gobierno socialista de Pedro Sánchez, cercado por los casos de corrupción, el descrédito y la incompetencia.

Sin embargo, la cita se convirtió en un paseo autocomplaciente al que el líder popular llegó reivindicando la centralidad y salió prometiendo atajar la inmigración. Desde entonces, el PP vive instalado en urgir un adelanto electoral que, a pesar de las extraordinarias circunstancias (ausencia de presupuestos generales, abandono definitivo de Junts, investigación judicial agravada de los casos que cercan a la familia del presidente Sánchez y al PSOE...) sigue sin producirse.

Entretanto, los sondeos no han dejado de acrecentar el peso electoral de Vox, y el PP está anunciando posibles adelantos electorales autonómicos como una forma de frenarlo y acorralar a Sánchez a través de los muy menoscabados candidatos socialistas regionales. Cuando este libro vea la luz, es muy probable que el escenario se haya tornado aún más exigente si cabe para la derecha española.

Lo cierto es que en el seno del Partido Popular han venido coexistiendo al menos dos tradiciones o tendencias: el llamado «Partido Nacionalista de Madrid», centrado en las élites urbanas, los sectores económicos y el discurso meritocrático, y el poliédrico «Partido de las Clases Medias de Provincias», más atento a las demandas del funcionariado, el mundo rural y la estabilidad asistencial. La integración de estas sensibilidades requiere algo más que equilibrios de cargos: necesita una visión compartida que trascienda la lógica de la supervivencia y articule un proyecto de país. Necesita integrar nuevos liderazgos sin fracturar identidades regionales, redefinir su espacio frente a un liberalismo social huérfano y decidir si quiere ser alternativa de gobierno o mera oposición.

Y necesita, por encima de todo, reconocer y superar su larga trayectoria de connivencia bipartidista en la opacidad y el clientelismo, en los conflictos de intereses y la corrupción, en el nepotismo y los abusos. Necesita asumir una autorregulación ética formal básica, como la que exigen organizaciones de la sociedad civil como España Mejor, Hay Derecho o Civio. Y dar ejemplo practicando la decencia que reivindica.

Además, el Partido Popular enfrenta un reto generacional ineludible. Las nuevas generaciones no se movilizan por lealtades históricas ni por siglas, sino por causas. Quieren libertad, pero también justicia; tienen ambición individual, pero además demandan protección colectiva. Hablan el lenguaje de la sostenibilidad, la movilidad internacional, la economía digital y los derechos civiles. Si la derecha quiere ser relevante para ellos, debe dejar de hablarles desde la nostalgia y comenzar a construir un relato de futuro que tenga sentido en sus vidas cotidianas.

Una derecha del siglo XXI no puede limitarse a gestionar bien. Necesita imaginar. Necesita inspirar. Y, sobre todo, necesita reconciliarse con el hecho de que el progreso no es un concepto propiedad de la izquierda. El progreso también es y puede ser certeza, orden, responsabilidad, comunidad y libertad. Si no recupera esa narrativa, la derecha española corre el riesgo de seguir viviendo a la defensiva: resistiendo los embates, pero sin marcar el rumbo.

España se encuentra en un momento en que las demandas estructurales requieren de un pensamiento político ambicioso, no de una mera alternancia. Para abordar con solvencia los retos urgentes, la derecha debe volver a ser motor de cambio, no un simple dique de contención. Necesita redescubrir su vocación transformadora. El país no espera soluciones milagrosas para afrontar la emergencia social que es el déficit de vivienda, la reforma del mercado laboral, o la modernización de un sistema educativo incapaz de competir en un mundo globalizado. Los ciudadanos españoles no esperan varitas mágicas para impulsar la transición energética, garantizar la sostenibilidad de las pensiones, o posibilitar la competitividad fiscal. Pero lo que sí esperan son convicciones claras. Coherencia moral. Y una propuesta que no tema al futuro. Ese es el desafío y, también, la oportunidad.

Cuatro posibles razones de la desorientación de la derecha española

El declive de la derecha tradicional en España y en otros países europeos no es fruto del azar ni solo de la coyuntura. Responde a un proceso de desgaste ideológico y desorientación estratégica que ha dejado el espacio conservador huérfano de propósito. Para comprender ese proceso, merece la pena analizar cuatro factores clave que, a mi juicio, han debilitado sus fundamentos y abierto la puerta a una deriva populista que, lejos de ser solución, amenaza con erosionar aún más el legado liberal-democrático.

Los complejos frente a la superioridad moral de la izquierda

Durante años, la izquierda ha sabido articular en España un relato emocional, moral y cultural que le otorga ventaja en el espacio simbólico. La derecha, sin embargo, parece haber renunciado no solo al relato cultural e histórico, sino también al que tiene que ver con la estatura moral. Al rehuir estos debates esenciales sobre memoria, educación, igualdad, transparencia, emigración, cultura o diversidad, la derecha cede en lo simbólico y deja el campo libre al adversario. Y, cuando lo intenta recuperar, lo hace en clave reactiva y defensiva, por lo que refuerza los marcos que pretende disputar o impugnar.

El Partido Popular, lejos de confrontar con un discurso personalizado, ha asumido muchos de esos marcos como propios, temeroso de ser etiquetado de «facha», «reaccionario» o «franquista». En un país como el nuestro, la etiqueta «de izquierdas» es motivo de inexplicable orgullo y superioridad moral, lo que va de la mano de un rechazo primario a ser identificado como «de derechas». La propia derecha española nunca ha querido autodenominarse así, desacomplejadamente y sin adjetivos moduladores. Esta autocensura permanente no solo ha constreñido su ámbito de representación real, sino que le ha impedido disputar el espacio cultural y mediático, dejando a la derecha como mero gestor técnico sin relato moral. El caso del feminismo es paradigmático: mientras la izquierda articula, aunque sea artificialmente, un discurso transformador, la derecha solo acierta a cuestionar sus excesos, sin ofrecer un modelo alternativo de igualdad y libertad.

La incapacidad para defender una visión moderna de la igualdad y la no discriminación

El feminismo, la diversidad, el antirracismo, la movilidad social, la justicia intergeneracional o la inclusión han sido absorbidos por la izquierda —y, más recientemente, por la izquierda populista— como causas exclusivas. La derecha no ha sabido elaborar una propuesta propia ni un discurso alternativo, liberal y moderno, sobre la igualdad y la no discriminación, que son la columna vertebral en la que se enraízan todas ellas.

Ha caído a menudo en la negación o la trivialización. Y esa ausencia de discurso honesto, argumentado y creíble ha permitido que la izquierda monopolice incluso el sentido de justicia social, propio, en origen, de la derecha.

Al renunciar a estos debates, la derecha democrática aparece como fuerza de conservación —o incluso involución—, no de progreso. Y pierde no solo a las nuevas generaciones, sino también a las que han peleado por alcanzar los actuales estándares que han hecho de España un país envidiado en todo el mundo.

El fracaso en ejercer liderazgo europeo cuando el viento sopla a favor

El Partido Popular Europeo domina las instituciones claves de la Unión Europea. Conservadores moderados lideran Europa desde la Comisión, el Consejo y el Parlamento europeos, pero los conservadores moderados españoles no han sido capaces de capitalizar esa circunstancia para reforzar su peso y su liderazgo. Precisamente en un momento de auténtico reto existencial y de necesidad de tomar decisiones de envergadura nunca vista para la UE, el Partido Popular español debería estar en el núcleo duro, no en su periferia.

El PP ha sido inoperante a la hora de construir una agenda creíble, europea y propositiva. No marca agenda ni en seguridad y defensa, ni en energía, ni en inmigración, ni en inteligencia artificial, que es la verdadera piedra de Rosetta para descifrar el mundo complejo en el que nos encontramos. Mientras Alemania y los Países Bajos impulsan reformas verdes y fiscales, y Francia lidera el debate sobre autonomía estratégica, España actúa como país observador. La insignificancia internacional erosiona la autoestima doméstica. Y la excusa de no estar en el Gobierno sino en la oposición no sirve.

La ausencia de una estrategia potente y honesta hacia América Latina

La relación con América Latina debería ser un eje geoestratégico natural de la política exterior española, basada en el nexo incomparable que implica una historia, una lengua, una cultura y unos intereses compartidos.

El PP podría liderar un proyecto único de cooperación entre Europa y Latinoamérica, en un momento en que China y Rusia amplían su influencia. Sin embargo, no hay propuesta estructurada, ni un discurso coherente. Además de la denuncia permanente de los excesos criminales del chavismo, más allá de movimientos reactivos de distinto signo sobre Nayib Bukele, Javier Milei, Gustavo Petro o Raúl Castro, por encima de las misiones electorales más personalistas que efectivas, la derecha española requiere de idea motriz, de un plan que movilice lengua, capital humano y plataformas digitales compartidos. En caso contrario, la ocasión perdida es doble: geopolítica y emocional.

Una derecha española moderna debería ver la región no con nostalgia, sino como oportunidad global y estratégica. Iniciativas como la Alianza del Pacífico, los programas de doble titulación o los *hubs* tecnológicos podrían ser campos de acción natural para una diplomacia liberal activa.

Europa mira a España como puente de Latinoamérica con nuestro continente, porque tiene la capacidad, la posibilidad y yo diría que hasta la responsabilidad de hacerlo. Y la derecha democrática española podría apoyarlo sólidamente sobre, al menos, tres pilares de extraordinario valor estratégico y geopolítico: educación y talento (con becas y cooperación universitaria con enfoque digital), tecnología y democracia (redes de ciberseguridad, IA ética y prensa libre) y, por supuesto, cultura e identidad compartidas (el español como lengua de futuro, no de pasado).

Hacia una reconstrucción del espacio conservador moderno: del resentimiento al reformismo

Para que la derecha tradicional recupere su papel relevante y constructivo en las democracias española y europea, necesita realizar una reconstrucción ideológica y estratégica profunda. Esto implica mucho más que cambiar liderazgos. Requiere redibujar el proyecto político desde una identidad firme y moderna, por supuesto, pero no solo eso. Los factores de desorientación de la derecha de los que acabamos de hablar podrían ser, al mismo tiempo, las palancas para el impulso de un proceso de renovación de su espacio.

Porque los complejos —y, en buena medida, la endogamia— lastran a la derecha española a la hora de abordar los tres pilares que serían su salvación y su nueva razón de ser: prosperidad (a través de la igualdad y no de la discriminación), potencia de país (desde el liderazgo europeo estratégico) y profundidad y alcance como referente global (Latinoamérica).

Necesita, además, plantear con valentía la identificación y la exposición de los principios innegociables desde los que pedir la confianza de los ciudadanos. Y renovar su estilo y sus actitudes, en especial las que conciernen a la escucha activa de la sociedad civil, con más humildad y mucha más calle.

Debe empezar por reconciliarse con los valores fundacionales del liberalismo clásico: la libertad individual, la responsabilidad personal, la igualdad ante la ley y el respeto institucional. La meritocracia y el pluralismo. Pero también la justicia social, el Estado de derecho, el orden democrático, la seguridad, la confianza, la convivencia, la prosperidad. La cooperación y el esfuerzo común. Y, sobre todo, la ética, la virtud pública y la limpieza como criterio inexcusable.

Debe integrarse en los debates contemporáneos con propuestas nuevas, sin hipotecas sobre conflictos culturales artificiales ni miedo al desgaste político. Debe liderar con el ejemplo y huir de los clichés. Debe disputar el marco, no seguirlo.

Existen experiencias en Europa que pueden inspirar este proceso. La Unión Demócrata Cristiana (CDU) alemana ha sabido mantenerse como eje del sistema político incluso en la oposición. En los países nórdicos, los partidos conservadores han incorporado de forma convincente causas como el ecologismo o la inclusión social sin perder su identidad. El PP podría mirar hacia esos referentes para redefinir su perfil, escapando del cortoplacismo electoralista.

La reconstrucción también implica formar y atraer a nuevas generaciones de cuadros y votantes. La derecha no debe resignarse a ser un movimiento envejecido, sino ofrecer a los jóvenes una narrativa de futuro basada en la libertad, la seguridad, la digitalización, el emprendimiento y el sentido de comunidad. Y salirse de los clichés caricaturescos (autopotenciados) de cayetanos, chalecos y poses. Asumir y mostrar la diversidad de la sociedad española con naturalidad y sin imposturas.

A nivel programático, la derecha española necesita propuestas ambiciosas en educación, vivienda, justicia, energía, tecnología, inmigración, seguridad y política exterior. Pero también un relato ilusionante: una visión de España integradora, moderna, libre y solidaria, alejada tanto del sectarismo del artificial bloque de la izquierda como del ruido reaccionario de la derecha populista.

Las notas de fondo de la sociedad española ofrecen a la derecha social-liberal un terreno fértil. Lejos de ver como problemas ajenos la precariedad laboral, los servicios públicos fatigados y la vivienda inaccesible, debería convertirlos en brújula. Hay infinidad de maneras de lograrlo, pero vayan aquí algunas propuestas —que se entrelazan de forma orgánica— perfectamente realizables con la suficiente voluntad política:

- **Una nueva *Rerum novarum*.** Así como la encíclica de León XIII dotó a la doctrina social cristiana de una respuesta a la cuestión obrera en 1891, la derecha española necesita un texto fundacional que concilie libertad económica con protección ante la inseguridad vital del siglo XXI (tecnología, cambio climático, soledad).
- **Transparencia y rendición de cuentas como escudo ético.** Una derecha española moderna y reformista debe dotarse de un escudo ético inquebrantable, necesariamente cimentado en la transparencia y la rendición de cuentas como principio rector. Solo así podrá revitalizar la confianza ciudadana y recuperar la ejemplaridad que hoy se exige a toda fuerza política. Resulta urgente, por ejemplo, abordar con valentía la opacidad que rodea la proliferación de asesores políticos en las tres administraciones, así

como rechazar sin ambigüedades cualquier traza de nepotismo y/o conflicto de intereses. Asimismo, promover, desde dentro, una cultura de profesionalidad, mérito acorde al desempeño requerido y vocación de servicio público. Apostar por este camino no es solo una cuestión moral, sino de liderazgo estratégico con visión de país.

- **Sociedad civil viva**. La energía transformadora no se concentra precisamente dentro de las sedes de los partidos políticos. En España, muchas iniciativas de la sociedad civil como las mencionadas anteriormente han demostrado que se puede incidir en la agenda pública con propuestas concretas, aportando incluso un modelo fácilmente asumible de código ético autorregulador. La derecha que aspire a modernizarse debería abrir cauces para coproducir políticas junto a estos actores. Formatos innovadores como convenciones ciudadanas —al estilo de Francia o Irlanda— o plataformas de participación deliberativa permitirían incorporar talento de todos los sexos y todas las edades. El trabajo persistente de ciudadanos, activistas, asociaciones, jueces, periodistas y movimientos cívicos puede ser una palanca decisiva de regeneración institucional.
- **Liderazgo adecuado para una era disruptiva**. La formación de cuadros ya no puede consistir en másteres de marca blanca. La gobernanza del siglo XXI exige agilidad, anticipación y cultura de datos. En el Reino Unido, el Partido Conservador organiza conferencias ideológicas abiertas, como la *Conservative Party Conference* o los foros de *Policy Exchange*, que sirven de semillero de ideas y *networking* para líderes públicos. En cambio, en España los congresos suelen

limitarse a monólogos sin réplica. Becar y atraer talento profesional hacia el servicio público no es una cuestión estética: es una inversión de país.

- **Datos contra dogmas**. Cuando de datos se trata, es conveniente tener a la vista los hallazgos válidos de todo el espectro ideológico. El *Disruptive Delivery Data Explorer*, impulsado por la fundación de Tony Blair, ha revelado recientemente que el votante occidental converge en las «demandas» concretas —servicios públicos fiables, seguridad económica, confianza— mientras que se polariza en los «símbolos». Quien prometa más entrega y menos épica o espectáculo podrá construir mayorías estables. Se está agotando el tiempo en que la ausencia de programa y la profusión de vídeos virales en redes para canalizar miedo, rechazo y sentimiento de pertenencia confluían en victorias electorales explosivas. Hoy, el péndulo está volviendo hacia Gobiernos que combinan resultados con decencia.
- **Revitalizar el apego político**. La clave para el apego es la confianza. Y en España parece que hemos perdido la confianza en el futuro. Se trata de una mezcla de derrotismo y complacencia que no hace sino perpetuar la parálisis autoinducida que lleva décadas bloqueándonos como país. Reivindicar la idea de comunidad —frente al tribalismo de las redes y el paternalismo estatal— es un reto y una asignatura pendiente para la derecha española. Porque, sin confianza, no hay adhesión y, sin adhesión, no hay respaldo para un proyecto de largo alcance.

Revolución tecnológica, inteligencia artificial y el nuevo trabajo: una derecha para el siglo XXI

La revolución tecnológica no es un fenómeno en ciernes: es ya el paisaje dominante del presente. Sus huellas están por todas partes. Ha transformado profundamente la economía, el trabajo y la política. Desde la inteligencia artificial generativa hasta la automatización de procesos industriales, desde la economía de plataformas hasta el diseño algorítmico de la esfera pública, lo que está en juego no es una simple transformación de herramientas, sino una reconfiguración profunda de las estructuras sociales, económicas y políticas que definieron el siglo xx. Un replanteamiento completo del contrato social.

Sin embargo, mientras el mundo muda a velocidad de vértigo, la derecha política tradicional se mueve con reflejos del pasado, sin una brújula clara para interpretar —y mucho menos liderar— esta transición civilizatoria.

Y si hay un debate importante para la derecha democrática que no puede disociarse de la cuestión tecnológica es el debate sobre la libertad. ¿Qué significa ser libre cuando nuestros deseos son moldeados por sistemas de recomendación diseñados para maximizar la atención? ¿Cómo se defiende la autonomía personal en un mundo en el que los flujos de información y los espacios de deliberación están mediados por plataformas privadas con lógicas opacas? Una derecha que aspire a ser relevante en este siglo debe ir más allá de la defensa genérica del libre mercado y abrazar una concepción activa, crítica y humanista del progreso tecnológico.

La economía de plataformas y la automatización, nuevas formas de trabajo en crecimiento exponencial, han generado precariedad y desafección. La derecha moderna debería proponer políticas que garanticen tanto seguridad y flexibilidad como la portabilidad de derechos laborales y la formación continua.

La potente polarización algorítmica facilitada por las redes sociales ha amplificado discursos extremos que suelen favorecer a la derecha populista y radical. La derecha moderna debería defender una regulación que promueva la transparencia algorítmica y la diversidad de contenidos.

Y, en particular, para los desafíos éticos y laborales que está planteando la inteligencia artificial, es imperativo para la derecha contribuir al establecimiento de marcos regulatorios adecuados y flexibles que protejan los derechos fundamentales y fomenten la innovación responsable. Porque la IA está emergiendo como un nuevo factor estructurante del poder. Su capacidad para organizar datos, automatizar decisiones y optimizar procesos genera beneficios extraordinarios, pero también riesgos inéditos. La tentación de utilizarla como herramienta de vigilancia, manipulación o control es demasiado grande como para confiar su desarrollo exclusivamente al mercado o al Estado. La alternativa, para una derecha liberal y democrática, pasa por formular una agenda de soberanía digital que combine competitividad e innovación con protección de los derechos fundamentales.

Para afrontar con solvencia el reto que implica todo lo anterior, a mi modo de ver es imprescindible un abordaje triple: transparencia, trabajo y valores. Sin duda, la primera batalla es, de nuevo y también en este ámbito, la transparencia. No es aceptable que millones de ciudadanos vivan inmersos en entornos digitales cuya lógica desconocen. Desde los algoritmos que condicionan qué noticias leemos hasta los sistemas de evaluación crediticia automatizados, la opacidad se ha convertido en una amenaza directa a la confianza en las instituciones. Una derecha moderna debe exigir que toda tecnología con impacto público rinda cuentas de forma pública. Eso significa diseñar marcos regulatorios que obliguen a explicar los criterios de los algoritmos, que promuevan auditorías independientes y que castiguen el uso discriminatorio o manipulador de la IA.

La segunda dimensión es la del trabajo. La digitalización no solo está creando nuevos empleos, sino que también está erosionando muchos de los que sostenían el contrato social de las últimas décadas. La precariedad se ha sofisticado: ahora se disfraza de emprendimiento individual, de flexibilidad, de autonomía. Los *riders* de las plataformas, los programadores autónomos, los profesores en línea o los creadores de contenido digital forman parte de una nueva clase trabajadora que no encaja en los marcos legales ni sindicales clásicos. Frente a este cambio, la derecha debe abandonar su inercia neoliberal y liderar una política de modernización laboral que conjugue flexibilidad con seguridad.

Se trata de imaginar un nuevo contrato social adaptado al siglo XXI que reconozca la pluralidad de trayectorias laborales y garantice una red de protección básica. Pero que también fomente la formación continua y, cómo no, distribuya de manera equitativa los beneficios del salto tecnológico. En un entorno económico mutante como el que vivimos, emergen varias condiciones necesarias para una sociedad libre que en ningún modo son concesiones al intervencionismo. Por ejemplo, la portabilidad de derechos sociales entre empleos, las cuentas individuales de formación, las cotizaciones por ingreso real..., por no hablar del acceso universal a la conectividad y la alfabetización digital. Una derecha moderna puede aspirar a entender su papel en esta nueva sociedad, aportando su acervo de conocimiento e innovación en cuestiones de justicia social.

El tercer frente son los valores, sociales y culturales. La revolución digital ha acelerado la polarización política a través de la arquitectura emocional de las redes sociales. La lógica algorítmica recompensa el escándalo, la indignación y el conflicto tribal. Esta dinámica erosiona sin remedio la deliberación racional. Pero, además, degrada el espacio público y margina las voces moderadas. La derecha tradicional, que durante décadas encarnó el valor del equilibrio, la responsabilidad y la contención, debe recuperar ese *ethos* adaptado a la nueva realidad y los nuevos tiempos, con más urgencia ética que nunca. Eso implica no competir en el terreno de la furia digital, sino proponer un nuevo imaginario político que conecte tecnología y convivencia.

Nos encontramos en un punto en el que la IA no es solo una herramienta de gestión, sino también un campo de batalla ideológico. Una derecha moderna debe rechazar tanto la distopía del control algorítmico como la ingenuidad del tecnooptimismo sin reglas. Su papel es articular una visión donde la tecnología sirva al desarrollo humano, donde la innovación no implique desarraigo, donde los datos no sustituyan la responsabilidad política. Eso requiere no solo pensamiento y formación, sino también valentía, y una nueva generación de líderes capaces de pensar el futuro más allá del corto plazo electoral.

A nivel internacional, la pugna por la inteligencia artificial está ya en marcha básicamente entre tres modelos: el chino, el estadounidense y el europeo. China promueve una IA estatal, centralizada y diseñada para la vigilancia y la eficiencia autoritaria. Estados Unidos defiende una IA empresarial, orientada por la lógica de mercado y el beneficio privado. Europa, en cambio, intenta construir una IA ética, sometida a normas públicas y al principio de dignidad humana. España debería posicionarse sin ambigüedad en este último modelo y no como mero receptor de directivas comunitarias, sino como motor de propuestas. Ello implica invertir en talento, fomentar centros de investigación aplicada, atraer a profesionales del sector tecnológico y desarrollar una diplomacia digital propia en los foros internacionales.

El reto es monumental, pero también la oportunidad. En el horizonte se dibuja un nuevo contrato civilizatorio: más descentralizado, más acelerado, más interconectado. En ese entorno, una derecha que se limite a conservar lo existente está condenada a ser arrastrada por la historia. La única forma de conservar lo esencial —libertad, dignidad, comunidad— es reconfigurarlo para el tiempo que viene. Con mirada larga, sin dogmatismo y con voluntad reformista. Reivindicar «lo liberal» no consiste en repetir eslóganes del pasado, sino en adaptar creativamente al presente sus valores, en defender la libertad en nuevos escenarios, en proteger la dignidad donde otros ven solo eficiencia, y en hacer de la tecnología una aliada de la democracia, no su verdugo.

Una derecha del siglo XXI no puede dejar que sea la izquierda la que monopolice las ideas sobre transición ecológica, inteligencia artificial o transformación digital. Debe impulsar la innovación, pero también proteger los vínculos humanos frente a la despersonalización, debe promover el trabajo digno, no solo el empleo rentable, y debe saber combinar dinamismo económico con cohesión social. Una derecha moderna debe ser tecnológicamente optimista pero éticamente vigilante. No debería temer al futuro, sino confiar en su capacidad de escribirlo.

Latinoamérica: una política exterior conservadora con propósito

España ha sostenido históricamente una vinculación emocional con Latinoamérica, marcada por la lengua común, los lazos culturales y una memoria colonial compartida. Sin embargo, en las últimas décadas esa relación se ha vuelto difusa. Apenas se mantiene lo simbólico, que, en muchas ocasiones, se reduce a decorativo.

Mientras tanto, potencias como China y Rusia han comprendido el valor estratégico de América Latina, y han invertido no solo en infraestructuras o tecnología, sino también en influencia integral. Influencia no solo cultural, sino también diplomática y mediática. Frente a ello, la política exterior española ha oscilado entre la indiferencia burocrática y el oportunismo comercial, sin una visión a largo plazo. Este vacío parece perpetuarse por fatalismo, pero, en realidad, a la vez que un déficit innegable, es una oportunidad.

Una derecha moderna y democrática debería entender Latinoamérica no como un conjunto de naciones con pasado común, sino como una red de sociedades con futuro compartido. El capital humano, la lengua, el talento joven y los vínculos familiares conforman una plataforma única que ningún otro bloque político en el mundo posee. La tarea no es sentimental, sino estratégica.

¿Qué implicaría, pues, una política exterior con propósito hacia Latinoamérica? ¿Cómo convertir esa debilidad en un pilar estratégico de fortalecimiento mutuo? En mi opinión, hay dos grandes ejes de actuación prioritaria, para los cuales contamos con una posición de ventaja de salida: la diplomacia y la cooperación.

Por un lado, una diplomacia económica, que actúe no solo como instrumento comercial, sino como herramienta de codesarrollo, y que impulse acuerdos que integren mercados, cadenas de suministro sostenibles y transferencia de tecnología, desde el sector agrícola hasta la inteligencia artificial. España puede posicionarse como el «puente europeo» para *start-ups* latinoamericanas que deseen acceder al mercado comunitario, generando polos de innovación transatlánticos.

Una diplomacia que ha de ser ineludiblemente valiente, para articular con urgencia una alianza por la democracia liberal en América Latina, que sirva de contrapeso a las tentaciones autoritarias, tan presentes en la región. Una diplomacia que no confunda la no injerencia con el silencio cómplice. El liderazgo político español debería refundarse sobre la convicción de que la comunidad latinoamericana no puede ser sino un proyecto ético con reglas de juego claras, en el que no quepan gobiernos autoritarios de un signo o de otro.

Por otro lado, una cooperación radicalmente educativa. Que no es sino innovación, cultura y formación multidimensional. Las universidades españolas —muchas de ellas infrautilizadas en el plano internacional— deberían abrir sedes o establecer consorcios estratégicos en Bogotá, Ciudad de México, Lima o Buenos Aires. A su vez, España puede liderar programas de formación técnica y digital para jóvenes, con foco en sectores de alta empleabilidad: energías limpias, servicios digitales, logística, sanidad y cuidados...

El español como una gran lengua de ciencia, tecnología y diplomacia es aún un proyecto en construcción. Convertirlo en política de Estado sería una apuesta de futuro con todos los mimbres para ser ganadora, y lograr una transformación cuantitativa y cualitativa del escenario global.

España puede ser, si se lo propone, el vértice motor de un triángulo virtuoso con Europa y América Latina. Pero para eso necesita una derecha progresista que entienda la política exterior no como protocolo o ideología, sino como cooperación multifacética para el bien común.

El relato cultural de una derecha progresista: símbolos, valores y sentido

Las democracias no sobreviven solo por su diseño institucional; lo logran porque se alimentan de un relato que las hace queridas. En esto, la derecha liberal ha cometido uno de sus errores más graves: delegar la batalla cultural a sus adversarios o combatirla con torpeza. El resultado ha sido un desierto simbólico. La izquierda se arroga la defensa de la cultura, el progreso y la empatía. Los populistas agitan la bandera de la identidad y la ira. Mientras, el espacio conservador moderado aparece, en demasiadas ocasiones, como un lugar plano, técnico o antiguo, desprovisto de alma propia.

Durante demasiado tiempo, la derecha ha aceptado una posición reactiva en el campo de las ideas. Ha cedido el imaginario colectivo a quienes, desde la izquierda, han sabido envolver su agenda en símbolos de justicia, liberación y futuro. Cuando la derecha ha intentado intervenir en ese terreno, lo ha hecho casi siempre desde la nostalgia. Con demasiada frecuencia, desde la imitación o el resentimiento. El resultado ha sido un lenguaje negativo, poco inspirador, que renuncia a conectar con las aspiraciones profundas de la sociedad.

Para corregir o repoblar ese vacío, no basta con ofrecer buenos argumentos. Una derecha moderna no puede limitarse a prometer una gestión eficiente de las instituciones o crecimiento económico. No puede contentarse con ganar elecciones; debe aspirar a ganar conversaciones. Si quiere reconstruir su legitimidad y volver a ser una fuerza de atracción para amplios sectores sociales, debe articular un nuevo relato cultural capaz de conectar emocional e intelectualmente con la sociedad contemporánea: una propuesta de sentido que compita de tú a tú con la hegemonía narrativa de la izquierda, del progresismo al populismo.

Una derecha moderna debería asumir sin complejos una revolución simbólica. No para volver al pasado, sino para redefinir el futuro desde valores con verdaderas raíces. Para ello, necesita también nuevos símbolos. No basta con banderas o efemérides. Hace falta una estética, una cultura popular, unos referentes contemporáneos que encarnen los valores que se quieren promover. Esto implica conectar con creadores, con emprendedores culturales, con jóvenes artistas e intelectuales que compartan esa visión, aunque no siempre comulguen con la política tradicional. La derecha debe dejar de ver la cultura como un terreno hostil y empezar a invertir en ella como un espacio vital para la regeneración democrática. Sin imposturas, con genuino interés y verdadero empeño.

Asimismo, los relatos deben ser intergeneracionales. No se puede construir una mayoría cultural si no se conecta con las nuevas generaciones. Los jóvenes no desprecian la libertad ni la responsabilidad; lo más probable es que no se les haya explicado de manera atractiva. Necesitan ver cómo estos valores se traducen en soluciones concretas a sus problemas: vivienda, precariedad, salud mental, sostenibilidad... Un relato que no aborde estos temas está condenado al museo.

Por último, la narrativa de la derecha moderna debe recuperar una idea esencial: que la política no es solo lucha, sino también cooperación. Que el adversario no es el enemigo. Que el debate público puede ser exigente sin ser destructivo. Frente a la lógica del algoritmo —que premia el choque, la humillación y la simplificación—, hace falta una política de la complejidad, de la escucha, del largo plazo. Esta puede parecer una aspiración ingenua, pero es profundamente revolucionaria.

En definitiva, el relato cultural de la derecha del siglo XXI no puede construirse desde la técnica ni desde la ocurrencia táctica. Requiere una visión moral, una apuesta generosa por el futuro, una alianza con la inteligencia y la sensibilidad de la sociedad.

Además, el lenguaje importa. Es hora de que sustituya el *politiqués*, la jerga tecnocrática, por una prosa moral clara que emocione sin manipular, que convenza sin condescender. Puede nutrirse de muchos ejemplos, desde la retórica sencilla y vibrante de Barack Obama al patriotismo inclusivo de Emmanuel Macron, pasando por los relatos institucionales de Angela Merkel. La derecha liberal necesita una narrativa que explique por qué su proyecto no es solo más eficaz, sino más justo, más bello. Más humano.

Si tuviera que elegir solo tres pilares sobre los que la derecha democrática española debería reconstruir su relato cultural, apostaría sin duda por un trío que me es muy cercano: la nación, la libertad y el esfuerzo.

Recuperar la idea de nación como espacio cívico compartido, no como etnia ni como folclore, es cada vez más urgente para España. La nación debe ser el marco que garantiza igualdad ante la ley, deberes comunes y solidaridad intergeneracional. Este patriotismo constitucional no necesita banderas más grandes, sino reglas más claras y promesas cumplidas.

Frente al identitarismo excluyente —ya sea nacionalista, de género o de raza—, la derecha progresista moderna puede reivindicar la nación como proyecto integrador. Una nación abierta que cuide su herencia, respete su pluralismo y proyecte una identidad común hacia el futuro. No como una esencia atávica, sino como una estructura de solidaridad, un marco institucional y un relato común que una a ciudadanos distintos. Este patriotismo cívico debe ser abierto, moderno, europeo y exigente. En tiempos de fragmentación, globalización sin raíces y tribalismo digital, hay una necesidad emocional de pertenencia. La derecha debe saber canalizarla no hacia el miedo, sino hacia la confianza en el nosotros.

Además, reivindicar el valor de la libertad como vínculo es prioritario. La libertad que reconoce la importancia de las instituciones, la ley y la comunidad, la libertad incompatible con la mentira institucionalizada, con la censura algorítmica o con el desprecio al pluralismo. Frente a una izquierda que cada vez más la identifica con la regulación del comportamiento ajeno, la derecha puede y debe defenderla como autonomía, responsabilidad y dignidad. Pero también como igualdad de oportunidades real. Una derecha culturalmente potente no puede ser insensible a las injusticias estructurales, ni limitarse a hablar de impuestos y empresas. En tiempos de hordas digitales, defender la conversación pública es más revolucionario que izar banderas. Se trata de mostrar cómo una libertad bien entendida —donde hay reglas claras, protección frente al abuso y oportunidades reales de progreso— es la base más sólida de una sociedad justa y radicalmente igualitaria.

Y, sin duda, merece la pena fortalecer el principio de dignidad del esfuerzo. En un mundo marcado por la precariedad, la desconfianza y la ansiedad, hay un deseo profundo de reconocimiento del trabajo, la iniciativa, el esfuerzo y el compromiso personal. Un reconocimiento no solo económico, sino también —quizás especialmente— simbólico. Frente al paternalismo estatal o el victimismo paralizante, frente al desánimo por la incompetencia o la corrupción política, una derecha consciente puede y debe hablar de la dignidad del trabajo, de la movilidad social real, de las historias de superación en cualquier rincón del país, con un discurso sólido que combine protección con exigencia. El populismo de derechas ha degenerado a menudo en un discurso que niega el mérito. La derecha moderna reformista debe recuperar la promesa de que el talento y la dedicación pueden superar el origen. Pero, para tener credibilidad, tiene que reconocer y asumir con humildad los errores pasados y situar el historial de ejemplos poco edificantes en el lugar que les corresponde.

Finalmente, el relato cultural necesita de referentes. La derecha no puede limitarse a la nostalgia de José María Aznar, Margaret Thatcher o Ronald Reagan. Necesita nuevos ídolos, nuevas historias, nuevos lenguajes. Puede inspirarse en intelectuales como Roger Scruton, Yuval Levin o incluso en autores liberales como Francis Fukuyama, Garton Ash o Yascha Mounk, que están renovando el pensamiento democrático desde una perspectiva plural. Pero también necesita voces propias: cineastas, filósofos, escritores, *influencers*, profesores y líderes sociales que encarnen sus valores sin esconderse.

El relato cultural no se impone desde despachos ignotos: se construye desde los espacios cotidianos. Las conversaciones, las series de televisión, los discursos universitarios, los cafés, las redes sociales... Para tener futuro, la derecha debe volver a formar parte de esa conversación. Y, para lograrlo, tiene que creer en lo que dice, atreverse a pensar distinto y no tener miedo a ser minoritaria durante un tiempo.

Conclusión: remagnetizar la brújula perdida

La derecha tradicional atraviesa uno de los momentos más inciertos de su historia reciente. Las fuerzas que en otro tiempo ofrecían estabilidad, responsabilidad y una defensa estructurada del orden constitucional y democrático hoy parecen haber perdido el timón. En España, como en muchos países europeos, el conservadurismo ha cedido demasiado espacio —por pasividad o falta de ambición— a dos tendencias paralelas: el populismo polarizante de nueva derecha y la hegemonía cultural de una izquierda que ha sabido imponer su marco conceptual en numerosos debates sociales y económicos.

Europa se desliza hacia una década crítica. Las guerras a las puertas, la inteligencia artificial sin reglas, el cambio climático, las tensiones demográficas, el colapso de los viejos consensos, etcétera. En este paisaje, la derecha puede elegir entre dos caminos: la nostalgia populista, que promete certezas falsas, o el reformismo liberal, que aborda desafíos reales. Uno habla al miedo; el otro, al posibilismo.

Europa y España necesitan una derecha moderna, progresista y democrática, que vuelva a marcar su rumbo. España no está condenada a repetir los errores de otros. Pero tampoco está inmunizada a ellos. La erosión democrática, el ruido polarizante y la desigualdad corrosiva pueden abrir el paso a opciones autoritarias si los partidos de gobierno no ofrecen respuestas valientes. La derecha tiene una responsabilidad histórica: no solo competir por el poder, sino actualizar su misión en favor de la sociedad abierta.

El Partido Popular, eje de la derecha institucional española, se ha visto atrapado entre sus complejos históricos y la necesidad de renovarse sin renunciar a su esencia. La gestión diferenciada de algunos liderazgos territoriales —Isabel Díaz Ayuso, Juanma Moreno o el Alberto Núñez Feijóo autonómico— muestra que existen márgenes para una renovación eficaz que combine principios firmes con capacidad de interlocución amplia. Pero la gran duda es la escalabilidad nacional de esos modelos.

En el escenario europeo e internacional, las estrategias de políticos como Marine Le Pen, Friedrich Merz, Giorgia Meloni o incluso Viktor Orbán pueden ofrecer a la derecha democrática española lecciones sobre lo que debe y no debe hacerse: tanto sobre los riesgos del desvío autoritario como sobre la importancia de reafirmar una visión nacional con vocación europea.

La falta de una narrativa integradora y de una estrategia clara para responder a los desafíos contemporáneos —igualdad, identidad, sostenibilidad, nuevas tecnologías, relaciones geoestratégicas— ha contribuido a un desgaste constante en la fuerza de gobierno del Partido Popular. Pero, para competir sin complejos, necesita creérselo. Desde la asunción de la responsabilidad proporcional del estancamiento del país, la respuesta no puede ser ni el seguidismo cultural ni la emulación del populismo agresivo.

Este capítulo no propone una utopía, sino una brújula, una que apunte a lo radicalmente liberal, hacia una democracia más exigente, una economía más humana, una nación más inclusiva. Ese podría ser el nuevo norte de una brújula que probablemente no estaba rota, pero sí se había desmagnetizado y, por tanto, se daba por perdida tras haber quedado inutilizada.

La reconstrucción de la derecha tradicional pasa por redefinir su ideario desde los fundamentos del humanismo liberal y conservador, actualizándolo para enfrentar los retos del presente sin caer en la nostalgia del pasado ni en el cinismo del oportunismo. España, con su capital político y cultural en América Latina, con su peso institucional en Europa, y con una sociedad abierta y plural, puede ser escenario de ese renacimiento si la derecha democrática española recupera ambición, autocrítica y propósito. Si decide ser una derecha que no teme a la inteligencia ni al afecto, que habla el idioma del dato y el de la emoción, que no abdica de la complejidad, pero tampoco renuncia a ilusionar.

6

No tengas miedo, solo es censura

por Jorge Raya Pons

Es un viernes de febrero. El espacio está cerrado a cal y canto, debidamente protegido, vigilado de techo a alcantarillado. Afuera el cielo está despejado y la temperatura es soportable o, al menos, lo es para un bávaro de Múnich en esta época del año. El espacio está ocupado, en esencia, de lo que quienes no lo somos llamamos autoridades. Muchos hombres y algunas mujeres que no solo piensan y discuten y se entregan a largos soliloquios sobre la guerra y la paz, sobre la libertad y la tiranía, sobre el juego limpio y las trampas del populismo, sino que tienen el interés y la voluntad y, a veces, las herramientas a mano, para hacer que las cosas cambien a la medida de lo deseado. A menos, claro, que prefieran dejarlas como están. Lo que quiero decir es que hay decenas de ellos adentro, ataviados para la ocasión, con gestos calculados, con cuerpos aclimatados a una temperatura que no exige resoplar ni frotarse con insistencia las manos. Hay militares estadounidenses con mil distinciones. Hay primeros ministros europeos y ministros rasos. Hay asesores de seguridad nacional acompañándolos a cada paso. Hay periodistas de casi cualquier país donde detengas tu dedo al azar en un globo terráqueo.

Cada año es más o menos lo mismo. Viajan a Múnich, se estrechan las manos, charlan en público, conversan en privado, intercambian los teléfonos de sus ayudantes y vuelan de vuelta a casa. En ocasiones, sin embargo, alguien se salta el guion y el año se vuelve memorable. Ese alguien, por lo general, irrumpe con una intervención disonante, agresiva, emocionante; aplica al público algo así como una descarga eléctrica que levanta el culo del asiento. El caso es que el programa de este viernes de febrero despierta una curiosidad rayana en lo morboso. Dentro del espacio existe el rumor de que este será uno de esos años. Todos quieren escuchar lo que una de las autoridades —una bastante joven, bastante inteligente y motivada y, salta a la vista, bastante inadaptada— tiene que decirles. Lo que escuchan los deja perplejos.

Nadie vio venir que una niña afgana nacida en una tierra controlada por los mayores misóginos del planeta durante una invasión soviética que solo iba a poner las cosas un poco más difíciles tuviese la oportunidad, cuatro décadas después, de codearse con la flor y la nata de la clase política del mundo. Pero sus padres se las arreglaron, una noche de 1983, para cargar con ese bebé y con sus dos hermanos, abandonar su casa y la mayoría de sus propiedades, atravesar el país a lomos de dos caballos y cruzar la frontera con Pakistán sin perder ningún miembro por el camino, hasta salir adelante en un campo de refugiados durante dos años.

Los cinco recibieron asilo en Australia. Los cinco vivieron una vida en común más o menos normal. Y poco a poco la pequeña de la familia fue haciendo de su nombre un sonido familiar para cualquier angloamericano con la cadena BBC en su lista de canales sintonizados.

El caso es que Yalda Hakim, cuarenta y dos años más tarde, es la directora de una fundación humanitaria, madre de un niño, la reportera estrella de un programa de actualidad internacional en Sky News y la presentadora de un pódcast de información internacional compartido con Richard Engel, al que le contó en un episodio de febrero, sin aguantarse la risa, una anécdota de su viaje más reciente.

> HAKIM: ¿Sabes? Estuve en Múnich para entrevistar a la presidenta de la Comisión Europea, Ursula von der Leyen, justo antes del turno de J. D. Vance. Se suponía que Von der Leyen debía dar un discurso de doce minutos. Entre tanto, entre bastidores, me iban microfonando. Los organizadores de Múnich, increíblemente tensos, muy nerviosos, me recordaron que Vance estaba a punto de hablar. Ursula von der Leyen lo estaba haciendo más largo de la cuenta. J. D. Vance no debía esperar tanto. Su equipo me decía: «Lleva diez minutos esperando en la sala de ponentes, ¿qué está pasando? Necesitamos que salga al escenario. Tiene un mensaje para los líderes europeos». Nos metieron prisa. Mi conversación de veinte minutos con Ursula von der Leyen se redujo de repente a unos cuatro. Tuve que mirar mis documentos, una hoja con preguntas para unos veinte minutos, y condensarlo al máximo.
>
> ENGEL: Espera. Espera un segundo. ¿Me estás diciendo que el discurso de Von der Leyen fue más corto porque J. D. Vance estaba en la sala de espera, de los nervios, en modo quiero hablar, quiero hablar, quiero hablar? ¿Tuviste que decirle a Von der Leyen, oye, aligera, porque Vance está perdiendo la paciencia?
>
> HAKIM: Ella no acortó su discurso. Lo terminó, pero se suponía que yo disponía de veinte minutos en el escenario para entrevistarla y al final se redujeron a cuatro. Al acabarla,

> me quedé entre bastidores. Permanecí allí con algunos alemanes, con organizadores de la Conferencia de Seguridad de Múnich, y presencié con ellos el discurso de Vance. Primero habló del atentado que había tenido lugar en la ciudad un día antes de que llegaran las delegaciones. Compartió su tristeza por lo ocurrido y recibió una gran ovación. Hizo una pausa, se rio un poco y continuó. «Espero que no sea la única ovación que reciba», dijo, y entonces comenzó su discurso.

Vance tarda noventa y cinco segundos en atravesar un pasillo humano, subir dos escalones, acomodarse en el atril, saludar a los anfitriones y agotar su tono amistoso, tal vez compasivo, antes de acusar a las autoridades europeas de convertir su paraíso de libertad, tolerancia y democracia en un pozo de represión, censura y autoritarismo, en un monstruo irreconocible y autodestructivo que da la espalda a Dios y abre la puerta al enemigo. «No hay nada más urgente que la inmigración masiva —sermonea Vance—. Todos conocemos la situación. Esto no surge de la nada. Es el resultado de una serie de decisiones tomadas a conciencia por los políticos de todo el continente y por otros actores internacionales durante toda una década. Vimos los horrores forjados por estas decisiones ayer mismo, en esta ciudad. No puedo traer de vuelta el tema sin pensar en las víctimas que vieron arruinado un día hermoso en Múnich. —Elipsis—. Es una historia terrible —sigue— y desgraciadamente la hemos oído demasiadas veces en Europa y Estados Unidos. Un solicitante de asilo, a menudo un joven en la veintena conocido por la policía, atropelló con su coche a una multitud y destrozó a una comunidad entera. ¿Cuántas veces debemos pasar por esto antes de que dirijamos nuestra civilización compartida hacia una nueva dirección?»

Yalda Hakim siguió su intervención con el oído entrenado, entre bastidores, entre alemanes, sin pasar por alto que ella ya había oído esas palabras antes. La historia de un afgano que, entre los veinte y los treinta, obligado por la adversidad, decide probar suerte en otra parte. ¿Dónde se la contaron? En Londres, en Kabul, en Damasco, en Bagdad. En casa. El significado es otro cuando Vance toma el micrófono. Solo Yalda Hakim sabe qué se le removió en el estómago en esos minutos sin réplica, fuera de cámara, escoltada por alemanes obedientes, y qué sintió y en qué pensó y de quién se acordó como refugiada, hija de refugiados, hermana de refugiados, amiga de refugiados, y como mujer, a secas, al verse silenciada y aparcada por un hombre con poder que, al parecer, estaba a punto de perder el tren.

A Vance le quemaba la palabra en la boca tanto que cada segundo era una llaga.

A la lección sobre la libertad de expresión, en realidad, le tocaba saltarse los turnos de palabra, y hay mucho de simbólico y de característico y de incómodo en un hombre desesperado por hacerse oír y notar, por impresionar, incluso a costa de barrer del escenario a la presidenta de la Comisión Europea y a la reportera estrella de Sky News. ¿Habría carraspeado y expresado con las cejas y con los brazos la necesidad de ir desalojando en Pekín o Moscú a, qué sé yo, Vladímir Putin con Tucker Carlson?

«Espero que no sea la única ovación que reciba —bromea Vance. Su seguridad parece genuina—. La amenaza que más me preocupa en relación con Europa no es Rusia, ni China, ni ningún otro actor externo —dice en la cumbre de seguridad más importante del año—. Lo que más me inquieta es la amenaza interna. La retirada de Europa de algunos de los valores más fundamentales, valores que comparte con Estados Unidos de América. —El silencio, en este punto, es sepulcral—. Durante años se nos ha dicho que todo lo que financiamos y apoyamos es en nombre de nuestros valores democráticos compartidos. Todo, desde nuestra política sobre Ucrania hasta la censura digital, se presenta como una defensa de la democracia. Pero cuando vemos a tribunales europeos anular elecciones y a altos cargos amenazar con cancelar otras, debemos preguntarnos si nos estamos exigiendo un estándar lo suficientemente alto.»

No hay más ovaciones en adelante. Solo la intuición de que algo se ha roto y las piezas ya no encajan como antes.

«Verás... —se presenta Darina Shevchenko, directora general de *The Kyiv Independent*, el periódico ucraniano más leído en el mundo—. Recuerdo una historia.» Era mediados de febrero de 2022. «Teníamos una fiesta en la oficina.» Invitaron a unos cuantos amigos de diferentes publicaciones, periodistas en su mayoría; bebieron, bailaron, charlaron. «Sucedió sobre las nueve de la noche, quizás las diez, cuando ya andaba algo mareada.» Los editores de *The Kyiv Independent* y otros medios se juntaron alrededor de una mesa para escuchar el último material de Putin. «Oh, mierda, me dije.» Todos entendieron que era cuestión de tiempo. «Pasamos la semana siguiente tratando de prepararnos.» No sabían por dónde empezar. «No teníamos recursos para evacuar al equipo.» Shevchenko habló con los reporteros, uno por uno, para conocer sus planes. «Todo estaba en el aire...» Y se dejó llevar por las emociones. «Me compré una gargantilla por internet, ¿sabes?» Una gargantilla del mapa de Ucrania. «Y por suerte me llegó a tiempo.» Antes que los rusos a la ciudad, el 24 de febrero. «La noche anterior llegué a las nueve a casa, me puse a limpiar, bañé a mi perro, me duché, me relajé.» Sabía que era el final de una época y aun así repitió su rutina. «Dormí del tirón, ni siquiera oí las explosiones, ¿puedes creerlo?, me desperté con la alarma de las ocho.» Lo primero que vio en la pantalla del teléfono fue la llamada de Olga Rudenko —la directora del *The Kyiv Independent* que llegó a ser portada de la revista *Time*—. «¿Cuándo coño pensabas levantarte?»

Los bombardeos habían comenzado tres horas antes.

«Hoy vengo no solo con una observación, sino con una propuesta —promete Vance—. Así como la Administración Biden andaba desesperada por silenciar a quienes querían expresarse libremente, la de Trump hará precisamente lo contrario y espero que podamos trabajar juntos en ello.»

«Fue extraño —me cuenta Miroslava Yaremkiv, responsable de la relación con los donantes del Ukraine Crisis Media Center— sufrir el comienzo de la guerra estando tan lejos de casa.» Durante nueve años, Yaremkiv sintió un vacío en Canadá, algo parecido a un abismo interno, y, con la invasión de febrero de 2022, ese abismo se fue llenando de una perturbación desconocida. «Hay una guerra en tu país, tú llevas la guerra por dentro, todo lo que lees en los periódicos es la guerra, es la evacuación de tus familiares, son los bombardeos, es la vida de tus amigos dentro de los territorios ocupados y, sin embargo, todo lo que te rodea en Toronto es calma.» Kiev sufría un asedio. Yaremkiv lo sufría en el pecho. «Me hice una promesa. Si mi ciudad aguanta, volveré a casa.» Su ciudad aguantó y ella, en junio de 2022, cuatro meses después de la invasión, cumplió con la otra mitad del trato. «Mis padres pensaron que era una decisión estúpida. Tenía la ciudadanía canadiense, un trabajo, amigos. ¡Había vivido allí durante nueve años!» Pero la distancia física no cuadraba con la emocional. «No podía soportar que un familiar, un amigo, un compatriota muriese y yo tuviese esa vida allí, en Toronto.» A sus padres les pudo el corazón para tratar de retenerla; a ella, para marcharse. «Quería vivir en mi país, ser útil para mi país, pagar impuestos en mi país: un país está vivo si tiene vivos dentro.» Sus puntos fuertes eran el inglés, se dijo, y la síntesis de ideas. «Estaba acostumbrada a explicar la realidad ucraniana a los extranjeros.» Quería echar una mano y sentir que la echaba. En Kiev comenzó a grabar un pódcast para el público internacional llamado *Ukraine in Flames* [Ucrania en llamas], a coordinar visitas para periodistas no europeos, a trabajar para el Ukraine Crisis Media Center, donde nos conocimos. «Quería estar aquí», me dice. Aquí es su casa.

La decisión de Trump de congelar los fondos a la ayuda internacional, recoge un informe de Reporteros sin Fronteras, «sume al periodismo en el caos». Durante años, Estados Unidos ha sido el país que más ha invertido —de largo— en la promoción de la libertad en regímenes autoritarios y democracias expuestas a las injerencias de una potencia enemiga o a los intereses de una clase corrupta y extractiva. Al menos, en Europa. No hay datos definitivos de ese gasto. La inversión, en cualquier caso, se calcula por miles de millones desde el comienzo de la Guerra Fría, y su contribución más visible es que países como Polonia, Lituania o Estonia son democracias liberales con voz propia, prósperas y estables, redimidas del yugo de Moscú, integradas en la Unión Europea y en la OTAN, aliadas y agradecidas a Washington, y todo comenzó con una emisora de radio... La Administración Biden aprobó una partida para 2025 de 268 millones de dólares —algo así como el 0,004 por ciento del presupuesto federal— para proyectos extranjeros que promuevan el periodismo independiente, los valores democráticos y el flujo libre de información. La Administración Trump, a su regreso a la Casa Blanca en enero de ese año, llegó a tiempo para evitarlo. Congeló los fondos de la Agencia de Estados Unidos para el Desarrollo Internacional (USAID) que, entre otras cosas, financia estos proyectos. El presidente clamó que Estados Unidos estaba «apoyando intereses antiamericanos» y que USAID «desestabiliza la paz del mundo» promoviendo «ideas dañinas». El presidente añadió que USAID está dirigido por «lunáticos de extrema izquierda» y que los fraudes de la agencia son «tremendos», «roban miles de millones de dólares».

El presidente no necesita que los hechos respalden sus verdades.

La portavoz del Departamento de Estado, Tammy Bruce, reforzó las intuiciones del jefe e interpretó que los fondos estaban malgastándose en causas como la lucha contra el cambio climático o la integración de los gais, lesbianas y transexuales en el espacio público, algo que no le alegra precisamente la mañana, y «el presidente Trump ya dejó claro que Estados Unidos no va a repartir dinero a ciegas sin obtener nada a cambio para los estadounidenses».

Los trumpistas no creen, a diferencia del presidente John F. Kennedy —creador de USAID en 1961—, que la ayuda exterior sea «con mucho» la inversión «más rentable» para su país. Con unas partidas relativamente bajas, comprendía Kennedy, Estados Unidos garantizaba que quienes defendían sus convicciones liberales en Europa Oriental estaban en condiciones de competir contra quienes trataban de destruirlas. La victoria era, como resultado, compartida. Washington ganaba influencia, respeto y popularidad; sus aliados, libertad, dignidad y prosperidad.

Kennedy, como Ronald Reagan o Joe Biden, estaba del lado de Darina Shevchenko y Miroslava Yaremkiv. El trumpismo no sabe quiénes son Darina Shevchenko y Miroslava Yaremkiv ni mucho menos por qué debería importarle.

Es mayo de 2025. Olga Rudenko, la directora de *The Kyiv Independent*, entra en tu buzón con un mensaje. «¿Eres suscriptor?» Te anima a correr la voz entre tu gente. Su encabezado une las palabras «ansiedad» y «acción». El cuerpo del mensaje admite el cansancio que producen las sirenas antiaéreas y los drones kamikazes a diario. Casi tanto como que la principal democracia del mundo trate de convencerte de que renuncies a la tuya. La conclusión del mensaje recuerda la oferta millonaria de un oligarca ucraniano por su periódico —«Sí, lo has leído bien»— y el nudo en la garganta que sintieron al rechazarla. Rudenko exprime la anécdota y la emoción que provoca como gancho comercial para que los lectores tacaños de *The Kyiv Independent* se rasquen el bolsillo. ¿Por qué no nos echas un cable? Llegar a los 20.000 suscriptores sería un alivio. Significaría proteger la libertad, el rigor y la determinación de los editores y los reporteros. No deberse a nadie más que a los lectores. Rechazar ofertas que de otra manera serían irrechazables.

En *The Kyiv Independent* van tirando, entre tanto. Pero en muchos periódicos —tras el bloqueo de USAID— ya no.

«En Kiev —me explica Darina Shevchenko— es más o menos como en las grandes ciudades europeas. Podemos salir adelante, pero somos una excepción.» Tienen el atractivo de la capital. Tienen un alcance internacional por publicar en inglés. Tienen una audiencia fiel. Tienen un modelo de negocio rentable. «Mi gran miedo —me reconoce— es que con este corte de USAID mueran muchos medios regionales.»

En algunos casos dependían en un 25 por ciento de esos ingresos. En otros, en el cien por cien.

«Muchos medios deberían empezar a aprender a crear modelos de negocio sostenibles —continúa—, pero no podemos esperar que lo sean mientras dure la guerra.» Hay decenas de televisiones, radios y periódicos que, a fin de cuentas, operan en los territorios más golpeados. «Los pocos negocios que quedan apenas pueden sobrevivir.» El compromiso con la libertad de los estadounidenses ya no alimenta. «Sé que los donantes europeos vendrán a ayudar —ironiza—, pero, si tenemos suerte, con vuestra burocracia, el dinero llegará en seis meses o un año.»

Ellas, en *The Kyiv Independent*, abrieron una campaña de micromecenazgo que recaudó 60.000 dólares para dar oxígeno, durante tres meses, a tres periódicos regionales. 20.000 para uno de Sumi. 20.000 para uno de Járkov. 20.000 para uno de Mikoláiv. «Son, básicamente, ciudades del frente.» Trump, al cerrar la llave de un grifo que dejaba caer cuatro gotas, le adelanta el trabajo sucio a Putin allí donde el agua es más necesaria. El 80 por ciento de los medios ucranianos vive, o vivía, de las donaciones. USAID cubría buena parte de la cuota. El miedo de Darina Shevchenko es, en parte, un miedo consumado. «Ya han cerrado muchísimos medios —incide Mira Yaremkiv—, fundamentalmente en el este y el sur de Ucrania», en las regiones más expuestas a las bombas, los drones y las campañas de desinformación rusas. «El cierre de medios significa que sus habitantes sufren un apagón informativo.» El 82 por ciento de los ucranianos en estas regiones, calcula el Razumkov Center, no traga con los rusos, aun siendo el ruso en muchos casos su lengua materna. Pero si el apagón continúa, los demócratas proeuropeos verán caer esa cifra. La explicación será sencilla. «Los ucranianos de estas regiones —aclara Yaremkiv— se están quedando sin los medios y sin la información para contrarrestar las mentiras rusas.» Algunas organizaciones señalan que el campo es muy fértil para la aparición de periódicos y radios y canales al servicio de Moscú.

Viven en otra época.

«Todo lo prorruso está prohibido —me explica Darina Shevchenko—, pero ¿para qué se iban a molestar en levantar un pequeño medio en una región...?, ¿para qué complicarse la vida si es mucho más fácil y efectivo llenar las redes sociales con sus narrativas y sus *bots*?»

Jeff Bezos se compró *The Washington Post* en 2013. El fundador de Amazon pagó 250 millones de dólares —algo menos del 1 por ciento de su fortuna— por el diario más influyente de la ciudad más poderosa de Estados Unidos. Elon Musk se compró Twitter en 2022. El presidente de Tesla pagó 43.000 millones de dólares —el equivalente a más del 15 por ciento de su patrimonio— por una de las redes sociales más extendidas del mundo, con cientos de millones de usuarios humanos y otros cientos de millones que no lo son. Cuando Bezos desembarcó en el periódico prometió que *The Washington Post* sería el de siempre. «Seguiremos teniendo la misión de servir a los lectores —escribió en una carta a la redacción—, no a los intereses privados de su dueño.» Cuando Musk desembarcó en la plataforma, prometió transformarla en «un espacio inclusivo para la libertad de expresión», pues asumía que los moderadores de contenido habían ido demasiado lejos con sus requisitos de publicación tras expulsar por «incitar a la violencia», entre otros, a Donald Trump.

Si sus planes eran honestos, fracasaron. Si sus planes eran ganarse el respeto y la pleitesía de las autoridades, mantener sus intereses a salvo, hacerse temer, procurarse poder e influencia a una escala contrarrevolucionaria, está claro quién comprendió mejor el espíritu de los tiempos. Y quién llegó más lejos.

El Vance que absorbe la luz de los focos tiene un gesto tan gélido y unos ojos tan claros y un sentido del humor tan descafeinado —puede pillar una broma, pero no consigue que nadie pille las suyas— que más bien parece el *dopplegänger*, el doble del Vance pretrumpiano. Es como si el chico de infancia difícil y comprometido con la clase industrial casi extinta de su país, el chico que comparó hace no tanto al Trump de 2016 con el Hitler de 1933, anduviese atrapado en el submundo de la Logia Negra. Como si este Vance venido a más fuese su doble fantasmagórico, no el humano, como si ese fantasma fuese quien desfila por Groenlandia con aires de emperador y acosa a Zelenski en la Casa Blanca y pronostica la muerte de Europa en Múnich por combatir las campañas de injerencia y desinformación de sus enemigos. Como si fuese ese Vance, vaya, quien opera con una premisa más oscura y más retorcida y decididamente más complicada de la que cualquiera hubiese presumido de un chico brillante de Ohio con una beca para doctorarse en Yale, con el talento y la mente articulada que uno necesita para escribir en su treintena un libro respetado por críticos muy exigentes, con la ambición y el carisma que otros deben percibir en ti para ser elegido vicepresidente de Estados Unidos —como Richard Nixon— a los cuarenta años.

Muchos en este espacio más y más agobiante de Múnich se preguntan, hacia dentro y hacia fuera, si el vicepresidente dice lo que realmente piensa. Que la principal amenaza para los países más libres es que no son suficientemente libres. Que una dictadura con armas nucleares que está invadiendo una democracia europea, al tiempo que amenaza a las otras, es mucho menos peligrosa que la decisión del Tribunal Constitucional de Rumanía de invalidar la candidatura de un desconocido que ganó la primera ronda de las elecciones saltándose las leyes electorales.

Las autoridades están desconcertadas y no saben adónde quiere ir a parar.

«Debemos hacer más que hablar de los valores democráticos —retoma Vance—. Debemos vivirlos. Ahora bien, en la memoria viva de los presentes en esta sala está la Guerra Fría que enfrentó a los defensores de la democracia contra fuerzas mucho más tiránicas en este continente. Pensad en el bando de esa lucha que censuraba a los disidentes, que cerraba iglesias, que anulaba elecciones. ¿Eran ellos los buenos? Desde luego que no. Y gracias a Dios perdieron la Guerra Fría.»

Vance aclara adónde quiere ir a parar. «Miro hacia Suecia —dice—. Miro hacia el Reino Unido.» Su teoría es que Estocolmo y Londres han perdido el norte. Su teoría es que Estocolmo y Londres ya son como Pionyang y Asjabad. Vance no mira, sin embargo, tierra adentro. De pronto, hay un punto ciego en el corazón de Europa.

Lo primero que hace András Pethő cuando recibe mi correo electrónico desde una cuenta personal es sospechar. «Por favor, Jorge —me responde—, ¿puedes contactar conmigo desde la dirección de tu periódico para verificar que eres tú? He aprendido a ser precavido.» Lo segundo que hace cuando recibe mi correo electrónico desde una cuenta profesional es disculparse. Lo único que pienso yo es, vale, así están las cosas en Hungría. «Cambian a toda velocidad —me dice al teléfono una mañana de mayo—. Si me llegas a preguntar hace unos días si todavía era posible ejercer un periodismo independiente aquí, te habría contestado que sí. Solo tienes que estar dispuesto a pagar un precio a cambio.» Pero con esta ley que Viktor Orbán quiere aprobar con su mayoría parlamentaria será más probable criar caimanes en el Ártico que publicar una noticia rigurosa sin arruinar tu vida en el empeño.

Me explico: el partido del primer ministro húngaro —Fidesz, el acrónimo de lo que en castellano tendría el desconcertante nombre de Alianza de Jóvenes Demócratas— prometió «una limpieza primaveral» para acabar con «los abusos que violan gravemente la soberanía de Hungría». Lo que es un abuso que viola gravemente la soberanía de Hungría y lo que no lo decide la Oficina Nacional de Protección de la Soberanía, una de esas oficinas cuyos empleados no acceden a la plaza a través de unas oposiciones abiertas y transparentes. Desde 2023, los protectores de la soberanía húngara tienen el cometido de pasar lista a las organizaciones civiles y los medios de comunicación que operan en el país.

El ejercicio es tan ruso como un gulag.

Miran con lupa si son «agentes extranjeros» o no, y lo son aquellos que no les gustan un pelo, y no les gustan un pelo ni los que defienden los derechos de los homosexuales, ni los que se preocupan por los inmigrantes, ni los que pugnan por el derecho al aborto, ni los que documentan la corrupción de la clase dirigente. Esta ley de 2025 tiene pensado para ellos, los oficinistas, un nuevo incentivo, algo más que rellenar formularios y alargar el café y mover carpetas de un lado para otro. «Si entras en esa lista —me explica Pethő, cofundador del diario *Direkt36*—, estás acabado.»

«Perdieron la Guerra Fría porque ni valoraban ni respetaban todas las extraordinarias bendiciones de la libertad —alecciona Vance—. La libertad de sorprender. De cometer errores. De inventar. De construir. Resulta que no se puede imponer la innovación ni la creatividad, del mismo modo que no se puede obligar a la gente a pensar, sentir o creer en algo. Y creemos que todas esas cosas están profundamente conectadas. Pero, por desgracia, cuando miro a Europa hoy, a veces no está tan claro qué fue de algunos de los vencedores de la Guerra Fría.»

«Quiero decir, hay distintos niveles», bromea Szabolcs Panyi. Hace unos días —a finales de abril de 2025—, el propagandista más exitoso de la televisión húngara emitió la cara de Panyi en uno de sus programas. «Me señaló y dijo, ya sabes, que soy un mentiroso.» Luego los productores cambiaron de plano y enfocaron al público, como en *La ruleta de la suerte*, pero sin música ni sonrisas y sin desearle lo mejor al concursante. «El público asentía con la cabeza y aplaudía y gritaba cosas como: "Sí, sí, es un traidor".» Panyi sugiere que las campañas de odio dan un poco de vergüenza ajena a veces, pero las hay de distintos niveles. «Mis colegas y yo —me cuenta— hemos sido objetivos y víctimas de espionaje con Pegasus, un *software* que conocéis también en España.»

Hay distintos niveles y este es un nivel *premium* extra.

Szabolcs Panyi, uno de los periodistas de investigación más talentosos de Hungría, averiguó con un poco de potra que su iPhone estaba infectado.

La cosa sucedió así.

A Amnistía Internacional le pasaron una lista con unos cincuenta mil teléfonos infectados con este *software* israelí que permite al vigilante acceder a mensajes, llamadas, cámara y ubicación sin autorización y preferiblemente sin conocimiento del vigilado. A su vez, Amnistía Internacional compartió la lista con Forbidden Stories, una organización sin ánimo de lucro que investiga las historias de periodistas que han sido amenazados, encarcelados o asesinados para silenciarlos. Resulta que los reporteros de Forbidden Stories cruzaron los cincuenta mil números proporcionados por Amnistía Internacional con las agendas de sus teléfonos de trabajo y dieron un respingo cuando empezaron a saltar los *matches*. «Encontraron el mío —explica Panyi—, porque me entrevistaron para una historia.» Luego, el Citizen Lab de la Universidad de Toronto analizó su iPhone y la prueba dio positivo.

Lo primero que sintió Panyi cuando descubrió el pastel fue sorpresa. Lo segundo que sintió Panyi fue angustia. «Nos dijeron que no debíamos contárselo a nadie, ni siquiera a mi novia, ni siquiera a mis padres, nadie podía saber que alguien estaba espiando mi teléfono —me cuenta—. Tuve que mantener esto en secreto y durante días sufrí este... conflicto ético.»

Pegasus lo acompañó a todas partes durante casi dos años. Como una garrapata particularmente difícil de ubicar y arrancar de tu cuerpo.

«El objetivo era descubrir nuestras fuentes, nuestros informantes, aquellos que nos filtran documentos sobre abusos de poder y corrupción, era dejarnos sin nuestro último recurso como periodistas.» A fin de cuentas, continúa, los periodistas de verdad están vetados en las ruedas de prensa y no pueden ni soñar con una entrevista con los mandamases. «Lo que intentó el Gobierno fue averiguar... quién está en contra de su voluntad.» Algunos de sus informantes, me reconoce, trabajan para Orbán. Y se la estaban jugando más de la cuenta sin siquiera imaginarlo.

Explica el historiador Timothy Garton Ash, en las últimas páginas de *Libertad de palabra* (2017), que un juez del Tribunal Supremo de Estados Unidos ofreció en 1927 lo que muchos ciudadanos de ese país consideran la mejor argumentación judicial a favor de la libertad de expresión. «Quienes ganaron nuestra independencia —escribió el juez en cuestión— creían que la felicidad se basaba en la libertad, y la libertad se basaba en la valentía.» Muchos estadounidenses asumen que esta es su gran aportación al mundo, la joya de la corona de la humanidad que es la Primera Enmienda —el principio constitucional por el que cualquier discurso, cualquier manifestación, cualquier artículo de prensa, cualquier obra de arte o cualquier publicación en una red social quedará a salvo de la condena, por hiriente o impopular que sea, así que no temas—, y, entre estos muchos ciudadanos, damos con un hombre hecho y derecho de Ohio, J. D. Vance, en el atril, en Múnich, ante un público europeo con cara de susto, y les sonríe y los apela y les explica de qué se trata el invento de la libertad y les endosa un «Oídme, de verdad, os lo digo en serio: deberíais probarlo».

«En Washington hay un nuevo *sheriff* —sostiene quien se presume que es su ayudante— y puede que no estemos de acuerdo con tus opiniones, pero lucharemos para defender tu derecho a expresarlas en el espacio público.»

En ese mismo capítulo del libro, Timothy Garton Ash explica que, en realidad, la idea de la felicidad, la libertad y la valentía de Thomas Jefferson y compañía tiene algo más de historia. «Ahora, vosotros —amonestó Pericles a su auditorio de la antigua Atenas—, imitad a estos [los héroes caídos] y en la consideración de que la felicidad se basa en la libertad y la libertad en el valor, no miréis demasiado los riesgos de la guerra.» Pericles, en la letra de Tucídides, ya sermoneó sobre los riesgos de inclinarse ante Esparta. Pero la obsesión autorreferencial —o autorreverencial, se cachondea Timothy Garton Ash— de los estadounidenses tiene menos filtros que nuestra libertad de expresión. «Si la democracia de Estados Unidos sobrevivió a diez años de Greta Thunberg —continúa Vance—, vosotros podéis sobrevivir a unos meses de Elon Musk.»

Es decir, si yo aguanté a una niña regañando a adultos por no atravesar el océano en un bote a pedales —propone—, tú tienes que soportar que el hombre más rico de la lista Forbes interfiera en las elecciones de los europeos. Y que ese multimillonario corrompa al presidente de Estados Unidos. Y que el presidente se deje insultar por el hijo de ese multimillonario en el despacho oval. Y que ese multimillonario obligue al presidente a promocionar la marca de coches eléctricos que lo hace tan feliz en los jardines de la Casa Blanca. Lo que tienes que respetar es que el hombre más rico del mundo concentre una cuota de poder híbrido que te lleva a dudar de a quién eligió el pueblo para que los gobernara.

Porque menuda era Greta.

La broma no consigue el efecto deseado. El monólogo de Vance agota la paciencia del público de Baviera.

Lo primero que hace Orbán cuando regresa al poder, en 2010, es crear una ley de medios, convertir los canales públicos en altavoces de propaganda y recompensar con dinero institucional a los más obedientes. Los medios independientes comienzan a sufrir económicamente y los periodistas con amor propio desaparecen de la escena pública. Lo primero que hace Orbán cuando vuelve a ganar las elecciones, en 2014, es conceder préstamos gratuitos con bancos estatales a tipos —como Lőrinc Mészáros— que se dedican a comprar a granel radios, televisiones y periódicos nacionales, regionales y locales, y luego les reserva mil millones de euros de los contribuyentes para que operen con solvencia. Uno de sus empresarios de confianza adquiere *Népszabadság*, un diario bastante popular y editorialmente progresista, y después lo cierra. Lo primero que hace Orbán cuando vuelve a ganar las elecciones, en 2018, es crear una fundación a la que se suscribe a toda prisa el medio millar de medios que compraron sus hombres de confianza. La línea editorial de todos ellos es indistinguible y la regulación antimonopolio no es un problema porque Fidesz elabora una ley para que no lo sea.

Espiar a decenas de húngaros y promover campañas de humillación contra los empresarios y los periodistas que no están a la venta tampoco es un problema porque la Unión Europea no parece suficientemente involucrada para que lo sea.

Lo primero que hace Orbán cuando vuelve a ganar las elecciones, en 2022, es prepararse para el último asalto. El 80 por ciento del sector está bajo control. Todavía hay una minoría que resiste sin apenas fondos, con lo justo, como partisanos. A finales de 2023, empiezan a sellar sus archivos con la etiqueta «agentes extranjeros». El 15 de marzo de 2025, durante el día de la Fiesta Nacional, Orbán hace una promesa a sus seguidores. «Vamos a desmantelar la maquinaria financiera que ha usado dólares corruptos para comprar políticos, jueces, periodistas, ONG falsas y activistas políticos —adelanta—. Eliminaremos todo el ejército en la sombra.»

Panyi me dice que Orbán siente que el poder se le está escapando. El primer ministro, por primera vez en quince años, ve como una posibilidad muy real perder las elecciones de 2026.

«A muchos de nosotros, al otro lado del Atlántico, esto nos empieza a parecer cada vez más un puñado de intereses enquistados que se esconden tras palabras feas heredadas de la era soviética, como "desinformación" o "información falsa", simplemente porque no les gusta la idea de que alguien con un punto de vista alternativo pueda expresar una opinión distinta o, Dios no lo quiera, votar de forma diferente, o incluso peor: ganar unas elecciones.»

Lo dice Vance, desde el atril, y tiene cuerda para rato.

La nueva propuesta de ley prevé que cualquier organización financiada con algo o con mucho dinero extranjero será declarada una amenaza para la soberanía de Hungría. Esto, en España, significaría que Telecinco, *El Mundo* o *El*

País avanzarían a toda velocidad y sin resistencia hasta lo más alto de la lista negra. La nueva propuesta de ley asume como una amenaza para Hungría que una organización con fondos extranjeros, incluso europeos, haga cualquier cosa que los protectores de la soberanía interpreten como algo que condiciona el debate público. Por ejemplo, publicar una serie de reportajes sobre el enriquecimiento del yerno de Orbán con la licitación de obras públicas pagadas, al menos en parte, con fondos europeos. La nueva propuesta de ley impide que los húngaros destinen el 1 por ciento de su declaración de la renta a ninguna de estas organizaciones, como hasta ahora, y, si un ciudadano desea donar 10 euros, 20 o 600 a Amnistía Internacional o *Direkt36*, tiene que presentar antes un documento que certifique que esos 10, 20 o 600 euros son puramente húngaros.

¿Qué significa eso? No te preocupes. Otros lo resolverán por ti.

La nueva propuesta de ley obliga a sus funcionarios a supervisar y auditar con frecuencia a los «agentes extranjeros» y, si quieren armar redadas policiales en sus sedes, adelante, no os cortéis, tirad la puerta abajo. La nueva propuesta de ley no contempla el encarcelamiento de los periodistas independientes. ¿Para qué? Si una organización de la lista negra acepta dinero del extranjero —no pienses en George Soros; el donante puedes ser tú— le toca pagar una multa hasta veinticinco veces más alta que la cantidad recibida, y solo dispone de quince días para abonarla.

Panyi cree que hay desesperación en este movimiento. Pethő cree que, si empieza la purga, su medio —sufragado con suscripciones, microdonaciones y algunas subvenciones— será uno de los primeros purgados. Panyi cree que Orbán todavía no va un paso más lejos porque continúa en la Unión Europea. Pethő cree que el éxito de la prensa independiente cogió por sorpresa al régimen, y le sentó como una patada en el culo que un documental como *La dinastía*, en el que su equipo reunió diez años de investigaciones sobre el atraco a mano armada de la élite orbanita a los contribuyentes húngaros, lleve más de cuatro millones de visualizaciones en YouTube en un país de unos diez millones de habitantes. Panyi cree que ya no viven en un país europeo, sino en uno que va camino de convertirse en Bielorrusia o Turquía o quizás Rusia. Pethő cree que el periodismo independiente vive una especie de era dorada, que la prueba es que un medio como *444* consiguió documentar el indulto presidencial a un cómplice de pedofilia, y se armó la mundial en Hungría, y la presidenta tuvo que dimitir, y apareció en escena Péter Magyar como nuevo líder de la oposición, y ahora este hombre moderado y proeuropeo encabeza las encuestas más fiables.

Panyi cree que nada hace más daño a Fidesz que mostrar los yates, los Ferrari y los castillos de los políticos y los amigos de los políticos cuando los colegios y los hospitales dan pena, como en las décadas de comunismo. Pethő cree que las ideas abstractas como la libertad o la democracia importan mucho menos a los votantes que sufrir la inflación más alta de la Unión Europea. Panyi cree que, si los votantes húngaros y la Comisión de Von der Leyen permiten que los ataques contra la libertad de expresión y de prensa continúen, dentro de unos años escribiremos sobre periodistas que son condenados y encarcelados. Pethő cree que la sociedad húngara está despertando.

A Trump se le concede a menudo el don de la imprevisibilidad. Es decir: se le concede a menudo el beneficio de la duda. Incluso cuando solo conviene prepararse para lo peor, para el zarpazo, para la espantada, puedes ver un corrillo de ateos encendiendo una vela a la virgen más cercana. Solo por si acaso. Para David Remnick, sin embargo, el presidente de Estados Unidos se deja leer como un libro abierto. El escarmentado editor de la revista *The New Yorker*, un veterano del reporterismo que vivió de primera mano el colapso de la Unión Soviética y el triunfo del trumpismo, sabe que lo que hay es lo que ves y que lo que desea es lo que pide y que lo que promete es lo que tendrás, a menos que pongas de tu parte para alejar tus labios de sus nalgas rosadas. «Ya no hay excusa para no ver lo que podría traer una segunda Administración Trump —escribió en la previa electoral, en noviembre de 2024—. La deportación masiva de inmigrantes indocumentados. Un gobierno federal lleno de mediocres cuya mayor cualificación es la lealtad al Gran Líder. Un desprecio por las políticas climáticas, los derechos humanos y el control de armas. Un debilitamiento de la OTAN. Un Tribunal Supremo y un poder judicial federal aún más reaccionarios. Un ataque contra la prensa. Esto no es producto de la imaginación de un paranoico. Son promesas de campaña anunciadas desde el atril.» Remnick disparó con puntería. Pero el objetivo es mucho más amplio y mucho más abstracto de lo que permite atravesar una columna escrita con un número de palabras limitado.

Trump abandonó la Casa Blanca a regañadientes y con una marabunta tratando de tomar el Capitolio por la fuerza y, cuando la locura golpista fracasó, el líder tomó nota, sacó varias lecciones y prometió ajustar algunas cuentas. Desde su regreso, en enero de 2025, pasa por encima de los rivales políticos, las universidades y los medios de comunicación como a lomos de un buldócer Caterpillar. Los historiadores estadounidenses recuperan de vez en cuando, por lo que sea, una conversación del presidente Nixon, en 1972, con el secretario de Estado Henry Kissinger. «No lo olvides nunca —le dijo el político al diplomático—. La prensa es el enemigo. El *establishment* es el enemigo. Los profesores son el enemigo. Escribe eso en la pizarra cien veces y no lo olvides nunca.» Nixon, desde luego, cumplió su parte. Encargó una lista negra y, como se supo más adelante, pinchó más de un teléfono. El trumpismo está desempolvando su libro de estilo.

«La primera vez que estuve en uno de sus mítines, Trump se dedicó a señalar a todos los medios presentes —me cuenta Miguel Jiménez, excorresponsal jefe de *El País* en Estados Unidos—. Nos señalaba como si fuéramos criminales. Todo el público nos abucheaba. Es una retórica que repite y repite. Trump es lector de periódicos y creo que le importa mucho lo que dicen, pero intenta quitarles relevancia atacándolos preventivamente, por así decirlo.» No le va mal, en realidad. La confianza en los medios tradicionales anda por los suelos en Estados Unidos. El 36 por ciento de los encuestados por Gallup aseguró, en 2024, que no se creen nada de lo que leen en ellos. Pero conviene ir al detalle. El 36 por ciento es la media de los encuestados. Solo el 12 por ciento de los republicanos cree que *The New York Times*, *The Wall Street Journal* o CNN les cuentan la verdad. El 88 por ciento restante asume sus noticias como falsas. «Tanta insistencia ha logrado convencerlos —explica Jiménez, director adjunto de *El País* desde junio de 2025—. Y con los medios semipúblicos se une el hecho de que supongan un ahorro de fondos.» Trump secó Voice of America y Radio Free Europe, símbolos de la Guerra Fría, y firmó la sentencia de muerte de la radio NPR y la televisión PBS, ambas públicas y dependientes de los fondos federales. Porque con una firma basta para dejar sus cuentas a cero. Su buldócer Caterpillar, a toda máquina, avanza hacia la siguiente ronda. Los blancos fáciles son los medios públicos y las universidades medianas. La caza mayor continúa con los gigantes del periodismo y la academia.

Las cacerías de Trump recuerdan a las primeras reuniones públicas del presidente Vladímir Putin con los oligarcas rusos. «Disponéis de dos opciones —les dijo en el año 2000—: ganar dinero o tener opiniones.» Trump utiliza los fondos federales para meter en cintura a las universidades que, dice, «están en manos de la izquierda radical» y no han hecho lo suficiente para «luchar contra el antisemitismo». Muchos académicos, críticos con la falta de espacio para las visiones conservadoras y con un funcionamiento orgánico demasiado ideologizado, asumieron el cambio presidencial como una de esas ocasiones en las que descorchar el mejor champán y darse un homenaje. Demasiados aspectos de la vida universitaria, venían a decir, están lastrando la excelencia de Harvard y Columbia. Ahora comprueban por las malas que la mano dura del trumpismo no tiene nada que ver ni con la libertad de expresión ni con la calidad académica y mucho menos con la protección a los estudiantes judíos.

Lo que empezó con una amenaza por permitir las manifestaciones propalestinas contra el envío de armas a Israel por perpetrar lo que denuncian como un genocidio en Gaza, terminó con una campaña de acoso y derribo que lleva a las propias universidades a recomendar a los estudiantes y profesores que mantengan un perfil bajo sobre cuestiones como el feminismo, el cambio climático o la gestión política de Trump. Las cosas son especialmente difíciles para los universitarios extranjeros. Hay más de un millón repartidos por todo el país. Sus visas dependen de un tuit, un artículo o una pancarta. Trump retuvo unos 400 millones de dólares de fondos federales a Columbia que prometió descongelar a cambio, entre otras cosas, de eliminar algunos cursos, ampliar las medidas de vigilancia o permitir a los agentes de seguridad internos el arresto de estudiantes supuestamente antisemitas.

La universidad aceptó buena parte de las demandas y ni siquiera fue recompensada.

A Harvard le privó de 2.700 millones de dólares de fondos federales y le retiró las exenciones fiscales por alinearse, ellos también, con Hamás y la agenda feminista. A diferencia de Columbia, Harvard resistió con el escudo de sus donantes más ricos y mantuvo sus programas de integración y diversidad —bastante criticados incluso por profesores progresistas, por otra parte, al considerarlos demasiado restrictivos—. Trump revocó, como represalia, la capacidad de Harvard para admitir estudiantes extranjeros, que son uno de cada cuatro en el campus más respetado del mundo. Los tribunales paralizaron su arbitrariedad. Pero el daño, acabe como acabe el proceso, está hecho. «A menudo esos estudiantes son los mejores —escribió el conservador Tyler Cowen, economista doctorado en Harvard, en *The Free Press*, una revista fundada contra lo *woke* y con muchos admiradores trumpistas—. Puede que algunos lectores disfruten con esta guerra —continuó—, pero conviene pensar en el daño colateral. Si prohibimos a los estudiantes extranjeros, no solo perjudicamos a los que son inocentes; también lastramos la capacidad de Estados Unidos para captar talento.» Cowen da algunos datos. El 65 por ciento de las mejores compañías del país fueron fundadas por extranjeros. El 70 por ciento de los trabajadores cualificados en las empresas de inteligencia artificial son extranjeros. El 50 por ciento de los unicornios —empresas emergentes que alcanzan una valoración de mil millones de dólares o más sin cotizar en Bolsa— fueron creados por extranjeros.

La moral de los vengadores está por las nubes siguiendo por la tele cómo Trump da su merecido a las élites liberales que desprecian. Pero, interrumpe Cowen, «no se trata de que solo ellos pierdan, tú también tienes que ganar».

Así que ¡venga ya!, viene a decir. No hay nada de constructivo en acabar con la financiación que le ha permitido a tu país concentrar en tus universidades a los mejores cerebros del mundo por metro cuadrado desde el final de la Segunda Guerra Mundial. ¿Vas a echar todo a perder solo porque tus votantes prefieren que Harvard no imparta unos cursos sobre la historia *queer* de Norteamérica? ¿Vas a arruinar la superioridad académica de tu país por una victoria política que caducará antes de que acabe el año?

Muchos de los mejores científicos, ingenieros y pensadores de su generación se largarán a otra parte. Nadie va a Harvard o Columbia para sentirse vigilado y juzgado y despreciado como un mara salvatrucha. Quien puede estudiar o investigar en Harvard o Columbia y no es el hijo de un banquero ni un atleta con una carrera prometedora en el fútbol americano es el estudiante o el investigador que tiene donde elegir si Estados Unidos se lo pone muy complicado.

Fuera lo saben. Fuera descorchan sus mejores botellas de whisky, *baijiu* y sake.

Las solicitudes extranjeras para vacantes de investigación ya han caído un 25 por ciento respecto a 2024. El buscador de doctorados FindAPhD, limitado a Estados Unidos, detecta que hay un 40 por ciento menos de interesados. Los cazatalentos de la Unión Europea, China, Canadá, el

Reino Unido y Japón andan a la pesca de estudiantes e investigadores con ganas de trabajar en una universidad a su altura sin ser tratados como sospechosos. «Luchar contra las universidades de élite puede ser bueno para el movimiento MAGA», resume John Prideaux, editor de *The Economist* en Estados Unidos, en uno de sus videoanálisis. A Orbán, por ejemplo, le fue de miedo para neutralizar al «enemigo» en Hungría. «Pero el progreso científico pagará un precio a cambio.»

La Primera Enmienda concede a los editores estadounidenses el derecho a publicar con libertad, sin miedo a la censura. Lo que se impone, en cambio, es el pánico a las represalias. Un presentador de ABC News dijo en antena que el presidente fue declarado culpable de una violación. Trump lo llevó a los tribunales porque la sentencia fue por abusos sexuales. La cadena tenía el caso ganado. Pero prefirió llegar a un acuerdo por 15 millones de dólares que destinaría al futuro museo de Trump. Los moderadores de Meta —matriz de Facebook e Instagram— suspendieron las cuentas del candidato derrotado en las elecciones de 2020 por Biden por alentar a sus seguidores a tomar el Capitolio. Trump denunció a la empresa por violar sus derechos constitucionales. El caso no tenía recorrido. Pero Meta prefirió cerrar un acuerdo de 25 millones de dólares que destinaría a la futura biblioteca de Trump. El presidente reclama una indemnización de 20.000 millones de dólares a la cadena CBS News porque el programa *60 minutes* editó —por cuestiones de claridad y espacio, como este ensayo— una entrevista a la candidata Kamala Harris, su rival en las elecciones. La demanda no tiene pies ni cabeza. Pero la presidenta de la cadena, Wendy McMahon, y el productor del programa, Bill Bowens, dimitieron por las presiones, y Paramount, propietaria del canal, está negociando con los abogados de Trump la cantidad por la que la Casa Blanca no vetaría una lucrativa operación con los estudios Skydance. Ofrecieron 15 millones. Trump quiere 25 y que se disculpen.

Jeff Bezos opuso un poco de resistencia durante el primer mandato de Trump, entre 2016 y 2020. Abrazó los valores liberales de *The Washington Post* y acuñó aquel lema de «La democracia muere en la oscuridad». Pero el magnate ni siquiera fingió que intentaría encender una vela cuando comprobó que el candidato republicano escalaba en las encuestas. Le temblaron las piernas y ordenó a su equipo que pintase la sección de Opinión al gusto de los próximos inquilinos de la Casa Blanca, lo que suponía publicar solo artículos alineados con «la defensa de las libertades individuales y el libre mercado».

¿No es divertido? Al final resultó que la contribución de Trump a la libertad comercial y las libertades individuales solo sería equiparable a la de Tommy Wiseau a la historia del cine.

El director editorial de *The Washington Post*, David Shipley, presentó su dimisión. Otros compañeros, como la veterana columnista Ruth Marcus, se largaron poco después. «La sección editorial, compuesta por editoriales sin firma, refleja las opiniones del dueño —explicó Marcus en un ensayo publicado en *The New Yorker*—. Las columnas firmadas expresan las opiniones de quien las escribe. Mi trabajo se supone que consiste en decirte lo que yo pienso, no lo que Jeff Bezos quiere que yo piense.» El dueño de Amazon estaba como loco por complacer a Trump. Traicionó la confianza de sus lectores, donó un millón de dólares para su ceremonia de investidura y pagó 40 millones por los derechos de emisión en Prime de un documental sobre Melania Trump que probablemente valga lo mismo que su criptomoneda.

Lo importante para el presidente es que el mensaje llega a su destino. «En mi primer mandato todos me daban guerra —bromeó Trump antes de su investidura—. Ahora todos quieren ser mis amigos.»

Musk, con su aire de ingeniero al que ya no le va tan mal con las chicas, se moría de ganas de entrar en las oficinas de Twitter y despedir a los «censores» y echar abajo las puertas de su algoritmo y montar el paraíso de la libertad de expresión en la tierra. Twitter sería el sueño húmedo de los barras bravas de la Primera Enmienda. Muchos analistas de Wall Street y Silicon Valley alabaron el lado idealista del dueño de SpaceX y Tesla y estudiaron las contrapartidas financieras de una jugada demasiado arriesgada, solo explicada desde la locura de un genio. Lo que este creó a continuación fue una cueva de mentiras, odio y censura a la medida de una ambición política que, para ser justos, nadie vio venir: necesitabas ser de lo más paranoico y desconfiado para imaginar, en 2022, que la historia acabaría con los accesos de seguridad de la Casa Blanca —y secciones del Pentágono— desbloqueados para Elon y X Æ A-12 Musk. Al menos, hasta que se los bloquearon.

El empresario más rico del país ni siquiera tuvo que renunciar a la dirección de sus empresas con muchos intereses y contratos federales cruzados para calentar un sillón en el gabinete de Trump. ¿No es una locura? Pero así fue. Todo lo que tuvo que hacer fue comprar Twitter, renombrarlo como X y ponerlo al servicio del trumpismo, con un resultado bastante satisfactorio para los suyos.

El caso es que X, lejos de ser un paraíso de la libertad, es una herramienta nada disimulada y bastante sectaria para moldear el mundo a la imagen del oligarca. Grok, la inteligencia artificial que lleva incorporada, difunde, por ejemplo, la patraña de que hay un genocidio de granjeros blancos en Sudáfrica, que Trump la usó para echársela en cara al presidente Cyril Ramaphosa, y este no sabía dónde meterse de la vergüenza ajena. El *Financial Times* probó —otro ejemplo— que X inundó la red de bulos y manipulaciones sobre el liberal Mark Carney para favorecer al candidato conservador —«cuasitrumpista»— Pierre Poilievre en las últimas elecciones de Canadá. De fondo, el deseo en Washington de anexionarse a su vecino del norte, algo que al final del día pesó más que las injerencias tuiteras, de modo que Carney acabó siendo el primer ministro de Canadá. Un informe de la consultora de asuntos públicos LLYC documenta —otro ejemplo— que el 50 por ciento de los comentarios de X sobre feminismo, una de las dianas favoritas del trumpismo, son muy negativos, algo que coincide con que el 37 por ciento del tráfico en internet, según el gigante de la seguridad Thales, corresponde a bots maliciosos. La canción nada satírica «*Heil Hitler*» del rapero Kanye West —un ejemplo más y paro— recibió el veto inmediato de Spotify, YouTube o Reddit por volver *cool* el exterminio del pueblo judío. En X, sin embargo, el título que rima con Twitter fue el éxito del momento. Incluso circula una versión con ukelele.

Musk prometió la Escuela de Alejandría y creó el Burger Chef de las ideas. Musk soñaba con una plataforma donde liberales, progresistas y conservadores compitieran en igualdad de condiciones. Eso decía. Pero el campo está tan nivelado como el Muro del Amanecer que solo algunos se atreven a escalar en el macizo de El Capitán. Los delirios racistas y anticientíficos son propulsados con generosidad por un algoritmo completamente opaco que, como demostró *The New York Times*, neutraliza con bastante eficacia cualquier mensaje crítico con Musk.

«Permitidme que os haga una pregunta —plantea Vance—. ¿Cómo pensáis siquiera abordar las cuestiones presupuestarias [de seguridad] si no sabéis primero qué es exactamente lo que estáis defendiendo? He oído mucho sobre de qué debéis defenderos y, por supuesto, eso es importante. Pero lo que me ha parecido menos claro, y estoy seguro de que también lo es para muchos ciudadanos europeos, es para qué os estáis defendiendo. ¿Cuál es la visión positiva que da sentido a este pacto de seguridad compartida que todos creemos tan importante?»

Hay quien vio en el desembarco de los *podcasters* y los *influencers* en las ruedas de prensa de la Casa Blanca una demostración más de que Trump está a la última. Sí, claro, el hombre ni siquiera acaba dos de cada tres frases que comienza. Pero ve con más claridad que el resto que los medios tradicionales no conectan con los chavales como los creadores de YouTube, TikTok, Instagram y demás. Y quiere llegar a ellos. Y no lo consigue con una entrevista a fondo en *The Atlantic*.

Y tiene razón.

Casi la mitad de los adolescentes de Estados Unidos pasa la mayor parte del día en las redes sociales. Tres de cada cuatro reconocen que es importante mantenerse informado. Solo el 15 por ciento lee publicaciones periodísticas, casi siempre desde sus cuentas en las redes sociales y sin entrar en *The New York Times*, *The Wall Street Journal*, etcétera. Pero falta por contar la otra mitad de la historia. Trump está llenando la sala de prensa de propagandistas, aduladores y payasetes, y la está vaciando de reporteros políticos. Uno de los nuevos le preguntó a la secretaria de prensa, Karoline Leavitt, por qué asuntos deberían preguntarle, a lo que la portavoz respondió con un agradecimiento por regalarle la ocasión para contar todo lo que hace de Trump un hombre de categoría. Algunos van un paso más lejos y descargan su material sin control sobre el minutero. «En los primeros 99 días de Trump, hemos visto un ataque coordinado contra el Estado de derecho por parte de jueces radicales que están bloqueando su agenda con un número sin precedentes de medidas cautelares a nivel nacional —reflexionó DC Draino, con tres millones de seguidores en Instagram, sobre la conveniencia de que el poder siga saltándose las leyes—. Estos jueces están otorgando más garantías procesales a inmigrantes ilegales violentos de la MS-13 y del Tren de Aragua que a los ciudadanos estadounidenses que protestaron pacíficamente el 6 de enero [los asaltantes del Capitolio]. Sería completamente absurdo llevar a cabo juicios completos y apelaciones para los más de quince millones de inmigrantes ilegales que cruzaron nuestra frontera durante el mandato de Joe Biden.»

Tras la reflexión, al final, la pregunta.

«¿Podría decirnos si la Administración Trump tiene previsto suspender el recurso de *habeas corpus* para eludir a estos jueces radicales, que están interfiriendo en sus facultades del artículo II, y comenzar a deportar en masa a los inmigrantes ilegales?»

Otros le leen publicaciones de Trump a la secretaria Leavitt y ella juega a adivinar si son verdaderas o falsas. Los ejercicios son tan entretenidos e inspiradores para ella que ha creado una sesión adicional para «los nuevos medios», «las voces independientes», porque «todos los días el presidente está haciendo tantas cosas fenomenales que nunca serán mencionadas en los informativos de la noche...».

Trump mantiene al margen de la Casa Blanca y el Air Force One, entre tanto, a la agencia de noticias más importante del país, Associated Press, con unos estándares de rigurosidad con los que nadie sueña en España y con unos cuatro mil millones de lectores —directos e indirectos— en el mundo. Alguno más que DC Draino. Y todo por llamar al golfo de México como el resto de la humanidad durante los últimos cuatrocientos años. Trump firmó un decreto para renombrarlo como golfo de Estados Unidos, aun cuando la mayor parte del golfo pertenece a los mexicanos. «Vamos a dejarlos fuera [a Associated Press] hasta que lo acepten —explicó el presidente—, porque amamos este país.» Salta a la vista que la cosa no va ni de amor ni de cómo llama cada uno a esa porción de mar que se interna en la tierra entre dos cabos. La cosa va del presidente adiestrando al león más grande. La cosa va de dejar claro que las palabras las elige el Gobierno. La cosa va de que toda la clase preste atención y observe las consecuencias de pasarse de listo.

«Trump es muy consciente de que el ecosistema de la prensa ha cambiado radicalmente desde la época de Nixon —escribió Remnick antes de su investidura—. Los periódicos locales son más débiles o han desaparecido. Los medios tradicionales están luchando por mantener su audiencia, suscriptores e ingresos publicitarios. Así que, mientras Trump encuentra refugio y amplificación en espacios afines (Fox News, Newsmax, el pódcast de Joe Rogan, la red social X de Elon Musk), ha dejado cada vez más claro que quiere enfrentarse al resto en una posición de fuerza.»

Associated Press aceptó el pulso que rindió Bezos, y muchos periódicos, emisoras de radio, canales de televisión y reporteros independientes se comprometen con la libertad y el oficio con la misma convicción que la agencia de agencias, aun cuando Trump los amenaza con un infierno de marginalidad y citaciones judiciales. El propio Brit Hume, una de las estrellas de Fox News, dio la cara por Associated Press. No es un apunte a pie de página. Trump fichó para su equipo a casi una veintena de personalidades de la cadena conservadora, como el secretario de Defensa, Pete Hegseth, o la directora de Inteligencia Nacional, Tulsi Gabbard. Ningún medio tiene tanto acceso ni ejerce tanta influencia como Fox News sobre el trumpismo. Y hasta ahí dentro, ya se ve, hay rumores de discordia.

«Los periodistas siempre son los primeros en ser atacados cuando la democracia decae, y las acciones de la actual Administración de Estados Unidos deberían hacer saltar las alarmas en cada periodista, en cada redacción y en cada persona en Estados Unidos —resume Jodie Ginsberg, directora general del Committee to Protect Journalists, en un informe de esta institución independiente que defiende los derechos de los periodistas—. No es momento ni para la complacencia ni para quitarle importancia a estos comportamientos. Si dejamos que lo anormal se convierta en lo normal, muchas más libertades estarán en riesgo y poco importará a quién hayas votado.»

En el fondo, no es muy distinto lo que hizo Musk para Trump —y para Alternativa para Alemania (AfD) en Alemania y para Reform UK en el Reino Unido y para Vox en España y para Milei en Argentina— de lo que hace VK para Putin. Un *casting* semiautomatizado de la desinformación que debe fluir y de la información que debe desaparecer. Un engranaje bastante sofisticado de propaganda y censura. Nada de esto llenaría de orgullo a los padres fundadores. Pero, en 2025, estas son las reglas del juego. Con TikTok pasa tres cuartos de lo mismo. Esta red social china que no opera en China es la más popular entre los jóvenes europeos y estadounidenses. Sus algoritmos son misteriosos y milagrosos. Propiciaron, por ejemplo, que quien era un desconocido un viernes ganara la primera ronda de las elecciones de Rumanía un domingo. Sus ataques y mentiras contra la Unión Europea y contra la causa de Ucrania tuvieron un tirón inaudito. Ayudó, como publicó la revista *Wired*, que miles y miles de cuentas que llevaban ocho años sin actividad resucitaran como un vampiro al anochecer para mover a un ritmo endemoniado los *hashtags* y los vídeos del candidato antieuropeo por todas partes. TikTok se lavó las manos. Unos meses después, la red social encajó una multa de 530 millones de euros de la Comisión Europea. El motivo no tuvo nada que ver con la operación en Rumanía. La empresa china ha enviado durante años los datos captados de sus usuarios europeos a sus servidores. Claro que no a los de Dublín. Más bien a los que el Partido Comunista de China controla en Pekín.

La cosa es lo suficientemente seria como para no dejarse intimidar por las acusaciones de censura de los movimientos más intolerantes o por las represalias económicas que Trump llegó a dar por seguras si los europeos se ponían estupendos con X y Meta, interpretando como un acto de guerra que Bruselas obligue a controlar el tráfico del odio y las mentiras —el combustible del trumpismo—, a riesgo de imponer un castigo si se les da rienda suelta. Lo que pretenden Musk, Trump y los chinos es que los europeos se queden de brazos cruzados sin implicarse lo más mínimo por unos algoritmos que, en fin, distorsionan la realidad y emponzoñan el debate público a la medida de oligarcas y dictaduras que aprovechan la larga tradición de pluralismo en nuestras sociedades para anular la democracia. Como en Washington.

Nadie se sentiría más libre si condujese por la ciudad sin semáforos y con los cláxones chillando a pleno pulmón; cualquiera diría que, al contrario, consensuamos un orden y unas reglas como un signo de civilización. Y, sin embargo, por alguna razón muy fácil de comprender, plantear que X sea algo distinto a Woodstock'99 para que pueda operar en Europa es —para estos admiradores de Trump— tanto como condenar a la sociedad a una decadencia norcoreana.

Lo que quiero decir, y quiero que se me entienda, es que a todos nos parece bien que Coca-Cola se guarde su fórmula secreta siempre que no venga embotellada con caramelos Mentos previamente agitados con saña. Pero eso es lo que te están suministrando cada día en el supermercado, sin asumir su cuota de responsabilidad, como si lo peor del refresco fuese su composición demasiado azucarada, pero previamente advertida, y no que te vaya a estallar como un géiser en un órgano vital de la democracia.

Cualquiera entenderá que no hay una solución integral ni inmediata. La sofisticación de la inteligencia artificial solo lo hará todo más enrevesado, pero, al menos en las democracias europeas, la equidad quedaría más cerca con una cuenta por ciudadano, como en las urnas; con menos anonimato y más cara descubierta; y con un límite claro al poder del dinero, a menos que decidamos que la libertad de expresión está en una granja de bots siberianos. Los desnortados seguirán, en las plazas y en los pódcast, en los algoritmos y en las escuelas, pegados a la técnica del *enrage to engage*, del enfurecerse para participar. Los centrados tienen la oportunidad y, sobre todo, la obligación de convencerse y convencernos de que merecemos algo más sexi que ser un paria.

El apetito de destrucción inspira buenos discos de *rock*. En política, en cambio, es un indicativo poco sutil de que la brújula ya no apunta al norte. Los campus estadounidenses están llenos de jóvenes asustados y paranoicos en el seno de la Primera Enmienda. En Hungría, con una experiencia democrática mucho más breve, sucedió antes. Orbán declaró la guerra a la Universidad Centroeuropea. Los abogados de la defensa llevaron el caso al Tribunal Europeo de Justicia. Para cuando los jueces comunitarios fallaron a su favor, la universidad ya se había mudado a Viena. «Estados Unidos es mucho más diverso, mucho más grande que Hungría —matiza András Pethő, el director de *Direkt36*—. Será mucho más difícil.» Claro que todo es rendirse. Lo que más le preocupa a Stephen Walt, profesor de Relaciones Internacionales en Harvard, es «la incapacidad de un conjunto de instituciones que, hace veinte años, habría considerado bastante sólidas para impedir lo que es un intento autoritario de tomar el poder», según le dice a Ian Bremmer en una entrevista. Harvard es más poderosa que ninguna otra universidad del mundo. Mucho más que cualquiera en la Europa Oriental y más que cualquiera en la Europa Occidental. Mucho menos, eso sí, que la Casa Blanca. «Harvard dispone de un escudo de 50.000 millones de dólares —escribió Tyler Cowen en *The Free Press*—, pero en algún momento los donantes, los profesores de élite y los mejores estudiantes destinarán su energía a otras cosas, aun cuando apoyen a la universidad en esta lucha.»

A menos que una sociedad civil y plural se una y nadie ahí dentro dé orden de retirada.

«Todos sabemos lo que hay en juego —me recuerda Szabolcs Panyi, el periodista de investigación húngaro al que espiaron con Pegasus—. Ni siquiera importan los motivos por los que quieren sacar una ley para eliminar la libertad de prensa o si finalmente la sacarán adelante. La tendencia es muy clara. El objetivo es muy claro. Y tenemos que ponernos manos a la obra para descubrir cómo podemos seguir ejerciendo el periodismo en Hungría.» Orbán, como cualquier dictador sin oposición, avanza. Prohibió la fiesta del Día del Orgullo que se celebraba desde 1997. Si alguien lo festeja en la calle, será identificado por un *software* de reconocimiento facial y, en adelante, su cara ilustrará un informe. El alcalde de Budapest pidió ayuda para que, de una manera u otra, se mantenga la tradición. La mujer más poderosa de Bruselas, Ursula Von der Leyen, presionó a la comisaria Hadja Lahbib y otros funcionarios indignados para que no incomodaran a Orbán con una escapada a Budapest de dos días. Algunos eurodiputados se saltaron la recomendación y viajaron de todos modos. «Por más de un motivo, la Unión Europea estaba menos que preparada para lidiar con un país que no está interesado en la cooperación, sino en la extorsión —continúa Panyi—. Lo que hace todo esto extremadamente peligroso es que Orbán se creció por el hecho de que nadie le paró los pies y ahora está exportando su modelo a sus aliados.» Vox, por ejemplo. «Lo sabes mejor que yo —me dice—. Recibieron un préstamo de los gordos [más de 9 millones de euros, que reconozcan] de un banco controlado por Orbán y su Gobierno. Y una de sus organizaciones fachada, el Centro de Derechos Fundamentales, ha abierto una oficina en Madrid.» Desde entonces, Vox ve de otra manera la resistencia de Ucrania y, desde entonces, la influencia de Orbán se extiende a través de eurodiputados españoles elegidos para representar los intereses de España.

Los europeos, acierta Vance, tenemos cuentas pendientes con la libertad de expresión. En España, la Corona es intocable y un chiste —una ficción— te puede arrastrar durante años por los tribunales, como le sucedió al humorista David Suárez. En Francia, una cadena de televisión recibió una multa de 100.000 euros por afirmar que el aborto es la principal causa de letalidad en el país. En Alemania, el editor jefe de una revista vinculada a la derecha antieuropea encajó una pena de siete meses de inhabilitación por publicar un meme donde la exministra Nancy Faeser confesaba odiar la libertad de expresión. En el Reino Unido, una señora de setenta y cuatro años fue detenida por sostener un cartel cerca de una clínica de interrupción voluntaria del embarazo donde se leía «La coerción es un crimen, estoy aquí para hablar, solo si quieres» y puede ser condenada a una multa de 10.000 libras por ello. En Suecia, un debate muy caliente es la posibilidad de recuperar algo muy parecido al delito de blasfemia cuando se trata del islam, como si la historia del continente no estuviese escrita sobre la sangre de los herejes.

Hay casos para aburrir y hay motivos de sobra para que no te aburran.

Cada vez está más extendida la sensación de que ya no se puede decir nada y eso solo es cierto a veces. Pero la cuestión es que en Alemania —un país con estadísticas para todo— el porcentaje de ciudadanos que sienten que pueden expresarse con libertad ha bajado del 80 al 50 por ciento en treinta años. Censurar un meme no contribuye a mejorarlo. Pero Vance, en esencia, miente. Los europeos no hemos renunciado a los valores que nos unían a Estados Unidos. Ni al respeto al individuo, a su dignidad, a sus derechos y a sus libertades. Ni a la igualdad ante la ley. Ni a la protección de las minorías. Ni a la separación de poderes. Ni al pluralismo político.

Es en Washington donde no salen las cuentas.

Los europeos no fumigamos a los académicos. Los europeos no encerramos a los estudiantes en campos de detención, como le sucedió a Mahmoud Khalil, por manifestarse contra la guerra de Gaza. En Europa no hay estudiantes ni profesores con las piernas temblorosas, ni organizaciones independientes recomendando a los periodistas que tomen medidas de seguridad antes de cruzar la frontera, ni nadie en sus cabales que tema que sus ideas políticas le costarán la plaza o la ciudadanía. Salvo en Hungría. Nuestros líderes no tratan a los disidentes como criminales ni extorsionan a sus millonarios para montarse una biblioteca de la que no sacarán un libro nunca. Los europeos admiramos mayoritariamente —porque son minoritarias, todavía, la izquierda y la derecha desnortadas— a los ucranianos que entendieron, como Pericles, que soportar la represión con miedo es más doloroso que morir con valor y esperanza.

Cada vez la libertad de expresión tiene más enemigos en Europa. A la reportera Victoria Róshchina se le agotó esa libertad cuando le arrancaron los ojos, el cerebro y la garganta en un cubículo clandestino del FSB en algún rincón del sureste ocupado de Ucrania.

Y, sin embargo, en Kiev, ¿no es curioso?, miran con lástima a quien antes admiraban. «Más vale que la sociedad civil estadounidense se dé cuenta de que tiene que luchar por la democracia —aconseja Darina Shevchenko, la directora general de *The Kyiv Independent*, a quien se levante con ánimo de resistencia—. Es hora de actuar, no de hablar. Entiendo el *shock*. Yo misma hablo con profesores de Columbia. Están paralizados. No saben qué demonios hacer. ¡Están perdiendo el tiempo! Se hacen pequeñitos. "¡Encajad los golpes! ¡Moveos rápido!" —alarma Darina cabreada—. ¿Puedes creerlo? —me dice—. Ahora Rusia y Estados Unidos son dos Estados autoritarios.»

Hay quien se resigna, le digo, a ceder terreno y agachar la cabeza y arrodillarse durante cuatro años porque después quizás, a lo mejor, quién sabe, ganarán los suyos y levantarán la cabeza y se sostendrán sobre sus pies y volverán a estar donde estaban. Mucha gente piensa que una democracia funciona de esa manera. No es el caso de Darina Shevchenko. Ella coge aire, se acomoda las gafas y libera su frustración con tres palabras: *We are fucked.*

En Múnich la mañana es larga. J. D. Vance frunce el ceño. Yalda Hakim escucha sin interrumpir. El reloj indica que el vicepresidente disfruta y que no tiene tanta prisa. Los organizadores parecen más relajados sin instrucciones de urgencia. «Creer en la democracia —predica Vance— es entender que cada uno de nuestros ciudadanos tiene sabiduría y tiene voz y, si nos negamos a escuchar esa voz, incluso nuestras luchas más exitosas asegurarán muy poco.» Los europeos miran a un lado y otro por si son víctimas de algún tipo de broma de cámara oculta. «Como dijo el papa Juan Pablo II, no tengáis miedo.»

Vance agota su turno y no menciona más a Ucrania. Un ministro alemán mira al frente y con mala cara.

«No deberíamos tener miedo de nuestro pueblo —cierra Vance—, ni siquiera cuando exprese opiniones distintas a las del liderazgo.» Agradece la atención, comparte la bendición de Dios y se marcha. Entre los asistentes se repite la palabra «retirada». Wang Yi pisa las huellas del americano, ocupa el atril y se arranca sin pésames ni chistes sobre Greta Thunberg. El principal diplomático de Pekín identifica a los europeos como un polo independiente de poder y asegura que estarán más que encantados de cooperar para hacer del mundo algo más estable. Las autoridades dan vueltas y vueltas al discurso de Vance. No piensan en otra cosa. ¿Y si esto es todo? ¿Y si Afganistán no fue más que un aperitivo antes del plato fuerte? ¿Y si el sermón del ayudante del *sheriff* fue el segundo final de una pesadilla de la que no quieres despertar por si quizá fuera realidad?

7

La nueva derecha en la encrucijada

por María Blanco

El título de este libro habla de una «derecha desnortada». Pero para estar desnortado, primero hay que haber tenido un norte. La derecha tradicional, liberal o conservadora, solía articularse en torno a ciertos principios: el Estado de derecho, la responsabilidad individual, el orden constitucional, la cautela ante los cambios sociales abruptos. No eran principios perfectos ni siempre coherentes, pero ofrecían una estructura reconocible, no solo para la gente de derechas, sino también para quienes no nos sentimos identificados con ningún espacio de ese arco izquierda-derecha, obsoleto, desde mi punto de vista. Hoy, el espejo en el que se reconocía la derecha está roto. La derecha radical no solo ha abandonado esos principios: los ha sustituido por una mezcla de estética populista, victimismo simbólico y pulsiones identitarias. La derecha moderada se ha disuelto en ambigüedades tratando de contraprogramar las embestidas de todos sus adversarios: el centro, la izquierda, la ultraizquierda y la nueva derecha.*

* Muchos de los argumentos, fenómenos y características que se atribuyen aquí a la derecha desnortada, que, en principio, se refiere a la más

Uno de los rasgos que mejor define a esta nueva derecha es la sustitución de los principios por el gesto. No importa tanto lo que se defiende, sino cómo se representa. La teatralidad reemplaza a la coherencia ideológica. Un ejemplo reciente y elocuente: Donald Trump publicó una imagen suya vestido como el papa justo cuando la Iglesia católica se preparaba para un cónclave. El gesto no es una burla ni un homenaje: es un signo de poder vaciado de contenido. El mensaje no es «Creo en esto», sino «Puedo apropiarme de esto sin consecuencias». La derecha desnortada ha convertido los símbolos en espectáculo. Lo sagrado se trivializa, lo patriótico se vuelve *kitsch*, y lo institucional se utiliza como atrezo. Este vaciado simbólico es especialmente llamativo en movimientos que se declaran defensores de la tradición. La verdad se diluye en la pura presencia escénica. Y, en ese entorno, la derecha radical ha sabido moverse con soltura.

La pregunta inevitable es: ¿y qué ha hecho la derecha clásica mientras tanto? En muchos casos, ha callado. En otros, ha cedido terreno. En algunos, ha intentado mimetizarse con el mobiliario del momento. ¿Toca ser social? Pues seamos sociales. En España, el Partido Popular ha oscilado entre la moderación tecnocrática y la tentación de competir con Vox en su propio terreno simbólico. Pero, al hacerlo, ha contribuido a desdibujar los límites entre de-

radical, son aplicables a la derecha moderada, al socialismo sanchista (una vez difunto el PSOE de siempre) y a la ultraizquierda. Pero voy más allá: se podría escribir un capítulo sobre el «liberalismo desnortado». Confieso que estoy a punto de caer en la tentación de retomar y reeditar *Las tribus liberales*, que este 2025 cumple diez años. Pero esta obra, *La derecha desnortada*, se circunscribe a esa derecha radical que ha perdido el norte. Y por eso voy a tratar de seguir las consignas del editor, Armando Zerolo, a quien, desde aquí, expreso mi gratitud y mi amistad.

recha institucional y derecha radical. La razón no ha sido solo estratégica. Durante décadas, el bipartidismo y el «turnismo» en España —si se me permite esta expresión— condujeron a una desconexión entre la clase política y la ciudadanía. La derecha conservadora, centrada en la gestión económica y en una narrativa de orden, perdió su capacidad para ofrecer un relato emocional. Y, cuando dejó vacante ese espacio, otros lo ocuparon.

Este fenómeno no es solo español. En Estados Unidos, el Partido Republicano ha pasado de ser el partido de Ronald Reagan, con su mezcla de liberalismo económico y valores tradicionales, al partido de Donald Trump, centrado en la identidad, el resentimiento y la teatralidad. En Francia, los republicanos tradicionales han sido eclipsados por la familia Le Pen. En Italia, Forza Italia ha sido desplazada por Giorgia Meloni, aunque casi me conformaba con una Meloni para España, dado el carácter que está demostrando como gestora.* La derecha clásica, al no adaptarse ni defender sus principios con claridad, ha sido devorada por su caricatura.

Los libertarios y liberales clásicos no podemos hacernos los sorprendidos ahora. Autores como Friedrich Hayek, Bruno Leoni o Anthony de Jasay advirtieron de los peligros de confiar ciegamente en el marco legal e institucional sin atender a su mantenimiento activo. El Estado de derecho no es un artefacto que funcione solo: necesita vigilancia, cultura jurídica, ciudadanos críticos. Si se convierte en un fetiche, puede ser capturado desde dentro. Como recordaba Hayek en *Camino de servidumbre*, la de-

* «No hace nada», me dicen mis amigos italianos. Tal vez es el menor de los males comparada con las alternativas políticas en Italia y, desde luego, comparada con las propuestas iniciales de Forza Italia y el discurso de la propia Giorgia Meloni cuando vino a España apoyar a Vox hace años.

mocracia sin límites constitucionales puede ser un atajo hacia el autoritarismo. Anthony de Jasay fue aún más radical: denunció la deriva de los Estados democráticos hacia formas de expansión clientelar, donde las reglas dejan de proteger al individuo para servir a las coaliciones ganadoras. En ese contexto, defender el orden institucional no basta: hay que preguntarse qué orden, para quién y con qué garantías. Y eso exige valentía intelectual, algo que los moderados han abandonado en favor del cálculo electoral.

El espejo en el que se miraba y se reconocía la derecha está roto, pero no es irrecuperable. La derecha, como cualquier otra corriente política, puede reconstruirse si vuelve a pensar en serio qué valores representa y qué sociedad desea construir. Pero, para ello, debe reconocer su extravío, asumir sus claudicaciones y atreverse a cuestionar a quienes, en nombre de la patria, el pueblo o la tradición, dinamitan las bases mismas del orden constitucional.*

En este capítulo, intentaremos explorar la mutación de la derecha desnortada en siete estaciones. Una triple encrucijada en la que pasado, presente y porvenir ilustran bien la fractura entre lo que fue la derecha, lo que es hoy, y lo que podría llegar a ser si no se recompone. Cada estación es una reflexión y todas ellas marcan un camino sin norte. La nueva derecha está en la encrucijada. Y cada uno de nosotros también.**

* En el momento de escribir estas líneas, es el propio Gobierno de izquierdas el que ha dinamitado el orden constitucional.

** Esto no quiere decir que yo sea de derechas o que pueda ser de derechas. Mis principios no están alineados con esta opción, como he dicho al principio. Pero, por si las moscas, insisto.

Primera estación: ¿dónde está el norte y por qué no está donde yo digo?

Diez personas se encuentran sentadas formando un círculo, de manera que todas ven a todas. Hay una que también forma parte del círculo, pero está de pie y se dirige a ellas sonriendo. Esas diez personas están participando en un curso de cualquier cosa: liderazgo, gestión de equipos o dirección de proyectos. Lo que se te ocurra. El facilitador, el que está de pie, que es un poco como el monitor de campamento que guía los juegos, da instrucciones para la siguiente actividad. Todo el mundo de pie. Todo el mundo cierra los ojos y los mantiene así hasta que el monitor lo diga. Todo el mundo da tres vueltas sobre sí mismo a la derecha. Ahora a la izquierda. Ahora pide señalar dónde está el norte. Ahora abre los ojos. De las diez personas, apenas tres señalan en la misma dirección y si alguna señala al norte es por pura casualidad. Bueno, era esperable. Pero la actividad apunta a un hecho que es cierto y que a menudo se nos olvida cuando trabajamos en grupo: cuando decimos que sabemos en qué dirección remamos, no siempre pensamos en lo mismo. No solo eso. En la vida diaria, muchas veces no entendemos cómo es que el otro, sea un compañero de equipo, tu cuñado en el cumpleaños de tu abuela, tu jefe o tu subordinado, no piensa en lo mismo que tú cuando se pronuncian determinadas palabras, especialmente, las más importantes.

Las palabras, incluso cuando, en principio, tienen un solo significado, permiten tantas interpretaciones como mentes. «Ven pronto.» ¿Cuánto tiempo significa eso? Si me lo dice mi madre, estoy al menos con un cuarto de hora de anticipación. «Qué intensa eres», «Yo bebo lo normal»... Todas ellas son frases que pueden hacer saltar la chispa y dar lugar a guerras civiles familiares o que no pase nada, dependiendo de lo caldeado del ambiente y de la capacidad para interpretar lo que se dice en función de quién lo dice.

Este fenómeno, que hace que la literatura sea maravillosa y que cada lector reciba cada relato de manera diferente, es un lastre cuando se trata de fijar los objetivos de un modelo de negocio. Para eso se inventó el protocolo empresarial de definir la misión, la visión, los valores y los objetivos de los proyectos. Ojalá se hiciera en política y se llevara a cabo de verdad. Porque a lo mejor se hace y se lleva a cabo. Pero lo que se ve desde fuera es que muchos partidos se dedican a contraprogramar lo que ejecutan otros, no siguen las promesas electorales, el programa que presentan en cada convocatoria solo es una declaración de intenciones, la mayoría de las veces para ganar votos, que casi nadie lee y en el que casi nadie confía. No quiere esto decir que no tengan un plan estratégico. ¡Solo faltaría! Con la cantidad de asesores que contratan les da para proyectar la vida en Marte. El problema es nuestro, de quienes creemos que la función del político es servir a la ciudadanía. Ellos tienen misión, visión y objetivos, pero no son los que presuponemos. Los objetivos suelen reducirse a ganar y, en muchas ocasiones, a hacerlo caiga quien caiga. Por otro lado, no hay que olvidar que el foco es dinámico. Es decir, hay diferentes metas a medida que vamos descendiendo en la escala: el partido nacional, autonómico, local y, por encima de todo, o por debajo, en los cimientos, los objetivos personales. Pero, aun en ese nivel individual, que representa el grado máximo de granularidad, si preguntas a un político cuál es su plan a cinco o diez años, muchas veces la respuesta será: «Bastante tengo con bandearme en el día a día. Cuando acabe la legislatura, te cuento». Y cuando acaban la legislatura los ves, bien posicionándose para ascender o seguir en el puesto, bien planteándose cuál puede ser el plan B. Por supuesto, como el que no corre vuela, los más avispados han pactado puertas giratorias antes de que acabe el mandato.

En ningún caso existe seriedad ni apego a los valores-misión-visión-objetivos, de manera que, en el abanico electoral, el referente y la causa última son los valores. Cierto es que el sueño húmedo de todos ellos suele estar claro. Para unos, entrar en el Parlamento, actuar de partido bisagra y tocarle las narices al que le toque gobernar. Para otros, gobernar —aunque sea en minoría— o hacerlo con mayoría absoluta. Es decir, para todos, el poder. ¿A qué valores responde esa visión? ¿Qué de bueno aportan a la sociedad? Por otro lado, es muy posible que la misión en la que se ven sea lograr una España mejor, y asumo que «mejor» puede querer decir cosas incompatibles entre sí. Pero, en todo caso, si una España «mejor» implica que su partido pierda poder, ¿lo aceptarían? No lo creo. Y aquí viene el nudo gordiano. Probablemente, la respuesta de todos ellos sería: «Una España mejor está asociada a que yo gobierne». Esta frase se puede atribuir a la ultraizquierda, la izquierda, el centro, la derecha y la ultraderecha. Pero en este libro, y en este capítulo, nos vamos a centrar en la derecha y, más concretamente, en la desnortada, en la que cree que señala al norte pero en realidad no lo hace. En la derecha como tal y en la ultraderecha. Porque, a pesar de que nadie quiera ponerse la etiqueta, existir existe.

La ultraderecha en España está compuesta por la Falange, en todas sus ramificaciones, y por los partidos carlistas o, mejor dicho, su derivado en el siglo xx. Ambos auparon al dictador tras la Guerra Civil y ambos fueron, de un modo u otro, menospreciados por él. Pero en nuestro país, reivindicar ser de ultraderecha y que te asocien con Francisco Franco tiene muy mal *marketing* político, salvo cuando se convierte en signo punki de rebeldía, vacío de contenido. Así que, para los de ultraderecha y ultraizquierda, ni existe la ultraderecha ni existe la ultraizquierda. Todos lo niegan.

Pero, dado que no hay partidos políticos puramente falangistas o tradicionalistas, ¿quiénes representan la ultraderecha? Parte de Vox defiende esa ideología, pero el resto del partido intenta taparlo. Parte del Gobierno argentino hace lo mismo. Y parte de los conservadores estadounidenses, también. Mi duda es quién está utilizando a quién. ¿Los más rancios se han colado en el entorno más conservador de la derecha para ir difundiendo sus ideas o la derecha conservadora tolera a los más rancios para ganar votos? Lo que está claro es que una gran parte de la derecha conservadora española se sintió muy decepcionada con las propuestas y filigranas políticas del Partido Popular y decidió escindirse, lo que generó esta simbiosis con consecuencias serias y tal vez irreversibles. Este fenómeno se da en todas las zonas fronterizas de la política: el PP y el centro, el PSOE y el centro, y el PSOE y la ultraizquierda. En esas zonas liminales es donde se gestan las filtraciones y abducciones políticas.

Desde mi punto de vista, todos los partidos están desnortados. Y la desorientación es fruto tanto de la pérdida de identidad como de la evolución del *marketing* político, que parece caminar paralelo al de las empresas: redes, *influencers*, inmediatez, zascas.

¿Qué factores psicológicos se esconden tras esta situación? Son varios. Vamos a desgranarlos.

Segunda estación: la irresistible seducción de los polos

Polarización. Es uno de los mantras de nuestros días. Se pronuncia esta palabra con preocupación y con miedo. ¿Por qué? Porque trae consigo enfrentamiento, crispación, intolerancia. Dificulta el consenso, el diálogo, el entendimiento entre los diferentes.

Pero la polarización no es un efecto nuevo; la polarización es, tal vez, una compañera de camino del ser humano. Los ciclos forman parte de nuestra existencia, de la propia naturaleza. Los ciclos nos llevan de arriba hacia abajo, de abajo hacia arriba, de la tristeza a la alegría y de vuelta a la tristeza. Habitamos un mundo iluminado por una luna que engorda y adelgaza en distintas fases que se repiten y bebemos un líquido vital que pasa por sus diferentes estados atravesando su propio ciclo. Sería extraño que algo como las filias y fobias políticas no estuvieran también sometidas a trayectorias pendulares. Y así es, en política la moderación y la radicalización se turnan como los pantalones pitillo y los de campana. Todo siempre dentro de un orden. Entonces ¿qué tienen de especial los tiempos que corren?

Debe de estar pasando algo cuando no cesan de aparecer libros que manifiestan una seria preocupación por el fenómeno de la polarización política. Lo que pasa es, simplemente, que vende. Tras un largo periodo en el que la tibieza era la apuesta política, lo rompedor es ser radical. Pero mucho ojo, la exaltación del centro también fue en su momento lo más punki que uno podía defender y, probablemente, cuando acabe este ciclo de sublimación de lo radical, volvamos a levantar la bandera de la moderación.

¿Qué lleva a la población a seguir esa trayectoria?

La polarización no solo divide: también recompensa. Nos regala certezas, pertenencia, identidad. Permite explicar el mundo en blanco y negro, sin matices ni zonas grises. En un entorno de incertidumbre, ese tipo de simplicidad es oro emocional. Ser de los nuestros nos ahorra pensar demasiado; odiar a los otros nos da propósito. Algunos psicólogos han demostrado cómo las identidades políticas tienden a alinearse con nuestras necesidades epistémicas: buscamos marcos mentales estables, comprensibles, un lugar donde ubicar el caos del mundo. Y nada más estable que un enemigo claro. Aunque sean los «invasores noruegos» del *sketch* de Les Luthiers. Sabemos a quién odiar: a los del Barça, a los ricos, a los homosexuales. A quien sea, pero a alguien identificado.

El antagonismo no es un accidente: es un producto. Definirse políticamente implica, sobre todo, diferenciarse. Uno es lo que el otro no es. En esa lógica, el matiz no sirve para agrupar, sino para dispersar. Y lo que no agrupa no gana elecciones. Por eso, el *marketing* político actual ha tenido que modernizarse y buscar otros recursos: ha dejado de vender ideas para vender emociones. El mensaje ha sido sustituido por el gesto, y la razón por la reacción. En lugar de persuadir, se trata de movilizar, de provocar una adhesión afectiva más que una comprensión racional. El votante como consumidor, el político como marca. Y, en un mercado saturado de estímulos, lo extremo destaca, mientras que lo moderado se pierde.

Podría parecer una exageración. Pero, si no fuera por ese desplazamiento emocional, no se entendería que hoy la polarización ya no sea solo ideológica. Es afectiva. Es moral. Los ciudadanos no solo rechazan las ideas del adversario: lo desprecian como persona. El desacuerdo ya no es una diferencia: es una amenaza. El votante del otro partido no está equivocado, es inferior. Es el eslogan del presidente argentino Javier Milei y del politólogo conservador Agustín Laje: «Odiamos poco a los periodistas». Un lema popularizado por el *youtouber* Wall Street Wolverine (Víctor Domínguez), que ejerce de comunicador, casi de periodista, por lo que ha sido denostado en muchos medios de comunicación. A diferencia de Wall Street Wolverine, Milei logró su popularidad en los medios de comunicación tradicionales, especialmente televisión, por su rudeza en el trato a los demás. No solamente a los peronistas, también a cualquiera que, dentro del liberalismo, le llamara la atención, le llevara la contraria o criticara sus insultos o sus maneras.

Así estamos. Y sí, probablemente este ciclo también pasará. Pero hay una diferencia importante: esta vez, la polarización ha aprendido a entretener. Se ha vuelto rentable. El antagonismo ya no asusta: divierte. Los algoritmos premian el odio porque engancha. Esto hace que no sepamos si lo que más peligro encierra es estar polarizados o estar disfrutándolo.

Quizás por eso, en España, la polarización no solo nos seduce, nos resulta familiar. Es casa. En el fondo, somos una sociedad marcada por una memoria de bandos. Durante la Transición, supimos, tal vez por necesidad, soltar los polos, pactar, elegir democracia y moderación. Pero con el paso del tiempo, el reflejo guerracivilista ha vuelto a asomar. Hoy, si te atreves a plantear límites a la polarización o reivindicas los matices, corres el riesgo de ser tachado de «facha» o de «liberprogre», sin más. El diálogo se interpreta como traición. Y, en nombre de la lealtad al pasado, a los abuelos,* se reeditan trincheras simbólicas que

* Mis abuelos por parte de padre y de madre lucharon en bandos distintos. Como los de tantos españoles.

no construyen memoria, sino relato. Un relato que convierte la política en guerra emocional y a la ciudadanía en huérfana de espacios comunes.

TERCERA ESTACIÓN: EL ROMANTICISMO DEL *OUTSIDER*

En tiempos de esta polarización y del enorme desencanto político, hay una figura que resurge con fuerza: la del *outsider*, ese líder que se presenta como ajeno al sistema y en lucha contra él. El relato es seductor. Se trata de un «hombre o mujer común», como tú, expulsado por decir la verdad, que desafía las reglas, incomoda a los poderosos y promete devolver el poder al pueblo. El *outsider* no ofrece solo un programa, ofrece una épica.

Este fenómeno responde a una lógica populista que venera la capacidad redentora de este personaje alternativo y ve en él la única vía para restaurar la democracia traicionada. O la tradición traicionada. O la sororidad traicionada. O cualquier cosa supuestamente traicionada. Porque puestos a emerger, los y las *outsiders* brotan como champiñones en época de setas. No es un invitado nuevo, siempre ha estado en la mesa. Pero se ha intensificado desde hace unos años con la «espectacularización» de la política, la crisis de representación y la saturación emocional del discurso público.

Una de las claves del atractivo del *outsider* es el mesianismo político. En contextos de crisis, muchos ciudadanos no anhelan instituciones sólidas, sino líderes carismáticos que prometan redención. Recordemos: «Solo queda Vox». Hay que reconocer que, en parte, es culpa de quienes han promovido y permitido el deterioro de estas instituciones a las que ya no se les ve sentido. A lo largo de la historia de nuestra democracia, los diferentes gobiernos, la oposición y los votantes no han reclamado limpieza y buenas prácticas institucionales. Se han nutrido de su deterioro. Y, cuando todo se derrumba, ya se sabe cuál es la solución, se proyecta en la noche oscura la *batseñal* en el cielo y aparece la salvación. Santiago Abascal para la tradición, Irene Montero para las mujeres, Isabel Díaz Ayuso para Madrid, Javier Milei para Argentina, Nayib Bukele para El Salvador, Vladímir Putin para Rusia... Que luego sirvan para lo que fueron elegidos ya es harina de otro costal, habría que analizar los hechos y los datos. Pero, en principio, se busca un «ser providencial» que salve a la nación del caos, y para ello se le inviste de cualidades casi sagradas. Es lo que Max Weber llamaba *autoridad carismática*, un concepto que sigue vigente. Al «mesías» se le defiende con fe, se le absuelve de contradicciones y se espera de él lo que las instituciones no pueden dar. Porque no hay romanticismo en las instituciones, hay eficiencia; en cambio, el *outsider* transpira leyenda. Lo peor de esta sacralización del mesianismo es que lleva a la pérdida del pensamiento crítico y fomenta la idolatría emocional. Y, cuando hay fe ciega, la evidencia no sirve.

El psicólogo Leon Festinger explicó cómo, cuando una creencia fuerte se ve desafiada por los hechos, activamos mecanismos para proteger esa creencia con tal de no modificarla. Es la disonancia cognitiva, y en política, opera con fuerza: los votantes justifican errores del líder mesiánico porque admitirlos pondría en riesgo su identidad política. Esto explica por qué, aunque incumplan promesas o caigan en escándalos, mantienen apoyos firmes. El vínculo emocional pesa más que la evaluación racional. Quien ha apostado por un «mesías» tiende a defenderlo incluso cuando los datos lo contradicen, racionalizando sus fallos como ataques del sistema o sacrificios necesarios. No puedo evitar mencionar al rey de la disonancia cognitiva, que sin ser *outsider*, sino presidente del Gobierno, ha logrado, no solo que se le perdone todo, sino que se le alce como víctima propiciatoria. Por supuesto, hablo de Pedro Sánchez.

Otro sesgo cognitivo clave en este punto es que atribuimos a alguien virtudes globales por destacar en un rasgo. Si un líder parece valiente o «auténtico», se le considera automáticamente competente, honesto o moralmente superior. Es lo que se conoce como efecto halo. Este sesgo aparece también cuando nos enteramos de que ese escritor que admiramos era una malísima persona con sus hijos o con sus amigos. Y eso es peligroso, porque simplifica la percepción: no se juzgan propuestas, sino la imagen. Y este fenómeno, que comienza por no reconocer que el líder es un mentiroso con su mujer, acaba justificando todo solamente porque es «rompedor» en el ámbito político. Se idealiza al rebelde por el mero hecho de romper normas. ¿Transgrede? Entonces mola. En este marco, cualquier crítica parece traición y, así, el debate desaparece. El halo del *outsider* protege su figura más que sus ideas. Este relato cala especialmente en jóvenes y votantes o no votantes inconformistas, que rechazan las estructuras tradicionales. Me incluyo, en parte. La gamberrada es muy atractiva. Especialmente cuando el entorno es de una corrección política de estricta observancia por obra y gracia de los nuevos meapilas de la izquierda imperante.

Esa idealización de lo disruptivo la vimos en el 15M y en las campañas de Podemos, pero también en el apoyo juvenil a Trump, Milei o Jean-Luc Mélenchon, eurodiputado de Francia Insumisa. Lo vemos en el éxito de Víctor Domínguez y Marc Urgell, que organizaron el Madrid Economic Forum y lograron que (casi) todo el mundo quisiera estar, ya casi como postureo ético —o *virtue signaling*, que dicen los anglosajones—. Había que estar. No importaba si entre los ponentes algunos hubieran protagonizado episodios relacionados con la corrupción, y otros fueran representantes del liberalismo de verdad. Eran dos «Davides» tocando las narices al Goliat de la corrección política. La narrativa del «héroe solitario» contra las élites resuena en aquellas generaciones que se sienten precarizadas, ignoradas y políticamente huérfanas. Y esa narrativa no solo moviliza: emociona.

Finalmente, como hemos visto, aunque a menudo se asocia el relato del *outsider* a la izquierda o a la derecha populistas, lo cierto es que es transversal. Podemos y Vox lo han utilizado con éxito en España. Ambos partidos se presentaron como fuerzas nuevas, ajenas al *establishment*, dispuestas a «decir lo que nadie se atrevía» y a «limpiar» o «recuperar» el país. También lo han intentado Mélenchon en Francia, Trump en Estados Unidos, Alexis Tsipras en Grecia o Hugo Chávez y Nicolás Maduro en Venezuela, en este caso, con los resultados aterradores que todos conocemos. El molde es similar: sistema corrupto, líder valiente, pueblo traicionado. Y, en todos los casos, el carisma del *outsider* se convierte en escudo emocional frente al escrutinio.

La historia demuestra que los *outsiders* pueden catalizar cambios positivos, pero también que, sin control institucional ni ciudadanía crítica, pueden derivar en decepción, autoritarismo y tiranía de la peor clase. La democracia no necesita héroes: necesita adultos responsables. El adultismo del que siempre habla la economista Deirdre McCloskey.

Cuarta estación: la casta como comodín narrativo

Ninguna palabra ha viajado tan rápido del lenguaje de la izquierda indignada al de la derecha insurgente como «la casta». Pocas veces un término tan opaco ha sido tan eficaz: no hace falta definirla con precisión, basta con señalarla. En el fondo, «casta» es una emoción encapsulada. Suena a linaje cerrado, a privilegio hereditario, a poder enquistado. Para el oyente occidental, no requiere explicaciones: se entiende por instinto. Es un recurso perfecto para el líder carismático alternativo.

En su formulación contemporánea, fue Podemos el partido que la popularizó durante los años del 15M. Pero el término venía importado de Italia, donde había estallado como fenómeno editorial gracias al libro *La Casta* (2007), de Gian Antonio Stella y Sergio Rizzo, un retrato implacable de los privilegios de la clase política italiana. Pablo Iglesias y su entorno lo tomaron prestado, lo aplicaron al contexto español y, en poco tiempo, la casta pasó a formar parte del lenguaje político cotidiano.

Pero no se quedó ahí. La derecha más radical —con Milei, Vox o Trump— no solo la ha adoptado: la ha rediseñado. Porque la casta es, sobre todo, una herramienta. Un comodín narrativo que sirve para resumir todos los agravios, todos los obstáculos, todas las injusticias. ¿Quién te impide prosperar? La casta. ¿Por qué no funciona nada? Por culpa de la casta. ¿Y quién no es casta? Tú. Y, por supuesto, tampoco lo es quien te asegura que te representa y defiende frente a ella.

La eficacia de la casta no se limita al espacio ideológico donde se originó. Lo interesante no es solo que la utilicen unos y otros, sino cómo la resignifican. En el imaginario del Podemos original, la casta eran los políticos profesionales, los banqueros rescatados, las puertas giratorias. Era una denuncia contra el secuestro del interés general por parte de élites económico-políticas. Pero cuando la derecha radical toma el relevo, la casta cambia de forma. En Vox o en Milei, la casta no solo son los políticos: son los burócratas, los sindicatos, las ONG, las feministas, los profesores de universidad *woke*, los periodistas al servicio del relato del Gobierno. Se convierte en una categoría casi espiritual. Es casta todo aquel que pretenda representarte sin haber pasado por la reválida emocional del pueblo puro.

Este patrón no es exclusivo del mundo hispano. En Estados Unidos, Trump hablaba de *the swamp* ('el pantano') para referirse a la corrupción de Washington y prometía «drenarlo». El *deep state*, el Estado profundo, funcionaba como la versión estadounidense de la casta: un poder oculto que boicotea desde dentro. En Francia, Marine Le Pen ataca al *système*, una conjunción de tecnócratas, jueces, euroburócratas y medios. En Alemania, Alternativa para Alemania desprecia a los *Altparteien*, los partidos tradicionales, como si fueran un bloque uniforme de decadencia consensuada. En América Latina, Milei ha llevado la categoría al extremo: su «casta política» es prácticamente todo el aparato estatal, desde el Congreso hasta las universidades públicas. Una sorpresa, siendo como es presidente de la República. Y, en el otro lado ideológico, la izquierda bolivariana hablaba durante años de la «oligarquía», otro término-cajón de sastre donde cabía cualquier enemigo del proyecto.

Lo que une a todas estas versiones no es su contenido, sino su función: ofrecer una categoría difusa, emocionalmente eficaz, que permite separar un nosotros —los buenos, los puros, los que sufrimos— de ellos —los privilegiados, los impostores, los que manipulan el sistema desde dentro—. Porque es cierto que hay ciudadanos de primera y de segunda, que existen las «instituciones extractivas» de las que hablan los economistas Daron Acemoğlu y James A. Robinson, y una clase política privilegiada que se nutre de nuestros impuestos. Es verdad que hay una prensa afín al régimen, puertas giratorias y un señalamiento a todo lo que no es *woke*. El problema no es ese. El problema es la retórica.

¿Por qué vende tanto? La clave del éxito de «la casta» está en lo que activa. Al mencionarla, se pone en marcha un marco mental inmediato: el de la traición. Hay alguien que ostenta poder, vive bien y no representa al pueblo, sino que lo explota. Ese marco, el del pueblo puro frente a la élite corrupta, es automático, intuitivo, emocional. Como explica George Lakoff en *No pienses en un elefante* (2004), el lenguaje político no transmite datos, sino que activa estructuras mentales preexistentes. Y «la casta» activa una muy poderosa: el agravio moral. Pero no solo eso. También opera como un escudo cognitivo. Cuando un líder populista falla o incumple, no es culpa suya: es que la casta lo sabotea. Es un comodín para la disonancia cognitiva. Si el adversario político se enriquece, es corrupto; si lo hace el propio líder, es víctima de persecución. El relato anticasta convierte la autodefensa ideológica en identidad. Por eso, discutir racionalmente sobre la casta es como intentar atrapar niebla con un colador. No hay manera de delimitarla sin desmontar su utilidad. Lo importante es que hay un «ellos» que te estorba. Y funciona, precisamente, porque no necesita argumentos, solo adhesiones.

El problema no se reduce a que «la casta» simplifique la realidad: es que, si se convierte en categoría dominante, vuelve invivible cualquier forma de democracia liberal. La democracia funciona gracias a mediaciones: partidos, parlamentos, jueces, periodistas, expertos. Todas esas figuras están sometidas a crítica, pero también a reglas, límites y legitimidad. El relato de la casta no critica a esas instituciones: las desacredita en bloque. De ahí la sorpresa cuando los anticasta se convierten en ministras de Igualdad o en presidentes del Gobierno. Y el descrédito es peligroso en un tiempo en que la desconfianza ya no es una disfunción, sino la norma. Cuando todo es sospechoso y nadie es creíble, lo único que queda es la autenticidad emocional del líder. Ahí es donde la lógica populista del filósofo Ernesto Laclau encuentra su terreno más fértil: se construye un pueblo mediante equivalencias simbólicas (trabajador, autónomo, español de bien, mujer real) y un enemigo común (la casta) que unifica todo lo demás. No hace falta programa: basta con una narrativa y un canal de YouTube.

En nombre de derrotar a la casta, muchos acaban debilitando las bases mismas del sistema que les permite competir en él. Se abre así un bucle perverso: cuanta más desconfianza se siembra, más necesario parece el líder salvador. Cuanto más se erosiona la democracia liberal, más fácil resulta culparla de todos los males.

Pero, ojo. Su éxito no depende solo de la palabra. Depende del terreno donde germina. Hace falta un malestar latente, una memoria emocional del agravio, una predisposición a desconfiar. Y todo eso se activa con dopamina y con miedo. Y también con una realidad desalentadora.

Por eso, para entender del todo por qué funciona, tenemos que ir un piso más abajo. Bajar desde la ideología a la biología. Desde el discurso a la tripa. Desde la casta al cerebro. Porque si la política actual parece cada vez más visceral, no es casualidad.

Quinta estación: tribu, instinto y tuit

En teoría, votamos con la razón. En la práctica, decidimos con el sistema límbico. La política se presenta como deliberación racional, pero se vive como reacción visceral. No es que el debate público se haya degradado: es que se ha animalizado. O, mejor dicho, ha vuelto a su estado natural. Cuando Abascal agita el miedo a una «invasión» en un mitin, no apela a la lógica, te acelera el pulso.

¿Por qué actuamos así? Porque nuestro cerebro está diseñado para reaccionar, no para reflexionar. Estudios de neurociencia muestran que, ante una amenaza —como un discurso sobre «extranjeros» o «caos»—, la amígdala, la parte del cerebro que regula el miedo, se activa antes que la corteza prefrontal, encargada de la lógica. Jonathan Haidt, psicólogo moral, lo explica: nuestros valores no nacen de la razón, sino de intuiciones moldeadas por la evolución, como la lealtad al grupo, la búsqueda de autoridad o el rechazo a lo diferente. La derecha radical lo sabe y no intenta persuadir: dispara esos instintos. Un eslogan simple, como «orden» o «patria», basta para conectar con esas emociones profundas.

Porque, cuando hay incertidumbre, desigualdad o amenaza cultural, el cerebro no consulta ideas abstractas: activa los circuitos antiguos del miedo, la pertenencia y la agresión. Ante estímulos percibidos como amenazantes, sean extranjeros o sean asesinatos, se activa la amígdala, no la corteza prefrontal. O, dicho de otro modo: el cerebro reacciona antes de pensar. Y si esa reacción encuentra una narrativa disponible (una frontera, un enemigo, un eslogan), el razonamiento ya solo servirá para justificarla. Y quienes entienden eso tienen hoy ventaja, sean de ultraderecha, sean de ultraizquierda.

En los últimos años, además, las redes sociales amplifican esta lógica tribal. En ellas, no debatimos: gritamos. Un tuit, un meme o un *hashtag* no buscan convencer, sino reafirmar quiénes somos frente a un «ellos». Cada me gusta o retuit libera dopamina, el neurotransmisor del placer, haciendo que la indignación o el orgullo se vuelvan adictivos. Por eso, la derecha radical y, a veces, la ultraizquierda, apuestan por mensajes que provocan: un vídeo impactante, un insulto afilado o un meme que humilla al adversario. No importa si es verdad; importa si resuena. Esta «cultura del zasca» premia la confrontación sobre el argumento, y el contenido se mide por clics, no por hechos. Como dice Harry Frankfurt en *On bullshit*, el mentiroso al menos respeta la verdad, pues la necesita para construir su engaño. El *bullshitter*, en cambio, es indiferente a ella: su objetivo no es la verdad ni la mentira, sino la impresión. Lo importante no es la verdad, sino la impresión que dejas en tu tribu.

Por eso, el lenguaje de la derecha radical no busca persuadir: busca pertenencia. Ha sabido activar especialmente algunos fundamentos de esas intuiciones morales profundas que determinan muestro voto y que luego justificamos con argumentos. Y, como te atrevas a cuestionar un tuit o un gesto, se lanza la tribu digital entera a señalarte como «no perteneciente». Esto explica por qué muchos votantes se sienten atraídos por discursos que no explican, pero sí resuenan. Es el poder de la tribu. Así, la esfera pública se fragmenta en microtribus simbólicas, y cada una valida sus propios gestos como pruebas de verdad.

No obstante, conviene matizar. Hay líderes como Javier Milei que empezaron movilizando desde la emoción, pero que, con resultados económicos visibles, han comenzado a ganar legitimidad racional incluso más allá de su base. Otros, como Vox, no han conseguido ese paso. En las comunidades autónomas donde han cogobernado, sus resultados han sido mediocres o contraproducentes, y su apoyo se ha resentido. No basta con emocionar si después no se cumple.

La ideología ya no es una teoría sobre cómo funciona el mundo: es una expresión de quién soy yo. Y si la política es una forma de reafirmar el yo moral, el disenso se convierte en agresión simbólica. No se discrepa: se traiciona. No se debate: se ataca. El resultado es una cultura política hipersensible, donde cada conflicto se interpreta como una ofensa personal, y donde solo queda lugar para el respaldo incondicional o la expulsión del grupo. Ahí tenemos al sector liberal de Vox, expulsado poco a poco por el ala más radical.

Esta dinámica transforma la política. Votar ya no es solo elegir un programa: es una *performance* de identidad. Elegimos lo que nos hace sentir parte de un «nosotros», ya sea el orgullo nacionalista de Vox o la rebeldía de Milei. El voto suele ser más un grito que una decisión informada. Sesgos como los que hemos visto nos llevan a buscar coherencia con nuestro grupo, no la verdad. La política se convierte en un duelo de gestos, donde discrepar se siente como traicionar.

La política emocional no es nueva. Pero esta nueva política del enfado tiene riesgos. Si el voto se basa en la tripa más que en la cabeza, la democracia deja de ser deliberación y se convierte en una guerra de estímulos. Para recuperar el equilibrio, necesitamos fomentar debates que apelen a la razón sin ignorar las emociones. Porque, al final, el voto no solo refleja lo que sentimos: define lo que seremos.

Sexta estación: el culto a la pureza

No todas las emociones tienen la misma textura política. Algunas nos invitan a actuar, otras a retirarnos. Entre las que más poder han ganado en la retórica de la ultraderecha, destaca una que suele parecer marginal, casi fisiológica: el asco.

Pero el asco no es solo una reacción a olores fuertes o cuerpos en descomposición. Como recuerda el psicólogo Jonathan Haidt, es uno de los fundamentos morales más antiguos y eficaces: marca la frontera entre lo puro y lo contaminado, lo limpio y lo corrupto. Su función original fue biológica (evitar infecciones, enfermedades, venenos), pero en política se transforma en una brújula moral que divide a los nuestros de los otros. Lo diferente no solo se teme; se percibe como ofensivo, como intrusión intolerable en un espacio que debería estar limpio.

Por eso, el discurso político de la ultraderecha no se limita a mencionar el orden o la seguridad. Habla de «limpiar», de «cerrar», de «proteger nuestra forma de vida». No se trata de una metáfora cualquiera. Es una forma de sugerir que el otro no está simplemente equivocado, sino que contamina. Este asco político no se presenta con gritos, se presenta con náusea simbólica. Y funciona porque, de nuevo, no necesita argumentación. Con un gesto de rechazo basta.

La pureza es una emoción moral poderosa. No es una idea, es una sensación. Y, como tal, rara vez se argumenta, simplemente, se experimenta. Las ideologías extremas, tanto religiosas como políticas, la han utilizado históricamente para separar el bien del mal, lo correcto de lo corrupto, lo propio de lo ajeno. La política radical actual no es una excepción: su imaginario está lleno de metáforas higiénicas, cordones sanitarios, paisajes homogéneos y cuerpos sin mácula. La patria se convierte en un espacio sagrado que debe ser protegido de lo que lo contamina. No es una casualidad que en los discursos de los sectores más radicales abunden los términos que evocan suciedad, amenaza o invasión: «mancha», «plaga», «basura», «veneno», «infestación». Tampoco es casual que se evoquen pasados ideales de orden, limpieza y honor: el hogar tradicional, la familia nuclear, el barrio homogéneo, el sexo normativo. La lucha política se narra como una defensa frente a una contaminación. El asco se activa frente a la diferencia, la ambigüedad o la transgresión de normas percibidas como naturales.

Pero conviene matizar varias cuestiones. No es que el barrio homogéneo tenga nada de malo, es el uso que se hace de ello. No es la categoría, sino el empleo que se hace de ello y la intención.

Además, la exclusión simbólica no es exclusiva de la ultraderecha. En el espectro opuesto, también existen formas de desprecio cultural que operan con lógica similar. En España, no es raro ver cómo desde sectores de izquierda se ridiculizan símbolos tradicionales (una pulsera con la bandera, una cruz al cuello, una imagen de la Virgen) como marcadores de ignorancia, conservadurismo o privilegio clasista. Del mismo modo, la derecha extrema caricaturiza a los «perroflautas» o a las «charos» como formas degradadas de lo que consideran la España progresista o feminista.

Y, por supuesto, la palabra *facha* se ha convertido en una etiqueta de impureza política que ya no distingue entre lo reaccionario y lo simplemente discrepante. Así, el rechazo simbólico también opera desde lo que se presenta como emancipador. La lógica del «Ellos no deberían estar aquí» no es patrimonio de una sola ideología, y su aplicación práctica tiene consecuencias similares.

Por ejemplo, en la época de Franco ser homosexual estaba penado por la ley con cárcel y trabajos forzados. La homosexualidad se despenalizó en 1978. No hace tanto. Por suerte, no existe nada igual en nuestros días. Sin embargo, en 2022, la escritora J. K. Rowling fue objeto de campañas de boicot en redes sociales por sus comentarios sobre identidad de género, se la etiquetó como TERF (feminista radical transexcluyente) y se la acusó de «dañar» a la comunidad trans. Las activistas «puras» exigieron que no se le diera espacio en medios o eventos, presentándola como alguien que «no debería estar aquí» en el discurso progresista.

Esta obsesión simbólica por la pureza tiene una expresión estética. Los regímenes totalitarios del siglo XX ofrecieron una iconografía basada en la limpieza visual, la simetría, la exaltación de la familia tradicional, los cuerpos saludables y las masas ordenadas. Basta pensar en las imágenes del fascismo italiano, el nazismo, el franquismo o incluso el putinismo contemporáneo: desfiles, banderas, himnos, uniformes, iconos religiosos, niños sonrientes, mujeres madres, hombres fuertes. Todo comunica homogeneidad, limpieza y disciplina. Este tipo de estética no solo pretende seducir: pretende excluir.

La cultura de la pureza estética también se manifiesta en los discursos sobre el espacio: ciudades «recuperadas» para los nuestros, barrios «limpios» de delincuencia (con frecuencia, sin datos que lo respalden), fronteras «blindadas» y un rechazo al desorden o la mezcla que, en el fondo, es un rechazo al otro. El mensaje es claro: aquí solo hay sitio para quienes encajan en el molde.

Para la ultraderecha, la pureza no es solo un sentimiento: es una estructura. Funciona como principio ordenador del mundo y, con él, construye su relato político. Todo lo que se aleja de ese centro —cultural, sexual, nacional o moral— es interpretado como decadencia, degeneración o amenaza.

Pero hay algo que no debe pasarse por alto: la eficacia de estos discursos no reside únicamente en la manipulación, sino en que se apoyan en problemas reales. En España, el aumento de la inmigración irregular y ciertos choques culturales han generado conflictos tangibles, incluida una mayor percepción —y, en algunos casos, evidencia estadística— de criminalidad. Señalar esto no es racismo, es diagnóstico. El error está en convertir ese diagnóstico en ideología de pureza. Lo mismo ocurre con el discurso *antiwoke*: la cultura progresista institucional ha defendido causas que, en principio, eran justas, como el feminismo entendido como igualdad ante la ley, la libertad sexual o la preocupación por el medio ambiente, pero también ha caído en una lógica excluyente y sectaria, en la que solo se acepta a quienes suscriben una versión homogénea del bien. Los gais que votan a la derecha, las feministas libertarias, los obreros de Vox, los disidentes dentro de los propios colectivos son atacados como traidores, no como interlocutores.

Ahora, el adversario no es impuro por su origen, sino por su posición social y su inconsciencia política. El que no reconoce sus privilegios, el que no se deconstruye, el que no usa el lenguaje correcto, se convierte en enemigo simbólico y, a veces, real. La emoción que se activa no es el asco, sino la culpa. Una culpa que muchas veces deriva en señalamiento, cancelación o burla. Lo hemos visto en la cultura digital: vídeos virales que ridiculizan a «cayetanos», desprecio automático a cualquier símbolo tradicional, desprestigio de disidentes dentro de los propios colectivos.

Quien no encaja en el relato correcto es sospechoso de traición y no merece la protección ni de la tribu ni de la ley. Las mujeres políticas acosadas y agredidas del Partido Popular o de Ciudadanos no merecen nada, mientras que Irene Montero es reconocida como víctima de violencia política. En ese marco, la política deja de ser deliberación entre individuos y se convierte en depuración de los que piensan mal y de los que votan mal. Por eso, Vox insulta a quienes votan al PP, y ambos insultan a quienes no votamos.

La apelación a la pureza también activa un marco moral muy específico: el de la expiación. Si algo está sucio, debe ser limpiado. Si el cuerpo social está enfermo, debe purgarse. Esta lógica conduce a una política del sacrificio, donde el dolor es legitimado como necesario para recuperar la unidad perdida. Un ejemplo perfecto es la comparecencia del presidente del Gobierno, Pedro Sánchez, máximo exponente de la *performance* política, para pedir perdón por confiar en Santos Cerdán. Se presentó maquillado para parecer demacrado, con un traje grande, como víctima traicionada, anunció una purga, y sus palmeros utilizaron ese recurso de apelar al dolor para proclamar la unidad. ¿Quién no se va a compadecer de un amigo traicionado que pide perdón y promete limpiar los desperfectos? La realidad difiere de esa *performance*, pero no se le puede pedir realismo a la ficción.

Este discurso no solo está presente en los grandes gestos, sino también en la vida cotidiana. Políticas que recortan derechos, que excluyen a minorías o que criminalizan el pensamiento se justifican como medidas de higiene social. La censura y la cancelación *woke* es un referente. Mi sospecha es que quienes ahora acusan la cancelación de izquierdas vayan a poner en práctica la propia en aras de la moral. De la suya.

Finalmente, conviene entender que la pureza, en estos discursos, es también una forma de nostalgia. No se trata solo de limpiar el presente, sino de recuperar un pasado sin manchas que nunca existió del todo, pero que se recuerda como único y armonioso. Ese pasado se convierte en un horizonte normativo: todo lo que se aleja de él es declive.

La derecha radical no vende progreso: vende restauración. Y lo hace apelando al malestar, al resentimiento, al miedo. La izquierda radical vende el progreso que fue: vende futuro. Y lo hace con los mismos miedos que la derecha radical. Quien se siente perdido encuentra consuelo en una comunidad sin grietas. Quien se siente amenazado se aferra a la fantasía de un orden sin mezcla. Es una respuesta emocional, pero también profundamente política.

Para cerrar esta estación, presentamos una tabla comparativa que resume las emociones morales dominantes en los extremos ideológicos, sus símbolos y sus rituales. Esta tabla no pretende igualar, sino mostrar cómo ambos extremos tienden a «emocionalizar» la política desde fundamentos distintos, pero funcionalmente parecidos.

Tabla 1. Emociones morales comparadas en los extremos ideológicos

Eje afectivo	**Ultraderecha**	**Ultraizquierda**
Emoción movilizadora	Asco ante lo impuro	Culpa/vergüenza por privilegio (siempre el ajeno)
Objetivo narrativo	Expulsar al contaminante	Desenmascarar al opresor
Palabra sagrada	Orden, limpieza, tradición	Justicia, reparación, privilegio

Enemigo simbólico	El extranjero, el degenerado	El privilegiado inconsciente o no
Moral implícita	Lo puro es bueno	Lo puro es bueno
Ritual típico	Cerramos, expulsamos, restauramos	Denunciamos, deconstruimos, reparamos

Fuente: Elaboración propia.

Séptima estación: los futuros posibles

Es 2035. El líder más carismático de la derecha desnortada tiene casi setenta años. Su voz tiembla, su peluquín también. En su mano derecha, un iPhone sin conexión muestra el último tuit que incendió el mundo antes de que X cerrara por bancarrota reputacional y por la competencia. Los jóvenes que le aclamaban ahora votan en blanco o trabajan para una *start-up* de IA. Los tuiteros veinteañeros más furibundos que le vitoreaban desde sus cuentas de las redes ahora pagan colegios privados con comedor vegano mientras gestionan un fondo criptoético. El mundo ha cambiado. Y ellos también. La pregunta es: ¿qué fue de aquella derecha que lo prometía todo a golpe de meme? El tiempo pone a prueba no solo las ideologías, sino también las acciones representativas. Lo que ahora se llama *performatividades*.

La derecha radical, tal como la hemos conocido en la última década, ha sido todo menos aburrida: disruptiva, visceral, eficaz. Pero ¿qué pasará con ella dentro de diez años? ¿Seguirá ocupando titulares? ¿Habrá mutado, desaparecido, vencido? En lugar de cerrar este capítulo con una tesis, lo abrimos con escenarios. Cuatro caminos posibles para la derecha desnortada. No son predicciones, sino posibilidades. Este apartado final no denuncia: imagina. Proyecta futuros posibles para una corriente que se nutre del conflicto, pero que tal vez no sepa cómo vivir sin él. O tal vez sí.

Escenario 1. El conservadurismo líquido

Consiguieron ganar. Gobiernan. Cambiaron las leyes, colonizaron instituciones, barrieron el pluralismo. Pero algo falló: sin enemigos, sin épica, sin relato de agravio, la mística se evaporó. La derecha radical conquista el poder en varios países, pero se modera para mantenerse. Sus discursos se vacían, sus eslóganes envejecen, sus perfiles de TikTok se vuelven institucionales. Gobiernan, sí. Pero ya no entusiasman. ¿Cuánto tiempo son capaces de mantenerse en el poder?

La propaganda electoral a lomos de un corcel, como si del Cid del siglo XXI se tratara, ha desaparecido y ha sido sustituida por la tecnocracia. En España ya lo vivimos con Franco. Y, tras el subidón de los primeros años sesenta, el desarrollismo nos dejó una herencia económica envenenada cuyo titular podría ser cultura empresarial inexistente y baja competitividad. Pero es la única solución que puede salir de las cabezas de los exfalangistas: esto se arregla con un plan. Por desgracia, las propuestas más liberales lideradas por Rubén Manso e Iván Espinosa de los Monteros fueron expulsadas del partido hace tiempo. Y, ahora, más de diez años después, están disfrutando de su dorado retiro, con sus nietos, y de las rentas de sus inversiones privadas.

¿Dónde han quedado las guerras culturales cuando ya has impuesto tu propia cultura? La política de oposición es estimulante, pero gestionar un país, por el contrario, es tremendamente aburrido. La limpieza institucional carece de romanticismo. Ahora tienes que ser eficiente y cumplir con los sueños prometidos.

—Nos prometisteis dinamita y nos disteis decretos y planes —les dicen sus votantes decepcionados.

—Es que gobernar no es tan fácil. Trabajamos mucho más de lo que creéis.

—Ya... Eso decían «los otros» y nos convencisteis de que todo era puro teatro.

¿Dónde está el carisma cuando no hay nada que salvar? ¿Cuando no basta con invocar a la patria porque ahora toca gobernarla? El resentimiento y la resistencia no llenan la nevera. Y los españoles ya vivieron el empobrecimiento con el socialismo sanchista que tanto costó desalojar.

Escenario 2. La involución sentimental

No han llegado a gobernar. Y, aunque han pasado diez años, no se han enterado. Conservan algo de presencia, pero ya no entusiasman. Han envejecido mal. Porque diez años en términos de cambio tecnológico aplicado a la comunicación, la enseñanza, la producción, la vida, en este siglo XXI, es mucho. Y quien no se adapta, se queda fuera. Se podría decir que son abuelos de sí mismos. Intentan viralizar sus discursos, pero compiten con *influencers* globales de veintidós años que dominan el nuevo lenguaje político y que se han desencantado de esa estética del grito. Las nuevas generaciones ven los debates de 2023 cómo sus padres vieron las tertulias de los años ochenta y la movida: como reliquias de otro tiempo, a veces bochornosas.

Estos jóvenes, que ahora sostienen el país, han acabado agotados de histrionismo y *hashtags*, y relegan a la derecha radical a un recuerdo *kitsch*. Sus banderas se convierten en camisetas *vintage*; sus líderes, en hologramas caricaturescos de *reality shows*. La política se reorienta hacia debates posideológicos: la demografía, el agua, la inteligencia artificial, la precariedad. El algoritmo ha sido domesticado y es más funcional, menos cruel, más ético, y los humanos han aprendido a emplearlo adecuadamente, sin dañar a los demás, y sin anular la capacidad creativa.

¿Dónde está la nueva disidencia? ¿El nuevo punk? En otro lugar, con otros gurús que no podemos adivinar hoy. Tal vez hay jóvenes a favor del cálculo aritmético mental, o que defienden la necesidad de hablar en latín. ¿Quién sabe? Por suerte para todos, la transgresión no es estática, también tiene fecha de caducidad y evoluciona.

El sesgo de negatividad que alimentó la narrativa apocalíptica pierde fuerza frente a una juventud que prefiere construir a lamentar. El agravio ya no moviliza; la nostalgia ya no seduce. La derecha desnortada es un logo en una taza.

Escenario 3. La mutación identitaria

No han gobernado. Están replegados. Han abandonado el sueño de conquistar el poder. Así que se agrupan en comunidades simbólicas: padres que educan en casa «a la antigua», *microinfluencers* de valores, criptocatólicos, ecoidentitarios. Ya no hacen política, hacen tribu. La derecha desnortada no muere: muta y, tal vez, para bien. Se alía con el bioconservadurismo, con el tecnonacionalismo, con plataformas de soberanía de datos. No quiere volver al pasado, quiere controlarlo todo desde el futuro.

Proponen cosas como chips patrióticos, criptomonedas nacionalistas, IA con filtro falangista, el falanfiltro. El patriotismo se vuelve tecnológico y se reclama la soberanía energética, la soberanía digital. Un aislacionismo de nuevo cuño solo para muy cafeteros. No son una opción electoral. Como la política les quedaba grande y se han dado cuenta, ofrecen su visión de futuro a sus parroquianos, a aquellos que libremente eligen su opción. Más que ocupar el espacio público, han creado un lugar paralelo a su imagen y semejanza. Y allí están bien. Han dejado atrás el pasado y han mantenido la esencia ultra, adaptada al futuro que nos ha sobrevenido. Ahora compiten con otros espacios paralelos. Como en un escaparate, los ciudadanos eligen una u otra opción como quien decide el punto de la carne: sin traumas.

La derecha desnortada se ha convertido en un micronicho afectivo.

Escenario 4. La traición necesaria: cuando la economía manda

Los gritos de campaña no pagan las facturas. Y los gobiernos radicales descubren que hay instituciones internacionales, deuda, inflación y mercados esperando en la puerta. La retórica no cuadra las cuentas, y las promesas de pureza se negocian en el *BOE*. En uno más grueso o en uno más delgado, pero en un *BOE*, al fin y al cabo. Milei marcó el camino. Hace diez años, él prometió motosierra y, para cumplir con ello, pactó con la derecha tradicional, de la que había abominado, y rescató a los tecnócratas.

De las cenizas del desconcierto, en el año 2035 surge una derecha renovada, crítica pero dialogante. El discurso incendiario, que es puro teatro, se combina con la gestión profesional de las políticas públicas. ¡Qué paradoja! Los anarcocapitalistas descubren que la anarquía es una utopía, un punto de fuga en la perspectiva del cuadro, el horizonte inalcanzable. Y es que, por el camino, hay que favorecer que los ciudadanos generen riqueza en una sociedad hipercompleja.

Esta derecha radical no reniega de la tradición, pero la cuestiona; no teme a la modernidad, pero la encauza. Sus líderes leen a Edmund Burke, a Alexis de Tocqueville, a Roger Scruton, y entienden que la identidad no es una trinchera, sino un puente. Este posibilismo, anclado en la eficacia como necesidad, apuesta por soluciones prácticas y abandona los lamentos estériles. Jesús Huerta de Soto ha sido el ministro de Economía que ha marcado esta transición en España. Y ha dirigido su ministerio como llevaba sus empresas: con rigor y equilibrio presupuestario. Pero con jerarquía.

Es un escenario improbable, pero no imposible. Los votantes más fanáticos, aquellos para quienes la ultraderecha o el radicalismo era una pantalla sobre la que proyectar sus propias insatisfacciones, están muy decepcionados. Esta adaptación refuerza su mantra «Nos han dejado solos». Una nueva traición. Lo comentan siempre mientras sus nietos los miran con ternura, a sabiendas que ese pasado ha quedado obsoleto.

Por otro lado, los ciudadanos y nuestros vecinos respiran aliviados. Si Argentina salió del pozo y en diez años ha recuperado el nivel económico de cualquier país desarrollado, tal vez hay que repensar las cosas y aceptar el pragmatismo, aunque se mantenga la estética disruptiva del personaje para eventos determinados.

En este futuro, la derecha desnortada de 2025 ha recuperado el sentido y se ha dado cuenta de que no se puede salvar el mundo. Ni a nadie. A lo más que se puede llegar es a gestionar con cabeza.

Epílogo: el espejo roto de la derecha

La derecha desnortada no es solo un fenómeno político: es un espejo de nuestra psique colectiva. Sus excesos reflejan nuestros miedos; su desconcierto, nuestra búsqueda de sentido. Nuestra triple encrucijada —pasado, presente y futuro— se puede plantear de otro modo: el pesimismo, que ve el mundo roto y se rinde al caos; el optimismo, que sueña con un futuro redentor sin enfrentar sus contradicciones; y el posibilismo, que elige construir desde los escombros con pragmatismo y esperanza.

La psicología nos enseña que estas elecciones no son azarosas. La disonancia cognitiva nos empuja a justificar nuestras creencias, incluso cuando chocan con la realidad. El sesgo de confirmación nos lleva a buscar solo las piezas que encajan en nuestro relato. Y nuestra identidad social, esa necesidad de pertenecer a una tribu, moldea si vemos el futuro como amenaza, utopía o proyecto colectivo. Pero la teoría del afrontamiento nos recuerda que podemos elegir cómo enfrentar la incertidumbre: con miedo, con idealismo o con acción deliberada.

Hemos recorrido siete estaciones, en las que hemos reflexionado sobre la dirección, la polarización, el líder mesiánico, los recursos retóricos como la casta, el voto instintivo y las redes sociales, el asco y la pureza como herramientas movilizadoras y los posibles futuros de la derecha. ¿Qué aprendizaje sacamos? ¿Se pueden esquivar los sesgos? Probablemente no, pero se pueden modular. Para eso existe la consciencia y la reflexión, el pensamiento crítico.

Cada uno de nosotros, en cada voto, en cada conversación, en cada idea que defendemos o cuestionamos, elige. La derecha desnortada no es el fin, ni el umbral, ni el destino: es una pregunta. ¿Qué futuro queremos? ¿Uno apocalíptico, donde el agravio reina? ¿Uno esperanzador, pero ciego a sus fallas? ¿O uno posibilista, donde el espejo roto se convierte en mosaico? El rumbo no lo dictan los algoritmos, los memes ni los líderes carismáticos. Lo dictamos nosotros.

8

La religión y la política desnortada

por Joseba Louzao

Al invitarnos a imaginar un mundo en el que las ciencias hubieran desaparecido tras una catástrofe, Alasdair MacIntyre nos propuso una imagen provocadora en las páginas introductorias de *Tras la virtud* (1981). Los supervivientes, si intentaran reconstruirlas a través de los escasos fragmentos existentes, se darían cuenta de que eran incapaces de comprender realmente el sentido real de las proposiciones científicas. Para MacIntyre, algo similar había ocurrido con la moral moderna. Se había perdido el marco intelectual que daba sentido a los debates éticos desde antiguo. De esta forma, hemos pasado mucho tiempo hablando de ética con términos heredados de antiguas tradiciones, pero desconectados de su contexto original. Según este filósofo moral escocés, la causa principal era la ruptura con la tradición aristotélica que durante siglos había ofrecido coherencia a las formulaciones morales.

Algo parecido parece ocurrir hoy en el terreno político. No es fácil explicar lo que nos está sucediendo. Las palabras que usábamos habitualmente han volado por los aires. O, al menos, esa es la sensación de muchos. Cada vez son más los analistas que se ponen la venda antes de la herida y proclaman que los conceptos políticos tradicionales ya no sirven de mucho. Aunque quizás no podamos prescindir de los términos e ideas que todavía influyen directamente en nuestra realidad política. Estamos en ese «trastiempo» en que no sabemos si algo nuevo aparecerá o si, por el contrario, después de la tempestad, volveremos al inicio. La derecha liberal —pensemos en un liberalismo clásico moderado, el conservadurismo de raigambre liberal, la democracia cristiana o algunas derivaciones libertarias— tiene que hacer frente hoy al avance de una derecha iliberal —conservadores identitarios, populistas o derecha radical—, que puede aparecer con múltiples rostros e, incluso, coquetear con las versiones tradicionales del antiliberalismo, como el fascismo, el tradicionalismo reaccionario, el integrismo o el supremacismo etnicista.

En el momento actual en que la socialdemocracia está en retroceso y descolocada, es en el lado derecho del tablero donde se encuentra un debate intenso por el control de esta tradición política. Por momentos parece que las antiguas etiquetas —conservador, tradicionalista, reaccionario, nacionalista...— no sirven de mucho para analizar lo que nos está pasando. Pero tampoco tenemos otros conceptos. Ya nos lo advirtió Lionel Trilling en *La imaginación liberal* (1950): «Suponer que podemos pensar como los hombres de otro tiempo es un espejismo, equivalente a suponer que podemos hacerlo de manera completamente distinta».

En medio de toda esta trama, la experiencia religiosa sigue jugando un papel fundamental. Hubo un tiempo en los orígenes de la modernidad en el que los adalides del progreso defendían su desaparición. A finales del siglo XX y los primeros estertores del XXI, se reclamó que la religión había regresado. En la actualidad, los creyentes siguen jugando un papel importante y la confesión religiosa, como un fenómeno elástico y complejo de definir en unos contornos limitados, aparece cotidianamente en los análisis públicos. La religión sigue presente en la vida pública, aunque lo hace de maneras diversas, difíciles de encasillar. En este sentido, no podemos olvidar que la interrelación entre la derecha y ella ha sido intensa. Por eso, este ensayo intenta, con sus posibles limitaciones, señalar algunos modelos ideales y estereotipados de posibles relaciones entre las alternativas antiliberales o iliberales a un conservadurismo clásico de raigambre demoliberal (véase lo señalado un poco más arriba sobre esta clasificación). Pero antes de hacerlo, conviene mirar brevemente hacia atrás y revisar qué ideas han sostenido los conservadores sobre el papel de la religión a lo largo del tiempo.

Las derechas y la religión

El nacimiento de la política moderna fue entendido por muchos cristianos como una amenaza para su forma de vivir y pensar la realidad. Poco importaba si realmente eso era así de verdad o no. Sus adversarios también vieron que la modernidad podría ser esa agua que apagara el fuego de la religiosidad. El papel de las iglesias debía ser repensado en un contexto emancipador y cambiante. El Antiguo Régimen estaba en derribo y ya nada podría ser igual. Desde entonces, los episodios de confrontación entre modernidad y religión fueron constantes, a pesar de que algunos de los anclajes revolucionarios nacían de fuentes religiosas. Todo ello generó cierta lentitud en la conformación de unas ideas propias en un marco nuevo. Como respuesta, nació una vía tradicionalista, reactiva a la revolución y al liberalismo. El tradicionalismo ligó los designios de la monarquía a los de la religión. Su defensa del trono y del altar los unió de manera irremediable.

El conservadurismo se originó en estos ambientes contrarrevolucionarios, pero se separó rápidamente del tradicionalismo. Nació con diversos contornos y, por ello, ha sido siempre un universo ideológico del que nunca se ha establecido un corpus doctrinal cerrado. Como supo ver Robert A. Nisbet, se alza frente a los excesos del racionalismo revolucionario de finales del siglo XVIII y cualquier intento de rediseñar la sociedad que les tocó vivir. Por ese motivo se podría ligar más con un estilo de pensamiento que con una ideología propiamente dicha. A lo largo del siglo XIX, el conservadurismo terminó por aceptar una parte de los presupuestos del liberalismo, aunque con matices diferenciados. Muchos conservadores desconfiaron entonces de que la democracia pudiese garantizar la libertad.

Pero los conservadores se fueron haciendo liberales y asumiendo más las formas liberales que los principios. Nacerá un liberalismo de corte conservador que pondrá en valor las instituciones intermedias, la familia, la religión o las asociaciones locales, a las que consideraban fundamentales para la cohesión social. Se opusieron así a cualquier debilitamiento de las formas comunitarias tradicionales. No solo se trataba de volver a reponer el pasado, había una fidelidad creativa hacia lo que había sido. Para ellos, la religión era una institución antigua y con poder para establecer límites morales y sentido de pertenencia. Era un pilar de la tradición que no se podía desdeñar y servía también para, junto con la familia, la comunidad local y otras formas de asociación, poner freno a la expansión política vía autoridad del Estado.

Los conservadores pensaron que la pérdida de la religión era una causa de desintegración social, lo que dejaba un vacío difícil de cubrir en cuanto a la identidad y la comunidad. El caso español del siglo XIX nos demuestra esta preocupación creciente. En España, la ciudadanía que se fue construyendo era esencialmente católica. La estrecha relación entre el poder político y la Iglesia favoreció que la ciudadanía española se entendiese solamente desde las claves confesionales, como quedó plasmado en las Constituciones y las normas legales. De esta manera, la religión aportaba legitimidad y cohesionaba la nación, excluyendo a todos aquellos que no eran católicos.

En las décadas finales del siglo XIX, los conservadores comenzaron a cerrar una serie de compromisos que cambiaron la historia. De esta forma, fueron aceptando la democracia liberal, el juego electoral y el pluralismo. Hubo quienes se deslindaron y derivaron en un nacionalismo de derechas que rechazaba la democracia y, por otra parte, se conformaron grupos de derecha radical y autoritaria que, en muchos casos, terminaron abrazando la novedad fascista. En paralelo a este proceso, surgieron los primeros ensayos de una incipiente democracia cristiana que evitaba ser identificada como una política confesional. En cualquier caso, la religión siguió ocupando una centralidad incuestionable en el espacio conservador.

Tras la Segunda Guerra Mundial, lo que podríamos denominar el centroderecha se adaptó al estado del bienestar intervencionista y favoreció la consolidación de la democracia. Con todo, el liberalismo clásico conservador pasó por horas bajas y se sumó a la corriente democristiana en muchos lugares. La posguerra favoreció en el continente europeo la revalorización y el desarrollo de la democracia cristiana. Pero también se fue desarrollando un nuevo liberalismo, que podríamos definir como neoliberalismo, que cambió muchas tendencias en los setenta y los ochenta con la defensa del Estado mínimo y la centralidad del mercado. Aun así, la relación entre la derecha y la religión siguió siendo similar, salvo casos conocidos como la actividad de los evangélicos con Ronald Reagan. El centroderecha asumió la neutralidad del Estado en materia religiosa, defendió la libertad de credo y apostó por la separación entre Iglesia y Estado. De hecho, la democracia cristiana era una propuesta que rompía con la idea de un proyecto confesional y pretendía ampliar sus bases más allá de los cristianos. Sin embargo, mantenía la religión como un elemento clave del patrimonio cultural de Occidente. Quizás hubo acentos diferenciados entre las tres familias. Así, los liberales de raigambre clásica pusieron el acento en la aceptación del pluralismo; los democristianos creyeron que la religión era una fuente ética ineludible en el marco de la democracia pluralista, y los nuevos liberales defendieron con ahínco la libertad de creencia y que el Estado no debía jugar ningún papel en materia de fe.

Uno de los últimos políticos conservadores que reflexionó en público sobre la religión en la derecha fue Nicolas Sarkozy. En su libro *La República, las religiones, la esperanza* (2004), hizo una defensa de la laicidad que definió como positiva, que ponía en valor el papel de la confesión religiosa en la vida pública. El entonces presidente francés consideraba que la religión era un derecho fundamental y una fuente de esperanza y valores. Además, reconocía la importancia de las raíces cristianas de Francia, pero insistía en la libertad de cada persona en creer, o no creer, en lo que quisiera. El contexto no era neutral. El continente se encontraba con resaca tras los debates sobre las raíces cristianas de la Unión Europea en el marco del debate sobre la fallida Constitución europea. Aunque es un debate olvidado hoy, sus consecuencias se dejan notar todavía con fuerza. Mucho del alimento de las alternativas a la derecha demoliberal nace de este *shock*.

Tras los reajustes ideológicos que siguieron a la caída del Muro de Berlín, así como las sucesivas crisis políticas y económicas que hemos sufrido, en el lado derecho del tablero se han despertado diversas posiciones que rompen con esta tradición más inmersa en la democracia liberal. Desde entonces, en la derecha se han producido diferentes reamoldamientos que buscan nuevas propuestas para un conservadurismo de nuevo cuño. Lo paradójico es que intentan responder a los desafíos presentes con novedades intelectuales que, en el fondo, están ancladas en ejemplos antiguos. Estos modelos no son meras reliquias del pasado, sino que se han convertido en matrices intelectuales que siguen configurando las relaciones entre religión y política en la actualidad. Y, en muchos casos, se convierten en una tentación para un número importante de electores del centroderecha. Además, como veremos más adelante, todas estas opciones son bastantes promiscuas entre sí y es complicado saber dónde comienza una y termina la otra.

La opción constantiniana

El emperador Constantino, sin ser muy consciente del impacto que tuvo en la historia del cristianismo, impulsó la transformación de las relaciones entre la Iglesia y el Imperio. La Iglesia pasó de ser perseguida a ser ella misma el Imperio. El camino fue largo y costoso. La era constantiniana fue el tiempo del nacimiento de la civilización cristiana. Se produjo una unión simbólica e institucional entre el poder político y el religioso. Y, en paralelo, se desarrollaron dos procesos interconectados: se politizó la teología y se sacralizó la política.

Con la idea imperial constantiniana, los prelados comenzaron a recibir el trato de altos funcionarios imperiales. Los obispos fueron considerados «gobernadores religiosos» de los territorios y recibieron, por esta razón, algunas subvenciones imperiales. Esto demostraba claramente que Constantino entendía que la función del cristianismo para con su poder era mantener unido al Imperio, dándole una estructura religiosa fuerte y cohesionada. Aunque a veces se deja de lado, en su obra *Vida de Constantino*, el obispo Eusebio de Cesarea estableció el modelo ideal del emperador cristiano. En aquellas páginas no solamente narraba la biografía del mandatario, sino que dejó por escrito lo que entendía que debía ser el buen *basileus* ('emperador'). Desde entonces, esta fue la vara de medir teopolítica de los emperadores a lo largo de los siglos.

De entre las características que recogía Eusebio, podemos destacar que entendía que el emperador era un vicario de Dios y su siervo político-espiritual. Este líder se convertía así en un obispo temporal y necesitaba estar repleto de las virtudes cristianas —como la piedad, la justicia o la clemencia— y debía mostrar un compromiso ilimitado con la causa cristiana. Constantino es descrito como piadoso y benefactor, y como alguien que actúa siempre en virtud de un intercambio con Dios (*do ut des*), mostrando así su devoción y su legitimidad. Su fe le granjeaba la idoneidad para ser un instrumento dentro del plan divino.

A lo largo de la historia, son legión quienes han buscado una fusión de carácter constantiniano. En parte, el nacionalcatolicismo franquista intentó algo similar con sus matices y periodos. En la actualidad, no es un camino fácil de tomar. Pero eso no significa que no haya intentos de hacerlo. Cuando se piensa en la opción constantiniana en nuestros días, enseguida viene a la mente Vladímir Putin. Su modelo ha fusionado el cristianismo ortodoxo con el Estado ruso. Putin se presenta así como el defensor del mundo ruso, que es más extenso que las actuales fronteras de la Federación Rusa. La unión simbólica entre el poder político y el poder religioso en ese país es estrecha desde hace siglos. Rusia se ha pensado como la Tercera Roma, como herederos de Bizancio. Es una simbiosis que se ha ido articulando en las décadas de poder de Putin. Ya no es sencillo saber dónde termina y acaba cada una de las dos realidades y permite conectar al presidente con la memoria de los zares y del pasado imperial.

En el proceso, Putin siempre se ha apoyado en el patriarca Kirill de Moscú y de todas las Rusias, que no ha dudado en la sacralización de esta alianza. Este líder religioso no puso ninguna pega, por poner un ejemplo significativo, a bendecir al presidente y considerar que sus mandatos son un milagro que la divinidad otorga al pueblo ruso. Su papel en la campaña electoral de 2012 no fue secundario. En realidad, Putin ha encontrado su propio Eusebio de Cesarea. Y ha ido creciendo con el tiempo. En la celebración de la Pascua de 2025, su discurso expresó con claridad su particular teología política. Comenzó su alocución diciendo que el día de Pascua es un día de victoria. Aunque después se corrigió y suavizó su discurso, también hizo referencia a «que la paz, la prosperidad, la ausencia de todo conflicto —que resultan especialmente temibles en las condiciones de la civilización moderna— desaparezcan y que nada se interponga en el camino de nuestro pueblo». Toda una declaración de intenciones. Un documento programático del XXV Consejo Mundial de los Pueblos de Rusia de 2024, que es un organismo con presencia del clero, círculos intelectuales conservadores y funcionarios públicos. En él se puede leer que «el sentido supremo de la existencia de Rusia y del mundo ruso que ha creado —su misión espiritual— es ser el freno del mundo, protegerlo del mal. La misión histórica consiste en derrotar, año tras año, los intentos de hegemonía universal en el mundo, los intentos de subordinar a la humanidad a un único principio maligno».

El cristianismo ortodoxo ha permitido legitimar al poder político de Putin y ha favorecido unos acentos nacionalistas y antioccidentales. Los valores ortodoxos tradicionales deben defenderse y utilizarse en una guerra sin cuartel frente a los enemigos exteriores. Para Putin, la religión es la argamasa de la identidad nacional rusa y lo que ha permitido la cohesión nacional a lo largo de la historia. La Iglesia ortodoxa no ha dudado en alimentar este discurso en todos los ámbitos posibles. Y ha sido la palanca diplomática que mantiene su influencia sobre el área postsoviética, como puede ser los Balcanes. Kirill identificó la invasión a Ucrania como una guerra sagrada. Tanto el Kremlin como la Iglesia ortodoxa rusa han perseguido a los disidentes, especialmente sacerdotes, que se han opuesto a la invasión de Ucrania.

Esta opción no tiene fácil encaje en otras realidades geográficas. Pero sí que es una posición a la que miran con cierta expectación e idealismo algunos de los movimientos de derecha radical y extrema derecha. La opción constantiniana es el deseo al que les gustaría optar. En este proceso, tiene mucho que ver la influencia intelectual de Aleksandr Dugin sobre varios de estos grupos. Dugin ha defendido que Occidente ha abolido lo sagrado y es una civilización contra Dios y contra la tradición. Su presencia en publicaciones de extrema derecha de medio mundo es habitual. Su tesis de la Cuarta Teoría Política intenta superar las ideologías del pasado, que él identifica como el liberalismo, el comunismo y el fascismo. Para Dugin, ya no responden a los retos presentes, por lo que él plantea como alternativa una propuesta antiliberal, que defiende la identidad de los pueblos, pero huye de una globalización que identifica con el imperialismo cultural estadounidense. No puede sorprender que elija a Rusia como la punta de lanza de esta Cuarta Teoría Política, como pilar que aúna Europa y Asia. El enemigo sigue siendo el imperio de Estados Unidos.

La opción carolingia imperial

Carlomagno fue coronado el día de Navidad del año 800. El papa León III le impuso una vistosa corona imperial y lo bendijo como emperador cristiano de Occidente. Carlomagno había invocado el espíritu de la Roma antigua para justificar su proyecto político. Las fuentes carolingias nos indican que no lo esperaba e, incluso, que de haberlo sabido no habría acudido a la celebración. Cuesta imaginar que esto fuera cierto. Tanto León III como Carlomagno salían ganando con el ritual, aunque ambos discrepaban en la interpretación simbólica de la coronación. Sin embargo, mediante aquel gesto se materializaba ese sueño de tantos monarcas anteriores que buscaron la renovación imperial, la *renovatio imperii*. El monarca conseguía situarse en el centro del poder y reforzaba su papel como protector de Roma y de los Estados Pontificios. El papado conseguía emanciparse de Oriente y buscaba la seguridad que le ofrecía Carlomagno, quien le había ayudado a reprimir una conjura contra su persona. En Constantinopla entendieron que se trataba de una usurpación imperial. De hecho, se habían realizado algunos cambios en el modelo de ritual oriental: Carlomagno fue coronado por el papa, acción que destacaba simbólicamente que era el pontífice quien le otorgaba la dignidad imperial.

No hubo acuerdo sobre el conflicto de autoridad y de quién era la primacía. En la teoría, la máxima autoridad política debería recaer entonces en el emperador y la autoridad espiritual sería responsabilidad del papa. En la práctica, aquello fue mucho más complejo, ya que nos encontramos ante dos modelos imperiales diferentes. La idea de imperio de León III no era la misma de Carlomagno. El emperador, en cualquier caso, se convertía en el *advocatus Ecclesiae*, responsable de la tutela de la Iglesia, de la defensa del papado y de la expansión misionera, ya fuese mediante la palabra o la espada.

Alberto Melloni rescató el ejemplo de Carlomagno en vísperas del conclave que eligió a León XIV en mayo de 2025. Este historiador italiano señalaba que detrás de la visita del vicepresidente estadounidense J. D. Vance a un papa Francisco que agotaba sus últimas horas de vida se podía rastrear un intento por desarrollar una nueva política neoimperial por parte de la Administración Trump. Vance pretendería así establecer una unión entre el imperio y la Iglesia. La Casa Blanca protegería y daría un altavoz al pontífice, siempre y cuando este se aviniese a apoyar las tesis de Estados Unidos. Hay que recordar que Vance es un converso al catolicismo que, en esa visita meses antes de la muerte del papa Francisco, defendió las medidas contra la inmigración de su Gobierno desde una lectura particular, que fue duramente criticada, del *ordo amoris* de san Agustín de Hipona. Entre los más críticos se encontraba el entonces cardenal y religioso agustino Robert Francis Prevost, el futuro León XIV.

Trump no ha ligado en ninguno de sus discursos la labor imperial de Estados Unidos con la religión, pero su retórica inflamada de providencialismo del destino manifiesto puede ser interpretada en esta clave: MAGA (*Make America Great Again*). Para Trump es la religión la que ha mantenido unido al país y, después de su intento de asesinato, ha vinculado su misión política con un propósito religioso. Su locuacidad lo ha hecho incluso declararse un «instrumento de Dios». Algunos de los líderes evangélicos que le han apoyado también han visto en Trump un trasunto de otro emperador, el persa Ciro: no es un hombre especialmente piadoso, pero sí un instrumento de Dios para cumplir un propósito nacional. Esto justificaría cualquier apoyo a pesar de sus muchos defectos.

La deriva neoimperial de Trump se dejó ver en su investidura cuando señaló aquello de que «nada se interpondrá en nuestro camino, el futuro es nuestro». Algunos analistas vieron aquel acto como un ejercicio litúrgico de un nuevo imperio. En la ONU, Trump habló de la libertad religiosa y allí señaló que Estados Unidos «apoya a los creyentes de todos los países que solo piden la libertad de vivir de acuerdo con la fe que tienen en sus propios corazones» y defendió la protección de la libertad religiosa como una de sus mayores prioridades. Su vicepresidente ha ido más lejos al identificar que la política exterior estadounidense debe defender la cristiandad y proteger a los cristianos perseguidos por su fe.

En realidad, y como en el tiempo carolingio, se trataría de conjugar las dos espadas: el emperador confirma la elección del pontífice y el papa consagra al emperador. Con toda probabilidad, esta hipótesis no pasa a ser un juego intelectual de Melloni y nunca estuvo sobre la mesa. Sin embargo, es un camino ideal que se puede tomar en diferentes contextos. Más si se tiene en cuenta la importancia de un número de pensadores y académicos católicos que han aportado músculo a Trump con sus pretensiones de construir un orden posliberal. Éxito dentro del fracaso. La lista es larga, con algunos conversos entre ellos, como Gladden Pappin —y su periódico *American Affairs*—, Adrian Vermeule, Sohrab Ahmari, R. R. Reno, la revista *First Things* o Patrick Deneen. Creen que el liberalismo es tan hegemónico como frágil y, por eso, ha fracasado. Y llevan tiempo buscando alternativas que puedan enlazarse con su propia tradición. Son una especie de profetas de un nuevo orden posliberal. A veces, hasta iliberal, por lo que no es extraño que miren con cercanía al Grupo de Visegrado (Eslovaquia, Hungría, Polonia y República Checa). A veces han mirado más hacia la Hungría de Viktor Orbán, otras hacia la Polonia del partido católico Ley y Justicia.

Resumiendo algunas de sus formulaciones, este grupo de intelectuales creen que el liberalismo es paradójico porque, desde su defensa de la diversidad, mantiene una tendencia a la hegemonía política y cultural. También quieren escapar de la apuesta liberal por lo que entienden es un liberalismo excesivo, que desdeña las instituciones sociales que aglutinan a las personas en colectivos. Tampoco defienden la neutralidad en el campo moral, porque piensan que solamente se deja de lado la neutralidad para atacar a la tradición. Y se revuelven contra la tentación del liberalismo de convertirse en una religión civil o de sustitución y contra la división entre lo público y lo privado.

Esta es una propuesta teopolítica que ha ido ganando enteros. Uno de estos pensadores posliberales, el filósofo católico Edward Feser, defendió a Vance de las críticas en su incursión agustiniana. Y, entre ellos, también se puede encuadrar un intelectual que ha apostado por otra vía para el cristianismo del siglo XIX: Rod Dreher y su opción benedictina.

La opción benedictina

Rod Dreher, otro converso —en este caso mutante, pues ha tenido cambios de confesión religiosa a lo largo del tiempo—, se hizo mundialmente reconocido con su libro *La opción benedictina* (2017). Dreher se encuentra dentro de ese grupo de pensadores posliberales, pero tiene un perfil propio que muestra otro modelo de relación entre religión y política y que ha sido atractivo para un número considerable de católicos en Europa. Cree como tantos otros que uno de los pilares fundamentales de la civilización occidental se desmorona. Tomando como punto de partida algunas de las reflexiones sobre el desacuerdo moral de las sociedades modernas de Alasdair MacIntyre y el ejemplo histórico de san Benito de Nursia, Dreher proponía una especie de repliegue de los cristianos hacia comunidades contraculturales basadas en la fe. La opción benedictina se transformaba en una especie de estrategia para la supervivencia de la Iglesia en una sociedad que se puede definir como poscristiana.

Estos planteamientos fueron discutidos desde la misma publicación de su ensayo en 2017. Para muchos de sus críticos, aunque Dreher haya rechazado este tipo de lecturas, se trata de una apuesta por generar procesos de guetización y una huida de la realidad para proteger la identidad propia. El propio MacIntyre consideró que había sido malinterpretado en sus posicionamientos. En ocasiones anteriores, ya había rechazado que lo utilizasen como un liberal o como un conservador.

MacIntyre aclaró que su referencia a san Benito no pretendía sugerir un retiro o un aislamiento de la sociedad, sino la creación de nuevas formas sociales que interactúen activamente con su entorno y contribuyan al bien común.

Según MacIntyre, las comunidades benedictinas históricas no se aislaron, sino que establecieron una relación simbiótica con las aldeas y la sociedad circundante, lo que contribuyó a la educación, la economía y la vida social local. El pensador escocés critica la tendencia de la opción benedictina a interpretarse como un retiro defensivo y conservador, y subraya que su intención era proponer un nuevo tipo de compromiso social, no un repliegue.

Dreher siempre ha defendido que la opción benedictina no es un esconderse en las catacumbas, sino una preparación para salir al mundo mejor equipados. También ha señalado que se ha inspirado en MacIntyre, pero no ha buscado aplicarlo literalmente. Se aprovechó de sus planteamientos para encontrar una forma de encontrar una salida de los cristianos en una nueva Edad Oscura. Su posicionamiento ha tenido seguidores no solamente en el campo de lo teórico. En Francia, la iniciativa inmobiliaria Monasphère ha buscado hacer realidad esta opción benedictina. La idea es sencilla: construir o rehabilitar casas en los alrededores de algunos monasterios para que en ellas vivan comunidades cristianas que puedan generar apóstoles que evangelicen el país.

El propio Dreher ha citado otros ejemplos, como el grupo italiano Tipi Loschi, una comunidad de una veintena de familias católicas que desde la década de los noventa han creado espacios comunitarios, como una escuela y una red de apoyo, aunque trabajan y viven en sus propias casas, incluso van a diferentes parroquias los domingos. Ellos han tomado la opción por una vida compartida y con un fuerte sentido de comunidad.

Como señalaba al inicio, hay bastante promiscuidad dentro de estas opciones. En la actualidad, Dreher reside en Budapest, donde ha sido contratado por *think tanks* políticos como el Instituto Danubio. Desde entonces, ha dedicado muchos artículos a defender el universo iliberal de Orbán. Un modelo que Dreher ha recomendado seguir al resto de los conservadores occidentales. Aunque sean posiciones con evidentes diferencias, Dreher considera que es un ejemplo práctico de cómo un Estado puede proteger y favorecer la creación de comunidades cristianas fuertes y contraculturales, tal como él propone en su libro.

La opción carolingia identitaria

El 16 de junio de 1989 se celebraba el recuerdo de la Revolución húngara de 1956. Delante de la tumba de aquellos héroes nacionales, hablaron diversos personajes más o menos populares en el país. Entre ellos se encontraba un liberal de veinticinco años que se atrevió a denunciar a los líderes comunistas y exigió que las tropas soviéticas se marcharan del país. Aquel joven se llamaba Viktor Orbán. Su carrera política no había hecho más que comenzar. Tres décadas después, el Partido Popular Europeo tuvo que enfrentarse a la deriva política de Orbán. Ya no era joven y mucho menos liberal. Primero le suspendieron y, posteriormente, expulsaron a su partido, Fidesz. Por el camino, la Hungría de Orbán se había convertido en el principal laboratorio para una derecha a la que la incomoda la democracia liberal. Orbán ya había anunciado en varias ocasiones que la era liberal había muerto. En una conferencia, señaló que se necesitaba «algo nuevo. Podemos llamarla antiliberal, podemos llamarla posliberal, puedes llamarla democristiana, lo que sea, pero necesitamos algo nuevo, porque sobre esa base no podemos proporcionar un buen gobierno al pueblo».

Orbán ha promovido la defensa de la identidad cristiana, el control migratorio y el uso del poder estatal para fortalecer la familia tradicional. También ha mostrado su apuesta por una «democracia cristiana iliberal», donde la cultura cristiana es el fundamento del orden político. En varios momentos ha establecido una alianza entre la Iglesia y el Estado para defender los valores tradicionales. En su ideario, los cristianos se convierten en socios prioritarios de su proyecto político-cultural, hasta establecer que el cristianismo conforma la identidad étnica de los húngaros. Los ecos carolingios son evidentes, pero desde una perspectiva nacional. Converso calvinista, no ha tenido problema de colaborar con las diferentes iglesias cristianas existentes en el país. De hecho, ha defendido que el enfoque católico es el único que aprecia y acepta a los Estados soberanos. Por esa misma razón, podemos definir el iliberalismo promovido por Orbán como una opción carolingia de carácter identitario.

Este discurso puede resultar paradójico en un país donde el proceso de secularización ha hecho mella en las últimas décadas. Según los datos sociológicos, sabemos que más de la mitad de los húngaros ha declarado que no pertenece a ninguna tradición religiosa. Pero Orbán se ha convertido en el protector de las iglesias cristianas. Incluso algunos sectores de estas confesiones, antes cercanos a él, han rechazado la instrumentalización de la fe. Orbán ha defendido un programa de gobierno que ha terminado por modificar la Constitución, para incluir referencias a Dios y definir que el matrimonio es exclusivamente entre un hombre y una mujer. A ello habría que sumar la ayuda económica a las diferentes iglesias cristianas, especialmente a los católicos y a pesar de los enfrentamientos y tensiones con el papa Francisco.

Hungría ha sido identificada por muchos como el bastión de la cristiandad europea. En el país magiar se ha generado un magma para este nuevo conservadurismo, con organismos como el Mathias Corvinus Collegium o la Fundación Edmund Burke. Estas instituciones políticas y culturales han ofrecido un intercambio de ideas entre europeos y estadounidenses y han proporcionado artillería ideológica y cultural a otras formaciones políticas. En Polonia, el partido Ley y Justicia ha mantenido un perfil similar, con algunos matices por la raigambre de un nacional-catolicismo que ha afirmado que su misión como nación es redentora. En el caso español de Vox, parece que este planteamiento carolingio identitario tiene un uso más retórico e instrumental, aunque ha calado, sobre todo, en grupos de jóvenes católicos. El catolicismo se convierte así en una seña de identidad comunitaria que se conjuga con una moral social de batalla cultural, una lectura del pasado español —de las glorias imperiales al franquismo— y un profundo antisocialismo.

La opción maurrasiana

La condena del papa Pío XI a Acción Francesa en 1927 fue una profunda conmoción para muchos católicos. Acción Francesa era un movimiento ultranacionalista y descaradamente antisemita que postulaba un nacionalismo integral frente a los enemigos internos del país. Liderados por un ateo como Charles Maurras, sus seguidores hacían gala del catolicismo para alimentar una expresión del nacionalismo francés. Hannah Arendt los llamó «católicos sin fe». Maurras usó la religión para afianzar un movimiento político que propugnaba la recristianización de Francia.

Él no era cristiano; sin embargo, defendía esa doctrina como columna del orden nacional. Su apuesta engatusó a muchos católicos franceses del momento, incluso personajes como Jacques Maritain, que podríamos entender como alejados de este movimiento.

Esta opción maurrasiana también es una posibilidad hoy para algunos políticos continentales. Hay varios nombres que podrían encajar con esta tentación de usar la religión como fundamento de una propuesta a la que no le interesa la fe y, por tanto, la instrumentaliza. Podríamos seguir la pista de la opción maurrasiana en diferentes países, pero, con toda probabilidad, los perfiles que mejor encajan con esta opción son los principales líderes franceses de la extrema derecha o el neerlandés Geert Wilders.

Wilders siempre ha sido un firme defensor de las «raíces cristianas» del continente para afianzar una identidad cultural frente a los peligros del islam. Ha propuesto la prohibición del Corán, el cierre de las mezquitas o el uso del velo. Para Wilders, el islam es una amenaza para la identidad europea y sus valores. Para el político neerlandés, la tradición judeocristiana es la base de la civilización europea y debe ser respetada. No defiende una laicidad radical porque cree que no se puede eliminar los símbolos cristianos del espacio público. Hubo un tiempo en que fue una *rara avis* por su defensa del judaísmo y del Estado de Israel entre la derecha radical. En el fondo, considera que Israel es el último dique de contención de Europa frente a la amenaza islámica.

Wilders cree que la religión debe estar subordinada al Estado de derecho y a los valores occidentales. Piensa que eso no sucede con el islam, porque este acaba por eliminar la libertad individual y la identidad nacional. Pese al papel preminente en su discurso de estas raíces cristianas, y como le sucedía a Maurras, la fe religiosa no juega ningún papel en su vida. En diversas entrevistas se ha declarado agnóstico, aunque creció en un ambiente católico. El cristianismo es casi visto como un posible aliado frente al islam. Por esa razón, Wilders nunca usa un lenguaje religioso.

No es un caso único porque, como antes había hecho Marine Le Pen, Jordan Bardella sigue esta estela. Al igual que el neerlandés, este político galo se ha declarado agnóstico, pero defiende los valores cristianos como fundamento social de Francia. Él considera que, aunque la República francesa sea un Estado laico, por sus raíces históricas, debe defenderse que es cristiana y que esa civilización forma parte integral de su identidad: «Construimos Notre Dame, construimos Chambord, Versalles, Reims y miles de monumentos, quizás los más bellos del mundo. Así que creo que existe una cultura francesa, obviamente, y nos corresponde defenderla y transmitirla a las generaciones futuras». Tanto es así que Bardella no defiende la eliminación del espacio público de algunos símbolos cristianos, como los belenes, porque forman parte de la identidad francesa.

Probablemente el caso más particular sea el de Éric Zemmour. El líder del partido Reconquista ha afirmado en varios momentos que es judío de religión y cristiano por civilización. Claramente dentro de la corriente maurrasiana, hace un uso del catolicismo como «esencia cultural» sin compromiso de fe. Incluso ha defendido el colaboracionismo del régimen de Vichy justificando la entrega de miles de judíos franceses al nazismo. Denunció que las élites políticas intentaban que los franceses se sintieran culpables para que se sometieran dócilmente «a la invasión migratoria y a la islamización del país». Zemmour da a la religión un papel positivo, activo y estructurador, como generadora de orden. En algún momento ha afirmado a sus seguidores: «Políticamente, sed católicos; metafísicamente, sed lo que queráis». Por otro lado, y a diferencia de Le Pen y Bardella, quienes critican el islam desde una perspectiva política, Zemmour lo censura como religión y como civilización. Nunca ha hecho distinciones entre «buenos» y «malos» musulmanes. De esta forma, cree que el problema es estructural y considera que es responsable del debilitamiento cultural de Francia.

Charles Maurras decía claramente: el catolicismo debe funcionar como garante del orden y la unidad política, mientras que la fe personal quedaba al margen. Esta opción es una tentación que también encontramos en figuras públicas de la importancia de Elon Musk. Para el multimillonario estadounidense, que nunca se ha declarado creyente, la religión puede jugar un papel esencial en la defensa de los intereses de la civilización occidental porque anima a tener más hijos. Hay que destacar que una serie de empresarios de Estados Unidos que se han reunido en los contornos de Donald Trump se definen como cristianos y hacen gala de ello. Quizás el perfil más interesante de entre los magnates de Silicon Valley sea el de Peter Thiel, porque en su pensamiento se aúna una mirada heterodoxa del cristianismo con una pasión desbordante por la filosofía de René Girard y una lectura conservadora. Thiel lleva tiempo defendiendo la tesis de que el sistema creado para azuzar el miedo a posibles catástrofes —tecnológicas o climáticas— es un trasunto del Anticristo que quiere controlarnos prometiendo paz y seguridad.

La opción teocrática populista

La última opción podría ser la definida como la teocracia populista. Se trata de un movimiento que pone énfasis en una teología de la conquista, donde lo que se busca es dominar el Estado para usarlo con fines religiosos. Su discurso termina siendo mesiánico y apocalíptico, porque la batalla final entre el bien y el mal está cerca. Por el camino, estos teócratas populistas terminan por sacralizar a algunos líderes políticos. Estaríamos hablando de los discursos de algunos pastores de diferentes corrientes evangélicas que se han introducido en el juego político de forma directa. Estos han surgido en América Latina, Estados Unidos o algunos países africanos como Nigeria o Uganda. Quizás sea el único modelo que no tiene réplica por el momento en el contexto europeo.

Este modelo político-religioso es teocrático porque piensa que el auténtico y único poder es el ejercido por Dios. Los gobernantes solamente tienen legitimidad si su autoridad emana de la propia divinidad. Además, son populistas porque los ciudadanos desempeñan un papel esencial en sus discursos. El pueblo de Dios debe ser defendido frente a unas élites corruptas que lo desprecian. De esta manera, los pastores se convierten en un contrafuerte que protege a Dios y a su rebaño. Como los demás populistas, no dudan en utilizar mensajes polarizadores y simplistas. Los principios de Dios son los únicos que pueden conseguir la regeneración nacional.

Quizás el caso más paradigmático es el de Brasil. Allí no son pocos los pastores que hacen una labor política en el Congreso o en alcaldías. Desde hace años han conformado la bancada evangélica en el Congreso, a quienes sus críticos conocen como «BBB» (bala, buey y Biblia). En los últimos quince años, su presencia ha crecido con fuerza y su techo electoral se encuentra en torno a una cuarta parte de la cámara. Aunque hay muchas figuras, se han organizado de manera eficaz para marcar la agenda de la derecha brasileña e influyeron durante los años de gobierno de Jair Bolsonaro. Estos pastores y sus comunidades religiosas le dieron su apoyo. Y, como señalábamos, quisieron sacralizar su figura como una especie de instrumento divino para enderezar el país.

Uno de estos perfiles es el de Edir Macedo, fundador de la Iglesia Universal del Reino de Dios, propietario de la televisión Record y creador del Partido Republicano Brasileiro. Se ha calculado que tiene más de seis millones de seguidores, tanto dentro como fuera de Brasil, y ha sido clasificado como uno de los cinco pastores más ricos brasileños. Su iglesia nació como una escisión neopentecostal en los años setenta del siglo pasado. No se diferencia mucho en cuestiones doctrinales de otros grupos de origen neopentecostal, para los que la lectura de la Biblia y la importancia del Espíritu Santo son esenciales. Macedo apostó por Bolsonaro hasta llegar a insinuar que era un «instrumento de Dios» para encauzar el rumbo del país y limpiarlo de cualquier tipo de corrupción moral y política. Era la primera vez que hacía una apuesta tan explícita por un candidato.

No fue el único pastor en conseguir que sus fieles se convirtieran en la base electoral de Bolsonaro. Las declaraciones durante los comicios fueron habituales dentro de esta bancada. En marzo de 2022, se reunió con más de doscientos líderes evangélicos que volvieron a recordar su cercanía. Allí se pudieron escuchar discursos en los que se señalaba que la tensión política no era un simple enfrentamiento entre derecha e izquierda, sino una batalla del «cielo contra el infierno». Los términos apocalípticos no sorprendieron a nadie. En el Congreso, el entonces diputado Bolsonaro proclamó que Brasil era un país laico pero cristiano, e invitó a marcharse a todos aquellos que no compartían su idea.

Ya se habían dado más oportunidades para mostrar que Bolsonaro era un elegido de Dios para comandar a su pueblo. Algún pastor insinuó que era un ungido divino. En aquel acto, Bolsonaro se puso a disposición de los pastores evangélicos para cumplir su voluntad. Y, además, se creyó elegido para una misión política y espiritual. El lema de su campaña electoral decía mucho por sí solo: *Brasil acima de tudo, Deus acima de todos* ('Brasil por encima de todo, Dios por encima de todos'). Su esposa, Michelle, es una ardorosa evangélica y ella misma declaró que su marido había sido escogido por Dios para enderezar al país. Uno de los más estrechos colaboradores de Bolsonaro fue el pastor Silas Malafaia, que había celebrado su matrimonio.

El evangelicalismo estadounidense lleva décadas jugando un papel fundamental en la estrategia de los republicanos, a partir de la conformación de la organización Moral Majority, que aglutinó el pastor bautista Jerry Falwell para aupar a Ronald Reagan. Falwell defendió que la Biblia debía regir la legislación de Estados Unidos y alimentó el discurso de una «América cristiana» con claro trasfondo mesiánico como nación elegida por Dios. En la actualidad, sus herederos —como Franklin Graham o Robert Jeffress— han cobrado renovada fuerza con la efervescencia trumpista. De nuevo, estos teócratas populistas alimentan la idea de que Trump es un elegido divino y que la batalla por el alma de Estados Unidos de América está en un tiempo definitivo. El mandato divino debe ser respetado. Algo similar sucede en Uganda, donde algunos líderes religiosos han tratado de imponer leyes con una justificación directa en la Biblia para restaurar el orden moral de la nación.

En 2015, el francés Michel Houellebecq publicó *Sumisión*, una novela en la que imaginaba la llegada al poder en Francia de un partido islamista moderado con apoyo de otras formaciones y que busca la transformación del país en una república islámica. La polémica estuvo servida. Hablamos de Houellebecq porque en la Europa actual existen algunos partidos minoritarios de origen musulmán que han abogado por una vía que podríamos emparentar con esta teocracia populista. El partido ISLAM belga es un ejemplo paradigmático de esta corriente, que no ha podido más que sacar algunos concejales y al que se ha pretendido ilegalizar. Nacido en grupos de origen chií, su posición maximalista es la imposición de la *sharía* en Bélgica, el uso del velo en las escuelas o la segregación de género en el espacio público para defender los intereses de los musulmanes. El nombre del partido ISLAM es, en realidad, un acrónimo de integridad, solidaridad, libertad, autenticidad y moralidad. Su relación con Irán ha hecho también que muchos musulmanes los hayan atacado e, incluso, hayan denunciado el uso que hacen de la palabra *islam*. Porque, por el momento, los partidos de raigambre mahometana que han ido apareciendo en las últimas décadas suelen tener como fundamento la defensa de los intereses musulmanes y del respeto a lo que consideran los valores islámicos.

Una conclusión

Cada una de estas opciones es una tentación que tiene la centroderecha demoliberal para responder a los desafíos del tiempo presente. A muchos les pueden parecer modelos desfasados y sin encanto, pero es incuestionable que han logrado conquistar a no pocas personas en el mundo. La religión es un fenómeno caleidoscópico y, entre sus múltiples caras, está su posible uso divisivo. Todas las variantes de la derecha demoliberal harían bien en recolocarse en este universo y tener un discurso fuerte sobre la religión. Esta sigue siendo importante para una parte considerable de sus votantes, por lo que tendrán que tomársela en serio. Hay cuestiones que seguirán estando presentes en la conversación pública porque los altares, contra la profecía de Friedrich Nietzsche, no están vacíos.

La libertad religiosa sigue siendo un imperativo necesario para cualquier democracia. Sin embargo, no existe un modelo universal para conjugar armoniosamente lo religioso y lo secular en la esfera pública. Porque la religión puede ser un asunto privado, pero tiene una derivación política real, no como mera instrumentalización. La centroderecha deberá comprender que el pluralismo es beneficioso para las sociedades, para la política cotidiana y para las propias religiones. El equilibrio entre la colaboración y la exclusión seguirá siendo uno de los debates centrales sobre la laicidad, que mantiene sus derivaciones en el campo de la moral pública y los desafíos bioéticos sin pretensiones hegemónicas.

Quizás tuvieran razón las feministas de los setenta cuando exclamaron que «lo personal es político». John Gray, un pensador liberal al que siempre se puede volver, defendió una política que denominaba de *modus vivendi*. No se trata de «apaciguar el conflicto de valores, sino conciliar en una vida en común a individuos y modos de vida con valores en conflicto. No necesitamos valores comunes para vivir juntos en paz. Necesitamos instituciones comunes en las que muchas formas de vida puedan coexistir». En definitiva, la tarea es proteger las instituciones democráticas y que estas no pequen ni de paternalismo ni de arrogante autosuficiencia. Porque por estos pliegues se cuelan habitualmente los enemigos del sistema demoliberal y, como tantas otras cuestiones importantes de la vida, la religión puede ser una palanca para amenazar el bien común.

9

La derecha alien: el molesto pasajero

por Armando Zerolo

La derecha debería entender que no tiene nada que ver con la extrema derecha.

La «extrema derecha» no existe. Existe la derecha liberal, la conservadora, la monárquica, la republicana, la cristiana o la ilustrada, pero la extrema no, esa no existe. Llamar de ese modo a esa cosa que se sitúa en los márgenes de la política supone blanquear el odio, el autoritarismo y la violencia como modos de ejercer el poder. Sin duda alguna, esa cosa extrema existe, pero en ningún caso es derecha. Si se acepta el adjetivo es porque se da por hecho que el sustantivo es común, es decir, que comparten lo esencial y se diferencian en lo accidental. Sería como decir que hay faldas largas, faldas cortas, faldas mini o faldas plisadas, pero faldas, al fin y al cabo. Mismo sustantivo y diferente adjetivo. Pero la diferencia entre la derecha y la otra cosa no es adjetiva, sino sustantiva. No es una cuestión de grado ni de intensidad. No es que una sea demasiado derecha y la otra demasiado poco, no es que una esté muy concentrada y la otra muy diluida, no es que una vaya muy rápido y la otra muy despacio, ni siquiera que una haya olvidado más cosas y la otra las recuerde. Lo que sucede es que una es una falda y la otra una bicicleta... y no se pueden meter en el mismo saco.

La derecha nació contra el absolutismo, la unión del trono y el altar, el nacionalismo, los extremismos, los maximalismos, el intervencionismo estatal, los idealismos y las tentaciones redentoras que confían la tarea de la salvación de la humanidad al poder. Nació contra todo eso y, por ello, nunca podrá ser nada de eso. Será lo que sea, incluso la nada, pero nunca será extrema, porque el reaccionarismo es heredero y defensor de todo aquello contra lo que nació la derecha.

Será moderada por definición o no será. Moderada en los medios y en las formas. Moderada porque antepone la seguridad jurídica a las identidades securitarias, los procedimientos ordenados por la ley a las vías rápidas del decisionismo y el autoritarismo, las costumbres a los ideales, la dignidad personal a la uniformidad cultural, la división de poderes al autoritarismo, y las libertades política, religiosa y sexual al poder moralizante.

Si hablamos de «derecha desnortada» es porque hay una derecha que se olvida de lo que nunca quiso ser y reincide en los errores del pasado. Andar sin norte es andar desorientado, y la derecha se pierde cuando se desespera porque se ve incapaz de responder a los retos del momento sin volverse extrema.

No es necesario advertir que ningún partido tiene el monopolio de la derecha, y que afirmar que solo hay una no significa que no pueda haber dos o más partidos de derechas en un mismo Estado. O incluso que no haya ninguno. Hablamos de ideas, tendencias y posiciones, no de partidos. Aclaración imprescindible para entrar en un debate público excesivamente contaminado por las filiaciones partidistas y que, seguramente, hará que el lector busque inconscientemente si esto está escrito para defender a un partido o criticar a otro. Respondo de antemano y le ahorro el esfuerzo: critico ambas posiciones de derechas, la liberal y la radical, y a los partidos que las representan hoy en día. A la liberal, por no ser suficientemente liberal, y a la radical, por ser demasiado radical. O sea, que a una la critico por dejar de ser lo que era y, a la otra, por volver a ser lo que siempre ha sido.

Esta es, por tanto, la historia de una derecha que trata de no perderse, pero que anda desnortada. No es la historia maniquea de dos partidos, uno bueno y otro malo, sino el análisis de un organismo que incuba en su interior una enfermedad, como el monstruo dentro del cuerpo de Ellen Ripley en *Alien 3*. La «extrema derecha» existe como el alien dentro de un ser vivo. Está en el cuerpo, pero no es el cuerpo. Necesita parasitar un organismo, crecer en él y desarrollarse, pero, si alcanza la edad adulta, se libera de él y vive su propia vida. Es lo que trato de relatar en esta breve historia: el proceso de incubación, metamorfosis y adultez de eso que nace en la derecha, que es extremo, pero que no es derecha.

En Moscú empezó el nacionalismo de derechas

Mientras los occidentales poníamos el foco en el derrumbe de las Torres Gemelas en septiembre de 2001 y, con ello, dábamos comienzo a nuestro siglo, en Moscú se inauguraba la catedral del Cristo Redentor. Caía un edificio símbolo del poder financiero y, en el otro extremo del mundo, se levantaba un templo de carácter religioso con una fuerte carga nacionalista. Empezaba así la lucha por los símbolos religiosos que pocos se tomaron en serio, pero que ahora renace con fuerza.

La derecha más «ultra», vencida y silenciada durante la Guerra Fría, peleada con el liberalismo y las formas parlamentarias, veía en ello el cumplimiento de una ley: cuanto más se vacía una sociedad de valores religiosos, más se rellena de materialismo y opulencia. Para ellos era como si las sociedades fuesen botellas que, cuando se vacían de agua, se llenan de aire. Y de ahí deducían una lección: para sacar el aire de una botella lo que hay que hacer es llenarla de agua. Caía un monumento levantado por el liberalismo vencedor de la Segunda Guerra Mundial, y se erigía otro de carácter religioso, en el extremo del mundo, para ocupar el vacío. Había que rellenar la botella, aunque fuese a la fuerza, y eso se haría desde Rusia. Quedaba así inaugurada la era de las crisis civilizatorias dominada por el maximalismo cultural que lo lleva todo a una cuestión de vida o muerte. Nos situábamos, sin saberlo, de nuevo en ese romanticismo que nos coloca al borde de la extinción. Se estaba generando la psicosis del animal herido según la cual hay que dar hasta el último aliento de vida con tal de sobrevivir. Seguridad, nacionalidad, identidad o cultura, son solo algunos exponentes del carácter agónico de la conversación pública que lo eleva todo a una cuestión de vida o muerte.

Las cosas, evidentemente, no son tan simples. No hay botellas llenas y vacías. Las Torres Gemelas no cayeron por culpa de una democracia liberal que había vaciado de valores a la sociedad estadounidense, sino por culpa de un fanatismo pseudorreligioso que envidiaba y temía el éxito de las sociedades liberales. La única virtud de los terroristas es que sabían que entre los occidentales podían contar con fanáticos como ellos que, sin quererlo, se aliarían con sus principios y que, antes o después, también acabarían por afirmar que la culpa del terrorismo es de la democracia liberal que «nos ha vaciado de valores».

Tampoco se levantó la catedral del Cristo Redentor de Moscú por el vigor de un pueblo cristiano que sabía reconocer la importancia de lo sagrado en la política. La inició Borís Yeltsin en el ocaso del régimen soviético y la continuó Vladímir Putin, en una actitud muy propia de los regímenes totalitarios que, cuanto más caen, más aprietan. Ante la presión de un pueblo exhausto por décadas de opresión y de miseria económica que quería abrirse, o huir a Europa y Estados Unidos, el poder sacó fuerzas de donde no tenía y reconstruyó un monumento sobre las ruinas del país como símbolo de su poder. No era un reconocimiento a la libertad religiosa, era un aviso contra la libertad en general. No era el triunfo de lo espiritual sobre lo temporal, sino el del poder contra el pueblo. El islamismo radical y los admiradores de Putin compartían, por aquel entonces, un mismo juicio: la libertad no les parecía suficiente para llenar un continente que consideraban vacío. La democracia liberal se les antojaba un mero formalismo nihilista. Eso explica que, poco más tarde, su moneda cayese siempre del lado del poder y que justificasen la imposición de «valores auténticos» por la fuerza. Pensaban que primero van los valores y, luego, la libertad, y este sería el lema de todas las batallas posteriores.

¿Quién nos iba a decir entonces, a nosotros, los que habíamos salido vencedores del «fin de la historia», que nuestro siglo volvería a estar marcado por la instrumentalización de la religión? Como vasos comunicantes, lo que se caía en Occidente se levantaba en Oriente. Aquel intercambio de grandezas líquidas apenas era percibido entonces, pero algo se estaba gestando. El problema, ya lo veremos más adelante, es que no estábamos preparados para responder.

Todo esto nos parecía absurdo y, por tanto, remoto. Ese fue el error irremisible de la derecha liberal. Lo absurdo, a veces, es lo más probable, y lo lógico, lo improbable.

En 2016, tuve la oportunidad de viajar a la capital rusa y ver en primera persona lo que cuento aquí. Observé cómo había evolucionado el nuevo régimen que, después de tres lustros de poder fáctico, ya se podía llamar «putinista». Unos colegas rusos expertos en cultura hispánica me habían invitado a participar en un congreso de filosofía política organizado por la HSE (High School of Economics) que, contra lo que pudiese parecer, no estaba especializada en economía sino en política. Por herencia marxista de un pasado demasiado cercano, la economía para ellos era la ciencia que explicaba los comportamientos sociales, entre ellos, el político. A mí me tocaba hablar de Thomas Hobbes y, después, durante la cena de acogida a los ponentes, un conocido me dijo que podía hablar de todo, por supuesto, y con total libertad, ¡faltaría más!, salvo de tres temas «sensibles»: los oligarcas, las materias primas y la jerarquía de la Iglesia. No sé si me sorprendió más que, en realidad, no se pudiese hablar de nada, o la naturalidad con la que me lo dijeron. Yo me limitaría a hacer arqueología política, como todos mis colegas que se dedicaban a la ciencia política, y dejaría, como ellos también lo hacían, que de la política actual se encargasen los miembros del partido.

De vuelta al hotel, nuestros colegas rusos nos animaron a dar un paseo para ver la ciudad de noche y las imponentes vistas del Kremlin que se pueden admirar desde el puente que cruza el río Moscova. De súbito, nos detuvimos en un altar improvisado donde había unos cuantos ramos de flores y algunas velas. En un cartel de cartón escrito en inglés pudimos leer que era en recuerdo del opositor Borís Nemtsov, asesinado solo un año antes, en febrero de 2015. Puede que ya nos hayamos olvidado de él, pero fue un líder carismático muy querido por una gran mayoría de rusos cuya muerte provocó una gran conmoción a pesar de intentar silenciarse por todos los medios al alcance del poder. Nemtsov era uno de esos pocos imprudentes que sí se habían atrevido a hablar de política en la Rusia de Putin. Un traidor a ojos del régimen.

Durante el paseo pudimos contemplar al otro lado de la Plaza Roja, no muy lejos del puente, un enorme monumento en construcción. Era una mole que se elevaba 17 metros del suelo en honor al príncipe Vladimiro I de Kiev, tocayo del presidente ruso, cuya construcción había generado mucha polémica porque estaba dentro del recinto protegido arquitectónicamente del Kremlin, y porque su figura representaba no solo a uno de los fundadores de Rusia, sino a un personaje extremadamente violento. Su mérito para la mitología rusa es que había cristianizado la región de Kiev y, con ello, sentado los fundamentos espirituales de la Rus, que no es Rusia, sino una pequeña región que hoy coincide en gran parte con Ucrania, y desde la que se empezaría a formar, dos siglos más tarde, lo que allí conocen como Imperio ruso. Aquella estatua era toda una declaración de intenciones para quien quisiese entender. Al año siguiente, en 2017, durante su inauguración, Putin ahorró al pueblo ruso el esfuerzo de sacar por sí mismo las conclusiones y, por si había lugar a equívocos, asentó el imperativo moral que debía deducirse del monumento: «Ahora nuestro deber es ponernos de pie y enfrentar juntos los retos y las amenazas modernas, basándonos en su legado espiritual». Putin era el autoproclamado heredero espiritual de Vladimiro, que debía empezar la reconstrucción del imperio «devolviendo» la Rus (Ucrania) a Rusia. El resto ya es historia.

Solo me queda por contar una anécdota más de aquel viaje para unir los puntos que forman una figura que hoy es visible y que, lejos de despertar rechazo, provoca la admiración en otros extremos del mundo. Por la mañana, nuestros colegas nos llevaron de visita al Kremlin, la antigua ciudadela moscovita que hoy es el núcleo político de Rusia. En su interior se encuentran tres joyas arquitectónicas. Tres catedrales que custodian los iconos y los frescos más cautivadores del mundo oriental. Hay que estar allí dentro para sentir el impacto espiritual de esas imágenes de indudable carácter sagrado. Ingenuo de mí, le pregunté a uno de mis colegas rusos que cómo era posible que Stalin no hubiese acabado también con aquello, como había hecho con otros templos. Su respuesta fue, literalmente, la siguiente: «Stalin era un ogro, pero no era imbécil». No se podía destruir aquello sin destruir al mismo tiempo «lo ruso». En ese momento empecé a entender que Rusia estaba a caballo entre Oriente y Occidente, que lo religioso y lo político nunca se habían separado, y que el trono y el altar, allí, seguían siendo una y la misma cosa. Putin, según me explicaron, lo sabía muy bien, y por esa razón había dotado de generosas ayudas a la jerarquía de la Iglesia —de ahí que fuera tema tabú—, preside celebraciones religiosas en la catedral del Cristo Redentor, estaba levantando una mole en honor de san Vladimiro I de Kiev y, en 2020, consagraría la catedral de las Fuerzas Armadas. La religión, para Putin, es un instrumento eficaz del poder. Ese, para mis amigos, era su acierto y, a su vez, el único error de los soviets. Los revolucionarios soviéticos no habían comprendido que la jerarquía eclesial no solo no era la enemiga, sino que formaba parte del aparato del poder, pero sus sucesores sí han sabido verlo. También lo percibirían más tarde sus colegas occidentales. Hay que ser muy torpe atacando frontalmente a la religión cuando se le puede hacer más daño todavía instrumentalizándola con fines políticos. Existe un uso espurio de la fe que puede resultar muy rentable y al que, además, los liberales responden con demasiada dificultad.

De esos paseos, y de aquella experiencia personal, resulta muy fácil sacar una idea de los fuegos que iluminan hoy a algunos seres de luz. Putin es un heredero directo de la peor tiranía que ha sometido al pueblo ruso. Da lo mismo que los rusos no sean así. Ni los poetas, ni los artistas, ni los intelectuales son tan primitivos como para no desear la libertad, pero es muy difícil que exista una oposición articulada cuando los profesores de ciencia política no pueden hablar, los oponentes mueren asesinados, los partidos de la oposición reciben amenazas, los medios de comunicación son censurados y la Iglesia oficial es un mero instrumento del poder nacionalista.

Las intenciones de Putin en 2016 eran más que evidentes. Ya se había producido la anexión violenta de Crimea, las revueltas del Euromaidán y la represión de los opositores. Aquella estatua homónima no era más que una señal que indicaba el camino que llevaba al esplendor perdido. Era un signo visible del deseo totalitario de volver a hacer a Rusia grande otra vez. La revuelta de la grandeza contra los pequeños.

Ya entonces, y con los sucesos de 2014 en la memoria, guerra de Crimea incluida, no era muy difícil entender que aquella estatua había sido levantada como un gran espejo en el que el presidente ruso quería verse reflejado, que arrojaba la imagen aumentada de un líder con una misión histórica y redentora, como el Cristo de la catedral que había sido inaugurada al mismo tiempo que el siglo. La intención imperialista ya era obvia entonces, y Putin quedaba instituido como el legítimo heredero de la estirpe de Vladimiro I, Pedro I o Catalina II, con la encomienda de volver a hacer Rusia grande otra vez.

Estas ideas imperialistas, trufadas de ideología religiosa, nos resultaban tan extrañas a los occidentales, tan propias de épocas pasadas, que no les prestábamos ninguna importancia. Creíamos, en el mejor de los casos, que aquello eran cosas de los orientales que no habían pasado por nuestra Edad Media, la querella de las investiduras, nuestras guerras de religión, la Ilustración, la Revolución francesa, el galicanismo, las guerras mundiales y un largo y tortuoso camino que nos había hecho apreciar la separación de poderes, la libertad religiosa y la democracia parlamentaria. Nos creíamos definitivamente vacunados contra los líderes personalistas que traían la grandeza debajo del brazo. No podíamos ni imaginar que el putinismo llegara a tener tantos adeptos dentro de nuestras propias filas y que el poder bruto volviese a fascinar a nadie. Ni siquiera supimos ver que la invasión de Ucrania sería solo cuestión de tiempo. No respondíamos, pero no era porque lo tuviésemos muy claro, sino porque no entendíamos nada de lo que estaba pasando. Esta ignorancia solo se puede explicar por razón de una soberbia culpable.

La derecha aprende de la izquierda y en la izquierda resentida encuentra a sus referentes

Mientras en Rusia se cocinaba a fuego lento el caldo que daría sustancia a esa cosa que estaba surgiendo a la diestra de la derecha occidental, en España nos cocíamos en nuestros propios fogones.

El 11 de marzo de 2004 sufrimos el peor atentado terrorista de nuestra historia y, solo tres días después, se celebraron las elecciones generales que darían el gobierno del país a José Luis Rodríguez Zapatero. Los escasos tres días que mediaron entre los atentados y las elecciones evidenciaron que en España se había roto algo más que la vida y las esperanzas de muchos ciudadanos. El terrorismo se había convertido en un arma electoral. Se dejaba atrás el espíritu de Ermua y, con él, una forma de hacer política que aceptaba unos mínimos comunes, entre ellos, el de no utilizar el terrorismo con fines electoralistas. Esa ruptura provocó un trauma en una parte de la derecha española que hoy explica algunas cosas. La traducción práctica de ese trauma, mezcla del «síndrome de Estocolmo» y de un trastorno severo de la personalidad, es que algunos de derechas decidieron aprender de la izquierda a ser «derecha auténtica». Es decir, que, como por arte de magia, de los modos típicos de la izquierda más radical surgiría una «derecha auténtica» que se empeñaría en diferenciarse de la «derecha acomplejada». Paradojas de la vida: la izquierda dura enseñaría a la derecha blanda cómo ser debidamente de derechas, y esta acogería con gusto a sus nuevos referentes.

¿Cómo sucedió esa metamorfosis que llevó a los capullos del centro liberal a convertirse en dragones alados? Veámoslo.

Muchos recordamos el «zapaterismo» como una época de ruptura. Si bien hubo unas brechas que resultaron más visibles, como las constitucionales y las territoriales, también las hubo más profundas y ocultas dentro de la propia derecha.

Seguramente, lo que mejor represente lo que fue el Gobierno de Zapatero sea el Pacto del Tinell, suscrito en diciembre de 2003, y que se podría resumir en «con cualquiera menos con la derecha». En parte como estrategia y en parte por convicción, la realidad surgida de aquellos acuerdos se llevaba por delante los Pactos de la Moncloa de 1978. La Transición hacia la democracia se había hecho gracias al compromiso de implicar a la mayoría sociológica representada por los partidos mayoritarios, reconociendo también a las formaciones nacionalistas, franquistas o comunistas, y pensando que el arduo camino de reconstrucción nacional se haría gracias al consenso sobre asuntos tan básicos como la monarquía, la democracia parlamentaria y la unidad nacional. No era mucho pedir, y gracias a eso se pudo avanzar por un camino mucho más tortuoso de lo que ahora pudiese parecer.

A la derecha española, como es lógico, el Pacto del Tinell le pilló con el pie cambiado. Tendría que aprender a moverse en un nuevo escenario al que no estaba acostumbrada. Lo que hoy, lamentablemente, nos resulta tan familiar como «la política del muro», en aquel entonces tan solo evocaba la imagen pasada del telón de acero. Por muro solo entendíamos algo de un mundo de posguerra felizmente superado que había dejado atrás la política de bloques. Costaba entender que se pudiese recuperar con éxito electoralista esa dialéctica rupturista.

Este movimiento tectónico provocó que en la derecha se creasen muchas aristas. La derecha, la vieja, la nueva y la otra, iba a quedar definida por su reacción ante el nuevo escenario. De alguna manera se podría decir que durante los siete años de Gobierno de José Luis Rodríguez Zapatero la derecha se reunió en torno a una pancarta. Decidió hacerse visible en las plazas como antes lo había hecho la izquierda olvidando que, en España, cuando la derecha conquista las calles, pierde las urnas.

Durante el mandato de Zapatero se convocaron más de siete manifestaciones multitudinarias contra las negociaciones del Gobierno con el grupo terrorista ETA y las posteriores concesiones que se hicieron a los terroristas. Aquel movimiento de rebelión cívica, como así era conocido entonces, sumó en varias ocasiones más de un millón de personas, como en junio de 2005 y febrero, junio y noviembre de 2006, hasta llegar a superar los dos millones en 2007 en protesta por la excarcelación del terrorista Iñaki de Juana Chaos. A estas se sumaron otras como las convocadas por el Foro de la Familia, secundadas por la Iglesia católica en muchos casos y por otras muchas agrupaciones, en protesta por las leyes que permitían el matrimonio entre homosexuales, reformaban la Ley del Aborto o imponían la asignatura de Educación para la Ciudadanía. Alguna de ellas, como la de marzo de 2009, convocada por asociaciones como Derecho a Vivir, Hazte Oír y Médicos por la Vida, llegaron a reunir más de un millón de personas.

Se iba fijando la imagen de que una gran parte de la sociedad española era capaz de unirse para protestar y derrotar a la izquierda en su propio terreno. Los siete años de Gobierno de Zapatero nos colmaron de imágenes de plazas abarrotadas, calles con miles de personas y manifestaciones que alcanzaron los dos millones de participantes. Por ponerlo en perspectiva, hoy, una que llegue al medio millón se considera masiva, sea del signo que sea. Aquellas cifras de hace casi dos décadas son verdaderamente abrumadoras.

Pero ¿qué quedó de todo aquello? La nada militante. Una derecha fragmentada, dividida, desarmada, acostumbrada a protestar y desencantada con las instituciones democráticas. Una derecha que, en algunos casos, ha acabado pareciéndose demasiado a la izquierda que combatía.

Testimonio de aquella implosión es un libro publicado por Planeta en 2013 que llevaba por título *Hablando con el papa: 50 españoles reflexionan sobre el legado de Benedicto XVI*. Más allá del considerable interés de las contribuciones de cada autor, la obra tenía el valor de aglutinar a lo que entonces podía ser la derecha que influía en España. El libro reunía a demócrata cristianos, liberales y conservadores bajo un enorme paraguas común. Allí aparecían autores tan dispares como José María Aznar, Pablo Casado, Jon Juaristi, Carlos Rodríguez Braun, José Luis Restán, Andrés Ollero, Alejandro Macarrón, Benigno Blanco, Jaime Mayor Oreja, Francisco José Contreras, Hermann Tertsch, Pío Moa, José María Marco, Alejo Vidal-Quadras, José Antonio Ortega Lara o Ignacio Arsuaga. Lo que llama la atención es que, aquellos que en 2013 parecían unidos bajo un mismo paraguas, hoy se agrupan en posiciones incompatibles. Algunos de ellos fundaron una formación política nueva como Vox, otros se quedaron en el Partido Popular y otros se mantuvieron lejos de la vida de partidos para influir desde otros lugares. Pero el hecho es que la derecha que se unió contra Zapatero no solo no fue capaz de seguir unida con Mariano Rajoy, sino que acabó a tortas. La familia de derechas explotó como un *big bang*, y se formó una galaxia de planetas separados por años luz de distancia ideológica. ¡Qué contraste entre aquella obra y esta que hoy publicamos, una década después, en el mismo grupo editorial, para hablar de una derecha desnortada!

Las razones de la ruptura de la derecha son muchas y, entre otras, como veremos más adelante, se encuentra el tiro en el pie que algunos líderes decidieron pegarse a ellos mismos, y a su partido, en un momento determinado.

Pero lo cierto es que el fervor antizapateril ejerció una pedagogía negativa sobre gran parte de la derecha española. Se puede ver en al menos dos aspectos. El primero afectó a las convicciones democráticas. El segundo fue el aprendizaje de una nueva forma de actuar en la política.

¿Qué aprendió la derecha en las calles? Que lo que se perdía en el Parlamento se podía recuperar allí fuera. Se deshacía así el camino que tanto había costado recorrer durante el siglo XIX. Si Karl Marx, la Comuna de París, las barricadas, la Primera República, Francisco Pi y Margall, el anarquismo y el socialismo federalista detestaban el parlamentarismo es porque consideraban que la revolución, o sea, la violencia, era mucho más eficaz. El socialismo español tardó mucho tiempo en comprender y aceptar las bondades de la democracia parlamentaria. Prohombres como Emilio Castelar intentaron educar a los suyos, pero no sería hasta el Congreso de Suresnes de 1974 que el socialismo militante borrase la revolución de su programa y aceptase plenamente el parlamentarismo como condición política necesaria. No obstante, la pulsión revolucionaria permanecería en sus filas y afloraría porque es parte del ADN socialista. Lo sorprendente es que la derecha, que de suyo es más caciquil y, por tanto, más conservadora que revolucionaria, se contagiase de ese espíritu.

Era como si la derecha se hubiese dejado fascinar por los resultados que la izquierda conseguía gracias a las manifestaciones, protestas, huelgas y algaradas, y pensase para sí misma si no estaría siendo demasiado ingenua regalándole al adversario un arma que también podría serle muy útil a ella. Quizás el sentimiento de traición por el Tinell, las reformas de la Ley del Aborto, el matrimonio homosexual o los pactos con ETA fuese tan grande que explique por qué parte de la derecha se precipitó por la pendiente populista y empezó a decir que, en realidad, los traidores eran los políticos.

Hay que haber vivido aquella época, y poner a un lado las manifestaciones contra la guerra de Irak y el *Nunca máis* por los vertidos de petróleo en la costa gallega y, al otro, la acometida legislativa de Zapatero, para entender que era fácil sacar conclusiones destempladas de este tipo: la izquierda se salta en la calle los límites formales para conseguir sus fines materiales con las leyes, y les va muy bien, mientras «nosotros», acomplejados, callamos. «¿Por qué no hacer entonces lo mismo?», se preguntaban algunos, normalmente azuzados por conversos de izquierdas que querían proseguir la misma lucha, pero en la trinchera de enfrente. Por dos razones, podríamos haber respondido. Una, porque no está bien. La otra, porque no saben hacerlo. Y la suma de ambas hace que no sirva para nada.

Con la perspectiva que ofrece el paso de casi dos décadas desde que sucedió todo aquello, puedo decir que no recuerdo un caso en que este tipo de iniciativas haya servido para otra cosa que para que algunos personajes secundarios, y demasiado condicionados por las redes sociales, aparenten un liderazgo público del que realmente carecen, pues lo cierto es que lo único que han acreditado es que son más eficaces sumando *likes* que votos, y no han sido pocas las ocasiones que se les han regalado para intentar pelear en las urnas. Lo que realmente se ha conseguido con estas manifestaciones públicas es desdibujar el perfil de la derecha y transmitir la impresión de falta de ideas y de capacidad de convocatoria propias. Asimismo, e igual de grave, las manifestaciones han servido para consolidar la idea de la España rota en dos bloques, condición para la recurrente victoria de una izquierda «sanchista» que hace grandes esfuerzos por dejar claro que el PSOE y Podemos no son lo mismo, y que inteligentemente establecen una relación «comercial» sinérgica, en la que Podemos acredita el centrismo del PSOE y el PSOE acredita el radicalismo de Podemos, lo que moviliza y ensancha su espacio electoral total. La última manifestación de la derecha hasta la fecha de la publicación de este texto fue el 10 de mayo de 2025, reunió unos escasos veinticinco mil manifestantes y se puede decir que solo benefició a Vox y a la izquierda. Fue una nueva «foto de Colón», la tercera, sobre cuyos efectos hablaremos a continuación.

Volviendo a la época de Zapatero, hemos de recordar que aquella derecha no atendía a estas razones y prefería escuchar a sus nuevos amigos, los desencantados con la izquierda que llegaban para decirle a la derecha lo que debía ser a partir de ahora. Así es como el marxismo cultural fue infiltrándose en la derecha liberal y ha culminado con grandes personajes de la izquierda histórica encabezando manifestaciones de derechas y protagonizando portadas en periódicos conservadores. Lo cierto es que hay una izquierda que se siente muy a gusto, querida y protagonista en la derecha española.

El segundo efecto que provocó el zapaterismo en la derecha, unido a la desconfianza en el Estado de derecho, fue que se empezasen a tejer los mimbres de la batalla cultural. No es casual que muchos de los colaboradores de aquel libro de 2013 que quería recoger el legado del papa Benedicto XVI fuesen, meses después de la salida del libro, los fundadores de Vox. Se hacían comparecer, de modo sistemático y organizado, unos «principios innegociables» que había que defender de cualquier manera. Dudo mucho que Benedicto XVI quisiese decir que en política haya verdades irrenunciables, pero lo que sí tengo claro es que muchos entendieron que si conseguían instrumentalizar a la Iglesia católica obtendrían suculentos beneficios. De ahí que hiciesen bandera de la defensa de los principios innegociables. Si era democráticamente, bien, y si no, también. Por eso eran «innegociables». Cundía la creencia de que Occidente se iba sin remedio por el desagüe de la bañera si alguien no ponía pronto el tapón. Los valores de nuestra cultura se vaciaban. Estaban perdiendo batalla tras batalla, y no querían perder también la guerra. El sueño de revertir la situación y recuperar la grandeza pasada empezaba a convertirse en realidad.

El efecto MAGA ya estaba aquí. Era el núcleo de la batalla cultural, pero los puntos todavía no estaban unidos. En Rusia, Putin libraba la batalla de la grandeza por su cuenta, mientras que en Estados Unidos el Tea Party empezaba a sentar las bases de una resistencia que jóvenes como Ignacio Arsuaga estudiaban con atención y que luego, en torno al año 2006, nos enseñarían aquí, en España, a algunos estudiantes deseosos de cambiar el panorama político y cultural nacional. Hazte Oír gozaba todavía de prestigio y se encontraba en aquellas manifestaciones muy a gusto, a veces reconocido como exitoso organizador y, de manera habitual, como canal eficiente de una sociedad civil de derechas que empezaba a tomar consciencia de su mayoría de edad. Allí podía conseguir socios y colaboradores predispuestos a dar la batalla. Bien organizados podrían ser el yunque que resistiese todos los martillazos de la «ideología progre». Pero todavía era pronto para que se diese la unión internacional de todos los puntos. Entonces era solo algo que se estaba gestando en cierta parte de los poderes fácticos de la sociedad española. En ese momento solo era el alien intentando penetrar en el cuerpo, pero ya cundía la idea maximalista de que Occidente, y sus valores innegociables, se perderían inexorablemente si no se reaccionaba con todos los medios que el poder ponía al alcance. Como en aquel marxismo surgido de la Comuna de París y de la Tercera Internacional, se aceptaba que cualquier medio era lícito con tal de que colaborase con el fin legítimo.

Una parte de la derecha española había perdido la paciencia y deshacía el camino de la izquierda. Por eso se invocó a los poderes visibles y a los ocultos, a las organizaciones conocidas y a las desconocidas, porque se entendía que todo sumaba en la guerra. Era como si la masonería se hubiese vuelto de derechas. Se daba así el pistoletazo de salida para la batalla cultural.

Ese es el legado que el zapaterismo dejó a la derecha: la desconfianza populista en las instituciones y las élites, y la confianza en los medios violentos para cambiar la cultura.

La derecha se vacía por el centro

Sobre la idea del centro hay un gran despiste, y por eso ahora nos movemos en una indefinida tierra de nadie acotada por dos trincheras, el centrismo y el extremismo. Pero igual que no hay una derecha en tierra de nadie, que estaría representada por esa moda efímera que conocemos como «tercera España», e igual que tampoco hay, como hemos dicho, una extrema derecha, de la misma manera tampoco hay una derecha de centro. Sobre la tercera España y la extrema derecha, y por qué ninguna es de derechas, ya se ha dicho suficiente. Pero ¿por qué tampoco hay una derecha de centro? Conceptualmente, porque si está en el centro, no está a la derecha. Empíricamente, porque cuando se hace de centro, desaparece, es decir, no representa a nada ni a nadie y, por tanto, no atrae votos.

El último experimento de centro lo llevó a cabo el Partido Popular de Mariano Rajoy en el Congreso de Valencia de 2008, cuando invitó a los liberales y a los conservadores a marcharse a otro partido si querían. De ahí a la foto de Colón que comentaremos más adelante mediarían once años negros para la derecha española, de los que aún ni se ha repuesto ni ha conseguido aclararse.

La poca inteligencia sobre lo que es la derecha y una mala lectura del momento cultural que empezaban a vivir Europa, Estados Unidos y Rusia explican que un partido de derechas como el PP, que reunía a democristianos, liberales y conservadores, y que tenía una base electoral lo suficientemente amplia como para aspirar a ganar unas elecciones, estuviese a punto de ser la tercera fuerza más votada. Es lo que supuso aspirar a ser un partido tercerista.

La victoria electoral del PSOE en 2008 hizo pensar a la inteligencia de la derecha española que lo mejor sería convertirse en algo simpático, callejero y un poco pop. Quizás así atrajesen a un electorado cansado de la crispación —ahora decimos «polarización»—. Sin embargo, nada más lejos de la realidad. Era una mala lectura del momento. En Europa se empezaban a manejar valores fuertes, identidades nacionalistas y discursos rupturistas. Lo hemos visto en Rusia, a la que no sabíamos entender, aunque solo fuese para responder con la contundencia que merecía. Pero también sucedía en otros países cuyas fuerzas políticas se rearmaban ideológicamente. Al nacionalismo de derechas no se le podía responder con la nada militante.

La respuesta no habría sido difícil. Los principios de la derecha eran entonces, como ahora, igual de contundentes contra el nacionalismo, el identitarismo, el estatalismo y el autoritarismo. Eran el destilado de una historia que había producido una sólida resistencia contra las tentaciones típicas de Europa: la confusión de lo político y lo religioso, el totalitarismo, la xenofobia, el soberanismo o la economía planificada. No era necesario renunciar a nada, ni presentarlo de otra forma, a no ser que se pensase que los ciudadanos eran mutantes socialdemócratas, extremo este que el posterior auge de los populismos de izquierdas y el pendulazo en la derecha se encargarían de refutar. La ciudadanía europea se estaba polarizando, reclamaba liderazgos fuertes, respuestas culturales contundentes y discursos definidos, pero alguien en el Partido Popular leyó aquellos signos como el deseo unívoco del votante por una formación política sin discurso ético y sin convicciones. Cuando más necesario era responder con contundencia al *revival* nacionalista de derechas, la derecha española decidió «girar al centro», o sea, a la nada, y dejar el camino expedito para los Orbán, Le Pen, Meloni o Abascal de nuestros días.

Ni Zapatero ganó en 2008 por escorarse a un centro sin convicciones, sino más bien por radicalizarse y crispar, y atraer así el voto rupturista de una izquierda que volvía a reivindicar el marxismo más duro y de un nacionalismo rupturista que antes no recalaba en su partido, ni el Partido Popular ganó en 2011 por vaciar de ideas su programa y confiar en una sociedad que fuese con el piloto automático, sin conductor.

La «nueva política» ya era una realidad y se encontró, a partir de 2008, con un campo labrado y sin ningún tipo de impedimento para prosperar a sus anchas. En el nuevo contexto de batalla cultural, el votante reclamaba claridad en los principios y unas siglas en las que pudiese reconocer «lo bueno» contra «lo malo». De este modo, «lo nuevo» venía a rellenar el vacío, pero no precisamente de «lo mismo». El espectro ideológico se descargó de principios y se llenó de lemas, como si la cantimplora del explorador se quedase sin agua y la rellenasen con vinagre. Los mensajes grandilocuentes pueden movilizar a las masas, pero no sirven para dar sentido a la sociedad ni ofrecen criterios de gobierno prudente al ejecutivo. Por eso son sucedáneos y, de esos, a partir de entonces, veríamos aparecer a montones.

La derecha se vació por el centro y dejó libre una amplia tierra de nadie. Noqueada y desnortada, reaccionó pensando que el espacio electoral funciona como una caja de mudanzas, que se rellena de cosas hasta que no cabe nada más. Aún hoy muchos analistas siguen hablando del espacio electoral de la derecha y de un sumatorio de cosas que podría ocuparlo. Lo estiman en unos once millones de votantes, o en 176 o más diputados, que se alcanzarían sumando entre sí. Sin embargo, como es evidente, el espacio electoral no es más que una forma de hablar, y los que se meten en una caja, si están vivos, como podrían ser una comadreja y un hurón, seguramente acaben a dentelladas y muy mal parados ambos. Dos alimañas no rellenan una jaula, y «las derechas» no forman ningún bloque. Abundando en la imagen que usábamos al principio, si quitamos las faldas del armario, no podemos colgar las bicicletas. La derecha y la «extrema derecha» no suman.

Congreso de Vistalegre y la foto de Colón

Que la derecha no suma y que, por tanto, no hay ningún bloque de derechas, no lo digo yo. Lo ha dicho Vox desde su primera gran puesta en escena en Vistalegre en octubre de 2018. Ya entonces afirmaron que no habían aparecido para darle el último empujón que le faltaba al PP para que España siguiese siendo más de lo mismo. Para ellos era más importante ser ellos mismos que «echar a Sánchez». Lo dijo Santiago Abascal en su alocución final: «En Vox no hemos venido a ganar en España, hemos venido para que España gane con nosotros». Y, por si quedaba alguna duda acerca de si eran más de lo mismo o eran otra cosa muy diferente, añadió: «Vox está muy solo entre los partidos, pero muy acompañado —cada vez más— entre los españoles». El mensaje era claro. No eran un partido más de la casta o de la oligarquía, es decir, no eran parte del sistema, sino parte del pueblo y, con el pueblo, para el pueblo y contra «el consenso socialdemócrata», llegarían al poder.

El mensaje estaba muy elaborado y, desde el principio, se han molestado en dejarlo muy claro: no son lo mismo y no han venido a sumar. La pregunta inquietante es por qué la oposición al sanchismo se empecina en validar cualquier tipo de mezcla con tal de expulsar a Pedro Sánchez del poder, más aún a sabiendas de que esa suma nunca funcionará electoralmente. Insisto, no soy yo el que dice que la derecha no suma porque las partes del supuesto bloque de derechas no se soporten. Abascal, en aquel otoño inaugural de 2018, lanzó un órdago al Partido Popular y a Ciudadanos y los acusó de ser la «derechita cobarde» y la «veleta naranja», y que por su culpa llegaron al poder «los socios de los enemigos de España». La hemeroteca se saturaría en los años siguientes de este tipo de declaraciones en las que el mensaje siempre es el mismo: la izquierda es la culpable y la «derechita cobarde» es la cooperadora necesaria en el crimen.

Las diferencias programáticas también eran incompatibles desde el minuto uno, pero ya hemos visto que, ante el vaciamiento culpable del Partido Popular, a Vox no le hacía falta entrar en demasiados matices y podía permitirse arrogarse el monopolio de la defensa de la nación española. El discurso MAGA que ya hemos visto que también Putin había puesto en circulación mucho antes, y al que tampoco se había prestado ninguna atención, se reprodujo en Vistalegre. Javier Ortega Smith concluyó su intervención pronunciando una versión cañí de la frase más exitosa de la campaña republicana estadounidense de los últimos años: «Juntos haremos a España grande otra vez».

Cuando Abascal ponía el despertador a la España que madruga, que se levanta y se despierta, no reproducía en absoluto el discurso de la derecha tradicional española. Sus palabras resonaban al nacionalismo clásico de derechas, más parecido al de Charles Maurras en Francia o al de José Antonio Primo de Rivera, que al de Antonio Cánovas o Antonio Maura. La derecha constitucional hacía tiempo que había comprendido que no se trataba de apelar a la grandeza de la nación, sino a la fortaleza de las instituciones. Que la prosperidad, la paz y la unidad del país se consiguen con el respeto y el mantenimiento de la ley, la libertad económica y la tolerancia moral. La derecha hizo frente a la izquierda marxista y al tradicionalismo más radical sosteniendo con firmeza que no se trata de apelar a la identidad de las costumbres —hoy «valores»—, sino a la firmeza de las instituciones. Pero la heredera de esa derecha constitucional no supo ver, o no pudo, que empezaban a sonar los tambores del nacionalismo. Cuando Abascal pronunciaba estas palabras en Vistalegre en 2018, sabía lo que decía o, al menos, quienes le escribieron el discurso eran conscientes de las teclas que estaban tocando: «Una Nación no despierta de su letargo por casualidad. España no se levanta por azar de vez en cuando. Una Nación despierta cuando tiene inercia histórica, cuando tiene sangre en sus venas y cuando la molestan. Pero la España Viva tiene su genio, tiene a su pueblo y tiene a su Rey. Y ahora España tiene también a Vox». La nación histórica, la sangre, un pueblo descabezado y una amenaza son las notas necesarias para tocar el acorde nacionalista que, desde entonces, no ha dejado de sonar. En este sentido, es cierto que Vox no ha cambiado mucho desde su origen. Tan solo se ha dejado algunas cosas atrás, como la religión o el aborto, y ha subrayado otras, como la inmigración. Y se ha unido a nuevos socios en su camino hacia la grandeza de la nación. Pero siempre ha sido lo mismo, eso hay que reconocérselo.

Si Vox se molestó en dejar muy claro desde su gran puesta en escena en 2018 en Vistalegre que PSOE y PP formaban parte de lo mismo y, por tanto, eran el bloque «socialdemócrata», ¿por qué el PP se ha empeñado desde entonces en jugar el papel de amante despechado?

La imagen definitiva que resume esta gran confusión de la que todavía no hemos salido fue la de la foto de Colón, menos de un año después del Congreso de Vistalegre y de la moción de censura contra Mariano Rajoy. Con la derecha ya en la oposición, el Gobierno presidido por Pedro Sánchez era muy débil y buscaba fortalecerse a través del apoyo de los nacionalistas catalanes, para lo cual era necesario revertir los efectos del *procés* y de la declaración unilateral de independencia, que es la forma eufemística con la que los independentistas se refirieron al golpe de Estado de 2017. Después del trauma causado por los golpistas, de la aplicación del artículo 155 de la Constitución Española y de la posterior condena, en aquel momento todavía pendiente, la sociedad española se encontraba en un estado de *shock*. En ese contexto, como es natural, las negociaciones de Pedro Sánchez con los golpistas fueron acogidas con relativa indignación. Muestra de ello fue la manifestación del 10 de febrero de 2019, que, con unos doscientos mil participantes, siendo generosos, no alcanzó ni de lejos las cifras de las manifestaciones de la época de Zapatero, pero sí que le regaló a la izquierda y a Vox una foto que consolidaría la política de bloques.

No importaron ni los discursos ni las justificaciones de por qué comparecían juntos el PP, Ciudadanos y Vox. El mensaje que recibió el votante de derechas es que tenía tres opciones para conseguir un mismo objetivo, derrocar a Pedro Sánchez. Se daba a entender que no importaba si votaba a la formación azul, naranja o verde, porque entre ellas luego sumarían lo que se había dispersado en las urnas. El otrora votante popular, descontento con la marcha de su partido, pero de corazón demócrata, podía votar a Vox para dar un toque de atención sin que esto tuviese ningún peso en el resultado final. A fin de cuentas, ¿qué más daba votar a uno u a otro, si los votos de todos sumaban? Sería como antes del Congreso de Valencia de 2008, pero en lugar de estar todas las familias reunidas bajo las mismas siglas, lo estarían bajo una misma presidencia del Gobierno. Democristianos, liberales y conservadores podían sentirse tranquilos porque tenían la garantía de ver reforzados sus valores sin que menguaran sus opciones de llegar al poder y de quitar, por tanto, a Pedro Sánchez. Era como si la derecha liberal aceptase que ella ponía las buenas maneras y la ultraderecha las ideas. Todo eso es lo que quedó de la foto de Colón. El mensaje fijado y la pedagogía que se hizo con los votantes y con la opinión pública en su conjunto fue decirles que no hay derecha mala porque todas suman. Todavía hoy lo sufrimos y seguimos desayunando con titulares que celebran que «la derecha suma».

No era muy difícil pronosticar en aquel momento que el resultado real de ese mensaje que daba por buena la política de bloques reforzaría a Sánchez en el poder y blanquearía a la «extrema derecha», acogiéndola en la gran familia de la derecha constitucional fundada tras la Segunda Guerra Mundial. Era como si se aceptase al hijo pródigo.

Sí era difícil, no obstante, explicarles a los votantes que, según la Ley Electoral General, presentar a las elecciones a una derecha partida en tres suponía que una gran cantidad de votos se iría por el desagüe del método D' Hondt. Por supuesto, pensar que el Partido Popular o Vox se pudiesen poner de acuerdo en no presentarse, o hacerlo conjuntamente para mitigar este efecto, también era impensable.

Lo más preocupante no fue «regalarle» una posición de dominio al adversario político, sino validar un programa político como el de Vox como sustituto legítimo del antiguo programa conservador de los populares. Es decir, que se admitiese que la nueva defensa de la vida, la patria y Dios era la de siempre, cuando no lo era. El problema es que quizás se trataba de las mismas palabras, pero no eran las mismas ideas. La frontera divisoria entre la democracia liberal y el nacionalismo, por culpa de la foto de Colón, quedaba difuminada del todo. Tanto en la conversación pública como en los programas de los partidos, se había vuelto imposible de discernir.

La inmigración es el acelerador de la mutación ideológica de la derecha desnortada

Hasta la crisis migratoria de 2015, en la que más de un millón de personas cruzaron las fronteras de la Unión Europea, la inmigración no ocupaba los primeros puestos en las encuestas de percepción ciudadana. En un Eurobarómetro de 2002, alrededor del 60 por ciento de los encuestados pensaba que la inmigración tenía un impacto positivo en su país y solo el 30 por ciento creía que con ella aumentaba la criminalidad. Un poco más de una década después, la percepción había cambiado significativamente. En 2015, el 60 por ciento de los encuestados consideraba que este era uno de los principales problemas de la Unión Europea y el 45 por ciento creía que la inmigración aumentaba la criminalidad. En pocos años la mayoría de la población pasó de pensar que este fenómeno era algo bueno a creer que era uno de los principales problemas. Había cambiado la percepción, pero no la realidad. Comenzaba entonces la disonancia cognitiva que explica el auge y la consolidación del nacionalismo de derechas.

Explicar los sentimientos y las oscilaciones de las tendencias requiere acudir a múltiples factores. En este caso, uno de ellos, indudable, fue que recibir a más de un millón de refugiados, en un contexto de guerra y terrorismo, generó muchas tensiones. Pero también influyó en gran medida la explicación y el tratamiento que dieron del problema algunos medios y, fundamentalmente, algunos intelectuales y políticos que no dudaron en hablar del «suicidio del hombre blanco» o de un «gran reemplazo cultural». No era lo mismo decir que la inmigración era un problema humanitario y que no bastaba con dejarlos entrar en nuestras fronteras porque también hay que darles una acogida digna para evitar problemas de orden, que decir que nos invaden y que los «negros» van a sustituir a los blancos, convirtiendo un problema de gestión en un problema racial y civilizatorio.

La gestión fue muy complicada, es cierto, y provocó que la Unión Europea atravesase una de sus crisis reputacionales más graves desde su creación, de la que no remontaría hasta la invasión de Ucrania en 2022. La crisis migratoria fue como la laguna insalubre que propició el nacimiento de insectos infecciosos y bacterias letales. En aquella ciénaga prosperó la idea nacionalista más fuerte, que hizo fortuna bajo el nombre de «gran reemplazo», y que los simplificadores llaman «invasión cultural».

Es en este momento en el que podemos identificar en la historia reciente occidental cuándo se produce la evolución definitiva de aquello que antes aparecía confundido con la derecha, pero que era otra cosa. Como el alien dentro del cuerpo que espera su madurez para poder independizarse.

Con la crisis migratoria y su evolución posterior va consolidándose el discurso maximalista de la identidad nacional y cultural, y se va abandonando la agenda moral. Lo que en la derecha más tradicional era, a principios de este milenio, sustancial, pasa a ser accidental un cuarto de siglo después. El matrimonio heterosexual, la familia «tradicional», el antiabortismo y la negación de la eutanasia cada vez ocupan menos espacio en los discursos y las agendas políticas de los partidos a la derecha de la derecha, y su lugar lo está ocupando rápidamente el mensaje de la identidad, la «cultura», la seguridad y la defensa de Occidente contra la invasión de otras civilizaciones.

A esta mutación, que consiste en la sustitución de la agenda moral por la agenda identitaria la podríamos llamar «lepenización», porque fue Marine Le Pen la primera en ensayarla, seguramente porque fue en Francia donde era más sencillo resucitar a Maurras.

La derecha francesa se «lepenizó» cuando Marine Le Pen se hizo con la presidencia del Frente Nacional y señaló a su padre, Jean-Marie Le Pen, el camino de retirada al poder. Ella lo llamó «desdiabolización» del partido, y suponía dejar atrás los valores de su padre. La prensa se centró en señalar que el cambio consistía en la renuncia del antisemitismo, pero ese análisis era demasiado maniqueo y suponía ignorar los vínculos entre el tradicionalismo francés y los valores morales del catolicismo más conservador. Quizás este haya sido el pecado común de la derecha liberal en general, desconocer los vínculos entre la ideología conservadora y los valores religiosos.

Marine Le Pen pensaba que para alcanzar el poder era necesario renunciar a la mal llamada «agenda católica». Es decir, a la lucha por el derecho a la vida, el matrimonio tradicional y la moral sexual. Era un precio que pagar no demasiado caro a cambio de cortar el cordón sanitario. La escenificación de la lepenización de la derecha francesa, o desdiabolización, se produjo en 2013 cuando, en plena polémica por la legalización del matrimonio homosexual, Marine Le Pen se puso de perfil cuando se esperaba de su partido una oposición frontal. En 2016, el Frente Nacional era ya considerado *gay friendly* y el porcentaje de parejas homosexuales que votaban por la formación se igualaba a los que votaban por la izquierda. La homosexualidad ya era un tema transversal en la agenda política que, hasta hacía unos años, se entendía que era exclusivo de la izquierda. Algunos sectores duros del partido empezaron a decir, por entonces, que «el partido se estaba llenando de maricas», pero lo cierto es que los gais no solo militaban en el partido, sino que algunos de ellos lo dirigían desde su refundación. Es el caso de Florian Philippot, reconocido homosexual, que desde 2011 se encargó de la dirección estratégica de la campaña de Marine Le Pen y ocupó la vicepresidencia del Frente Nacional hasta 2017. La desdiabolización del partido siguió su curso natural y, en 2022, la presidenta de esta formación no dudó en reconocer el aborto como un derecho constitucional. Y con esto terminaba el desmantelamiento del andamiaje conservador del partido y la renuncia de todos los valores morales que les impedían dar el salto electoral.

¿Cuál ha sido el efecto electoral de esta década de lepenización de la derecha francesa? Un éxito sin paliativos para la estrategia y un fracaso absoluto de la agenda católica. Se ha confirmado la proporción inversa entre los «valores morales» y el voto. Es decir, cuantos más «valores», menos votos. Y este proceso no es exclusivo del Frente Nacional, ahora Agrupación Nacional, sino que se extiende a todos los partidos «ultra» europeos. La agenda moral (vida y familia) cede sin resistencia a la agenda nacionalista (inmigración, natalidad y reemplazo cultural).

En 2025, después de tres lustros de lepenización, vemos que cada vez se habla menos del aborto, el divorcio y el matrimonio homosexual, y que el discurso antinmigración alcanza su máximo nivel. Lo mismo ha sucedido en el resto de los países europeos y, a marchas forzadas, en Estados Unidos. Culmina así un ciclo de desenmascaramiento de la derecha nacionalista que, una vez más en la historia, ha seguido el mismo recorrido: se introduce en el debate público enmascarada detrás de los principios morales de una parte de la sociedad y, una vez que agota ese nicho electoral, abandona los valores y pisa fuerte con su agenda identitaria. El alien, una vez alcanzada la vida adulta, sale de su huésped tras haberlo dejado moribundo y se emancipa. El escapulario cede pronto ante la bandera. Lo católico es solo un trampolín para dar el salto, y los católicos son los tontos útiles a los que se instrumentaliza para una causa que al final poco tiene que ver con la suya. La historia no se repite, pero a veces rima demasiado.

La invasión de Ucrania y la elección de Trump ponen en escena el auge del autoritarismo

Con la invasión rusa de Ucrania se cierra un ciclo que empezó en 2001. Si el derrumbe de las Torres Gemelas en Nueva York y el alzamiento de la catedral del Cristo Redentor en Moscú simbolizaban unos vasos comunicantes entre Oriente y Occidente, y un traslado de la presión del eje económico-libertario al eje identitario-securitario, veinticinco años después la invasión de Ucrania ha fijado el criterio para distinguir con toda claridad a la derecha de la derecha desnortada. La derecha se ha partido en dos precisamente por un eje que no permite comunicación ni intercambio. Es el nuevo muro del siglo XXI.

La derecha liberal se define por moverse en el eje de la libertad y la economía, mientras que la derecha desnortada se mueve en el eje de la identidad y la seguridad. La tensión desencadenada por la guerra y por la elección del presidente Trump en Estados Unidos nos retrotrae a la vieja disputa entre la legitimidad legal y la legitimidad identitaria.

Cuando Putin empezó a hablar de «lo ruso» como algo diferente de Rusia no solo estaba apelando al sentimiento nacional de su país, que es muy poderoso, sino que también estaba discutiendo la legitimidad de las fronteras surgidas de los acuerdos firmados con la caída de la URSS. En realidad, estaba dando comienzo a una nueva era geopolítica en la que se afirmaba la superioridad de la retórica identitaria sobre la objetividad del derecho. El sentimiento nacional contra la realidad jurídica de las fronteras reconocidas.

La legitimidad jurídica siempre está circunscrita al valor que se concede a la palabra dada en unas circunstancias históricas determinadas por unas personas en concreto. Es la que poseen la Constitución Española, la ONU o el contrato de arrendamiento de un local de negocio. Se da una palabra, y ambas partes se comprometen a cumplirla. No es solo un papel, es la palabra desprovista de violencia, es la respuesta que da el gobierno de la ley al abuso de la fuerza.

Por el contrario, la legitimidad cultural apela, como es el caso de Putin, a las antiguas ideas del espacio vital o los grandes espacios. Es invocar el supuesto derecho que tiene una cultura a existir en un territorio. Apelar a «lo ruso» sería como si los españoles argumentásemos que «lo español» nos da derecho a invadir Argentina o México. Pero resulta que, aunque lo español esté repartido por el mundo, España es una entidad jurídica limitada por unas fronteras reconocidas internacionalmente.

La legitimidad jurídica fue la triunfante tras la Segunda Guerra Mundial porque todas las partes contendientes entendieron que las legitimidades morales, identitarias o históricas fueron la causa de problemas que solo encontraron la pírrica solución de la guerra. Ahora, con perplejidad, asistimos al cuestionamiento de esas conclusiones por viejos argumentos que se reúnen en torno a la grandeza. El MAGA vino después del imperialismo putinista y antes del renovado patriotismo europeo, y son los tres movimientos culturales e historicistas que impugnan el orden jurídico por corrupto y regresivo y hablan de una liberación de Rusia, América y Europa del yugo al que las ha sometido el consenso de posguerra. La invocación romántica de un pasado idealizado sirve para construir la legitimidad histórica que se utiliza para destruir la legitimidad jurídica.

De este modo, queda superado el marco ideológico de la Guerra Fría que dividía el mundo occidental entre liberales y comunistas, y que marcaba la pertenencia a las dos grandes familias, la derecha y la izquierda. El transcurso del siglo XXI ha ido erosionando los viejos límites que encauzaban la tensión ideológica occidental y, en el desbordamiento de las aguas, se nos queda un campo de conversación anegado en el que difícilmente distinguimos el orden jurídico del autoritarismo.

La aparición de nuevos líderes como Milei, Trump, Bukele, Orbán o Meloni pone de manifiesto un reclamo de liderazgos fuertes. Entre ellos no tienen casi nada en común, salvo la promesa de recuperar el orden y la seguridad. En principio, nadie debería tener nada en contra de ello. El orden y la seguridad son las condiciones básicas para la libertad y la prosperidad. El problema es que se atribuya el desorden y la inseguridad a la democracia liberal y al sistema constitucional. Es decir, que se culpe a la democracia del vaciamiento de los valores de Occidente. Porque contra estos juicios culturales maximalistas no se puede argumentar. Son una enmienda a la totalidad, un borrón y cuenta nueva que pide resetear la historia reciente, las instituciones y los acuerdos. Para volver a hacer América grande otra vez hay que dar un salto atrás y volver al momento anterior al que todo empezó a corromperse. Los maximalismos culturales son contrarios a la historia y, por tanto, imposibles.

Lo cierto es que esos pasos atrás siempre son violentos porque implican la pérdida de la seguridad jurídica necesaria para dar cualquier otro paso hacia delante. No es casual que los medios con los que Nayib Bukele cosechó sus primeros éxitos contra las maras en El Salvador hayan acabado usándose también contra adversarios políticos. Las cárceles que empezaron a abarrotarse de presuntos delincuentes, ahora comienzan a llenarse también de opositores al régimen. Javier Milei, en Argentina, activó primero la motosierra contra el gasto público y ahora se la aplica a los jueces.

A Giorgia Meloni le molesta que los jueces italianos le tumben las deportaciones de los inmigrantes irregulares a Albania. La grandeza de Rusia prometida por Vladímir Putin necesitaba laminar a la oposición y agredir a los Estados vecinos. La grandeza de Donald Trump encuentra en los medios, juristas y universidades como Harvard un obstáculo para crecer.

Es muy fácil unir los puntos. Siempre es lo mismo: una promesa redentora, la victimización nacional, señalar un culpable y actuar con métodos violentos. El fin siempre acaba cediendo ante los medios.

Esta es la conclusión simple a la que se acaba llegando cuando se despoja a las políticas extremas de su sofisticada retórica cultural, moral y nacional. Al final, cuando se prescinde del Estado de derecho, solo queda el poder desnudo. Detrás del imperialismo siempre hay un hombrecillo con ínfulas de emperador.

Dónde está el norte

La retórica que viene erosionando la política liberal desde hace dos décadas se construye sobre un argumento muy sencillo: la democracia solo funciona cuando se dan los requisitos «prepolíticos» que la originaron. Es decir, que sin cristianismo, judaísmo, Grecia, Roma, la Edad Media y la Ilustración, la democracia no existiría tal y como la conocemos, lo cual implicaría que no es una forma exportable a culturas como la islámica o la hindú. Como argumento histórico es cierto. La democracia que conocemos se debe a esa historia. Pero no significa también lo contrario, es decir, que si se produce un vaciamiento cultural en Occidente (nihilismo, individualismo, *wokismo* y esas cosas), la democracia tampoco sea posible. No es un camino de ida y vuelta. La ida fue un recorrido histórico complejo (Grecia, Roma, cristiandad, Ilustración...) que derivó en unas formas políticas determinadas. La vuelta, simplemente, no existe. El argumento que afirma que sin *demos* no hay *cratos*, o sea, que sin un pueblo homogéneo no hay democracia, es falso. Y lo es porque ese largo camino de ida que nos ha hecho pasar por tantas vicisitudes nos ha demostrado que hay una forma de organizarse políticamente que es capaz de superar la condición previa de la homogeneidad moral. Esa es nuestra sabiduría. Hemos aprendido que la democracia no nace de la virtud, sino de la necesidad. Por eso es falso el axioma reaccionario que insiste en que, como estamos polarizados, entonces la democracia no solo no es posible, sino que además es la culpable de todos los males.

El problema es que los requisitos prepolíticos son invocados tanto por la izquierda más extrema como por la extrema derecha. Son el concepto maldito que alimenta al alien que habita en el cuerpo de la derecha. Ahí es donde se tocan y se abrazan las izquierdas revolucionarias con las derechas reaccionarias, y eso es lo que está dando lugar en nuestros días a unos extraños maridajes en el mundo mediático, editorial y universitario que se traducen en nuevos vectores políticos. Los «rojipardos» dan lecciones magistrales a los pardos y, por su parte, los reaccionarios del antiguo régimen son aplaudidos por el marxismo canónico. ¿Es de locos? No, en absoluto, es la vuelta al núcleo de una discusión muy vieja: la creencia de que la ética es el presupuesto de la política, la vieja disputa entre liberales y republicanos. Esa afirmación hace que los moralistas del mundo se unan. Hagan borrón y cuenta nueva con la política, el derecho y el orden establecido y vuelvan retóricamente a la reconstrucción del orden moral deseado.

Ni la ética va antes de la política ni la política antes de la ética. Es una relación inseparable que se retroalimenta, es un círculo que puede ser vicioso o virtuoso, pero siempre círculo y nunca línea. Quizás parezca una reflexión muy abstracta, pero la traducción práctica es muy sencilla y comprensible: si la relación entre ética y política es lineal y progresiva, y se detecta un mal, solo cabe la revolución, que es la vuelta atrás destrozando el camino andado hasta recuperar el punto de pureza original. Si nos hemos equivocado de vía, hay que volver atrás. Así de simple. Deshacemos la política para recuperar la ética. Según este pensamiento revolucionario, la política es la bota que hay que quitar porque pisa el césped y no lo deja crecer. Este argumento es compartido por marxistas, anarcocapitalistas y reaccionarios. Hay un orden moral previo que solo renacerá cuando sea liberado del sistema. Por eso, todo moralista comunitarista, ya sea de izquierdas o de derechas, es un antisistema.

Por el contrario, si la relación es circular, los sistemas han de reformarse, pero no deben revolucionarse, porque la materia necesita de la forma, tanto como la forma de la materia. No hay cuerpo sin piel, ni piel sin cuerpo que no sea cuero muerto. No está el pueblo por un lado y las leyes por el otro, como no está la arcilla en un sitio y el jarrón en otro. El pueblo es las leyes que se da a sí mismo. No hay pueblo y, después, leyes. Eso solo existió en la cabeza de algunos contractualistas. Sin «sistema», no hay pueblo, como no hay sociedad sin Estado.

Frente al pensamiento antisistema, solo queda el norte, la única dirección posible entre un sinfín de trayectorias erradas. Y el norte es comprender que la libertad es lo más valioso y lo más frágil que necesita de todas las garantías legales y políticas para sobrevivir. Por eso, no es casual que las mejoras más notables para nuestra sociedad se hayan producido gracias al capitalismo, el Estado de derecho, la tolerancia y el pluralismo. No son meras propuestas formales o procedimentales. Son formas que contienen en sí mismas la vacuna contra el autoritarismo, el moralismo, el intervencionismo y el totalitarismo. No son la renuncia a la moral, ni a los valores, ni a la verdad, ni a la trascendencia, sino la defensa del derecho, la ley y la política como la mejor manera de proteger esos principios contra la tiranía, el autoritarismo y los abusos moralistas del poder.

Lo que he tratado de describir en esta breve historia de la derecha desnortada en lo que llevamos de siglo es el desenmascaramiento de lo «ultra». Lo que empieza bien, acaba mal. Lo que nace como la defensa del trabajo, la autoridad y el prestigio, Dios y las virtudes, la patria y su historia, y la familia y su moral acaba abandonando por el camino tan egregios fines como quien se libera de un pesado fardo y se queda con lo imprescindible para seguir avanzando, que es el poder desnudo. Es el alien que consigue liberarse del cuerpo humano.

Para que eso no suceda, para que Dios, la patria, la familia, el trabajo, la libertad y la propiedad no acaben pisoteados por el paso firme del poder, la tradición liberal nos ha enseñado que hay que protegerlos con la libertad de mercado, la separación de poderes, la independencia judicial, el gobierno de la ley, la libertad de prensa y el pluralismo.

El debate es complicado porque es muy fácil confundir los términos, pero el punto de discrepancia es muy claro. Unos, los liberales, piensan que la democracia, la tolerancia y el pluralismo son la mejor manera de proteger los valores morales, o sea, todo aquello que crece bajo el fecundo amparo de la libertad. Los otros, los «ultras», piensan que esos valores son la condición previa para que las formas y los procedimientos democráticos existan, pero que, si esos valores se ven amenazados, entonces hay que renunciar a los mecanismos democráticos y recurrir al poder para restablecer las condiciones necesarias. Unos creen que la democracia es el mejor medio, los otros creen que se trata de un fin deseable pero no necesario. Por eso, los liberales no pueden renunciar a ella, porque es el mejor sistema para capear el temporal, mientras que los ultras están dispuestos a renunciar a ella cuando entienden que la mar se pone fea.

En cualquier caso, es claro que valores, virtudes principios, formas y procedimientos son inseparables. Pero esto es fácil de decir y difícil de defender cuando a unos les importan muy poco estos valores, y otros creen que la única manera de defenderlos es con el autoritarismo. Lo más probable, entonces, será que la derecha ande perdida sin norte, camino directo hacia nuevas formas de tiranía.

Conclusión

Acabo este capítulo con el hecho que cierra el primer cuarto del siglo XXI. A partir de ahora empieza otra etapa que cargará con el lastre acumulado de estos cinco lustros, y que también será el escenario de nuevas oportunidades. La muerte del papa Francisco puso fin a un periodo cuya impronta ha quedado reflejada en las semanas que han transcurrido entre su fallecimiento y el nombramiento de León XIV. Hemos podido ver que es una figura de máxima relevancia y, por eso, es interesante pararse a observar cómo ha sido percibida.

En una encuesta de Sociométrica publicada el 26 de abril de 2025 en el diario *El Español*, se reflejaba que el 24,9 por ciento de los españoles pensaban que el papa Francisco se situaba ideológicamente «muy a la izquierda» y el 49 por ciento lo consideraba «a la izquierda», es decir, que casi el 75 por ciento de los encuestados consideraba que el papa era de izquierdas. Esto supone que los encuestados entienden que el cuidado de los pobres, la atención al migrante, la justicia social, la libertad sexual o la ecología son patrimonio de la izquierda. Si esto es así, y es cierto que la mayoría lo ve de este modo, alguien deberá preguntarse con urgencia en qué momento, y por qué razón la derecha decidió regalarle lo más valioso que tenía a la izquierda, porque para mí es evidente que todas esas políticas no son exclusivas de la izquierda.

En otra encuesta publicada dos días más tarde, del 28 de abril de 2025, realizada por GAD3 para el diario *ABC*, se señalaba que el 70 por ciento de los encuestados «quieren que el futuro papa continúe la senda de Francisco», y le puntuaban con un 7,5, lo cual es una nota altísima teniendo en cuenta que los políticos nacionales rara vez llegan al aprobado. De esta encuesta se puede deducir la desconexión que se ha producido entre la derecha política y la derecha sociológica, entre los partidos y la base electoral. La mayoría de los encuestados ven bien al papa Francisco, le dan una nota altísima y desean que se continúe por esa senda, pero entienden que «eso es de izquierdas». Si es así, entonces pensarán que «ser de derechas» es la motosierra de Milei, las cárceles de Bukele, el MAGA trumpista, el imperialismo putinista, el nacionalismo de Orbán, la xenofobia del partido Alternativa para Alemania o el nacionalismo ibérico de Chega y Vox. Porque solo estos partidos se han opuesto, en sus programas, a la justicia social, a la atención a los inmigrantes irregulares, a la ecología, a la integración cultural y al cuidado de los pobres, y no han dudado en criticar duramente al papa Francisco y, en España, a la Conferencia Episcopal, cada vez que han podido. Están en su derecho y, además, de esa forma marcan su territorio, pero la realidad es que la mayoría de la gente no va por ahí o al menos eso dicen los estudios sociológicos.

La base electoral no está desnortada, en todo caso estará desesperada y cansada, pero tiene muy claro qué senda prefiere recorrer y dónde está el norte. El problema al que tendrá que enfrentarse es que existe una generación entera que se ha socializado en el «antisanchismo».

Desde la moción de censura de 2018, que puso a Pedro Sánchez por primera vez al mando del Gobierno, hasta que se celebren las próximas elecciones generales en España, habrán pasado al menos ocho años. Eso supone que habrá una franja de votantes que votarán por primera vez que tenían unos diez años cuando Pedro Sánchez llegó al poder. Por tanto, cuando se celebren las elecciones, habrá un arco de votantes de edades comprendidas entre los dieciocho y los veintidós años que se han socializado en el antisanchismo. No han conocido otra cosa. Han crecido escuchando que el presidente del Gobierno es un golpista, que es un «okupa», que ha destruido la democracia, que se ha cargado la Constitución, que se tiene que ir «como sea» y que ya no hay vuelta atrás. Se han acostumbrado a que se les acorrale en la «fachosfera» y a que se les censure y se les cancele. No debería sorprender entonces que las personas que se han socializado escuchando estos juicios tengan una actitud exaltada y rechacen las actitudes democráticas. Es normal, llevan ocho años escuchando de sus mayores que la democracia ha fallado en lo esencial.

Se dará la paradoja, y con esto deseo concluir, de que quienes han hecho carrera aprovechándose de la ola del antisanchismo, ocupando horas de debates parlamentarios e ingentes páginas de periódicos, se quejarán después de una nueva ola extremista y rupturista. Se llevarán las manos a la cabeza preguntándose por qué el voto joven se ha vuelto tan irracional e iracundo. Pero la respuesta es muy sencilla: se ha educado a toda una generación en una mentalidad antisistema. Deberían haberlo pensado cuando eligieron una portada solo porque haría más daño, cuando pronunciaron un discurso en el Congreso buscando un golpe de efecto, cuando se pensó que el mejor portavoz del Partido sería el que plantase más cara, cuando se redactó una columna efectista, cuando se escribió un libro dándolo todo por perdido o cuando se hizo un directo en redes enfervorizando a los incondicionales. Entre todos esos pequeños actos, aprovechando una tendencia, sin pensar en los efectos, se ha educado a toda una generación en una actitud de confrontación.

Las opiniones moderadas han tenido mala prensa en estos últimos ocho años. Lo que se ha extendido a través de vídeos cortos y frases contundentes han sido las opiniones exacerbadas. Cada uno tendría sus razones para hacerlo, y son discutibles, pero no hay duda de que hay una correlación directa entre el antisanchismo y la actitud extrema de muchos de quienes votarán por primera vez. Los que fomentaron y aplaudieron la política del zasca y los que propagaron juicios tremendistas con un interés puramente electoral no podrán después alzarse en la tribuna contra estos chavales que votan lo que sus mayores han fomentado. No se pueden navegar dos olas al mismo tiempo. Los que surfearon el antisanchismo no disfrutarán la ola del postsanchismo.